W. Meschede, Weihnachten 1987

Hiscock

Wanderer V

Eric. C.
Hiscock

MEIN TRAUMBOOT WANDERER V

Die Summe unserer Erfahrungen

Delius Klasing Verlag

Der Autor dankt den Herausgebern der Zeitschriften *Cruising World, Yachting Monthly* und *Yachting World,* in denen Teile dieses Buches vorabgedruckt wurden.

Titel der englischen Originalausgabe:
TWO YACHTS, TWO VOYAGES
Erstveröffentlichung in Großbritannien:
Adlard Coles Ltd 1984, London

2. Auflage

Übersetzt von Jutta Wannenmacher
Fachberatung: Klaus D. Kurtz

ISBN 3-7688-0552-2

Satz: Typobauer Filmsatz GmbH, Ostfildern 3
Druck und Bindung: May & Co. Darmstadt

Printed in Germany 1986

INHALT

Für Frank Eyre

TEIL I

DIE REISE NACH BRITISCH-KOLUMBIEN

Es war Anfang April, und eigentlich hätte jetzt der Südwinter beginnen sollen, aber seit drei Monaten wehte es aus dem östlichen Quadranten, und zwar mit einer Hartnäckigkeit, als läge Neuseeland nicht in der Zone wechselnder Winde, sondern im Passatgürtel; für uns bedeutete das Gegenwind. Dennoch wollten Susan (meine Frau) und ich noch vor Beginn der Winterstürme aufbrechen und unser endgültiges Ziel erreicht haben, ehe dort die hartnäckigen Nebellagen des nördlichen Spätsommers einsetzten. Deshalb verbrachten wir nach der Ausklarierung noch eine letzte ruhige Nacht vor Anker und liefen am nächsten Tag nach See aus.

Schon seit längerem, genaugenommen seit unserem letzten Englandaufenthalt, trugen wir uns mit der Idee, unsere knapp 15 m lange Stahlketsch WANDERER IV von Neuseeland, das in den vergangenen 18 Monaten ihre Heimat gewesen war, zur kanadischen Westküste zu segeln. Denn in Falmouth hatten wir zwei kanadische Ehepaare kennengelernt, Tom und Margaret Denny sowie Steve und Esther Dickinson. Die Dennys hatten gerade eine Carbineer von Moody gekauft, die DAPHNE ISLE, und wollten sie nun in ihr Heimatrevier überführen. Sie schenkten uns einen Bildband über Victoria mit vielen eindrucksvollen Farbansichten dieser reizvollen kanadischen Stadt, und auf dem hinteren weißen Vorsatzblatt zeichnete uns Tom eine Lageskizze der kleinen Insel, die Margaret und ihm dort gehörte. Wie er uns sagte, gab es auf der Insel ein Haus, eine Werkstatt und einen geschützten Schwimmsteg, an dem WANDERER sicher liegen konnte; wenn wir jemals nach Britisch-Kolumbien kämen, sollten wir uns auf der Insel wie zu Hause fühlen.

Die Dickinsons waren mit KAPDUVA, einer großen, von Garden gezeichneten Ketsch, von Hongkong nach England gesegelt. Auch sie hatten Grundbesitz in der Nähe Victorias, vor allem eine große Marina im nördlich davon gelegenen Sidney. »Wenn ihr jemals dort hinauf kommt, haben wir immer einen Liegeplatz für euch«, versprachen sie.

Solche Einladungen schlägt man nicht so einfach in den Wind. Trotzdem faßten Susan und ich keinen endgültigen Entschluß, ehe wir nach Neuseeland zurückgekehrt waren; das taten wir erst beim Abendessen an Bord des kanadischen Trimarans TRYSTE II, zu dem unsere Weltumseglerfreunde Ernest und Val Haigh eingeladen hatten. Als wir im milden Abendsonnenschein um ihren Kajütstisch saßen, zeigten sie uns Karten und erzählten von ihrem Heimatrevier, dessen Gewässer, geschützt vom großen Vancouver Island, zahllose waldige Inseln umspülen oder sich in tiefen, gewundenen Fjorden verlieren, gesäumt von hohen, schneegekrönten Bergen. Sie erzählten uns auch von Lachsen, Adlern und den großen Flößen gefällter Baumstämme, aber von der schwierigen Passage durch die für ihre Nebel berüchtigte Juan-de-Fuca-Straße machten sie weiter kein Aufhebens.

Schon bei unseren ersten Vorbereitungen regte sich wieder das altvertraute, erregende Gefühl gespannter Vorfreude, denn nun stand uns abermals das einmalige, befriedigende Erlebnis einer Ozeanüberquerung auf eigenem Kiel bevor, wobei der Erfolg des Unternehmens von der Seetüchtigkeit des Schiffes und seiner Ausrüstung abhing – und von unserer eigenen Findigkeit; denn wir wußten sehr wohl, daß dabei jede Nachlässigkeit oder Vergeßlichkeit entweder Improvisation oder Verzicht bedeutete. Und vor allem wartete am Ende der Reise ein für uns völlig neues Land.

Als wir unseren kanadischen Freunden brieflich unsere Ankunft ankündigten, bekamen wir sofort eine warmherzige Antwort. Tom sandte uns wichtige Karten und Gezeitentafeln und hatte sogar einen Plan für gemeinsame Törns von DAPHNE ISLE und WANDERER IV ausgearbeitet. Steve übermittelte uns Insidertips über Ansteuerung und Einfahrt und legte vorausdenkend sogar einige Münzen bei, damit wir ihn gleich nach Eintreffen anrufen konnten. Und die Greys, Farmer im Ruhestand, schickten uns ein Telegramm mit folgendem Text: »Bieten Pfahl und Tränke.«

Die Reise von rund siebentausend Seemeilen würde uns in Süd-Nord-Richtung über den gesamten Pazifik führen, eine für uns neue Route, denn wir hatten dieses Weltmeer zwar schon öfter überquert, aber in anderen Richtungen und mit Wind achterlicher als querab. Diesmal würden wir den Wind über lange Strekken vorlicher als querab haben oder sogar voll gegenan segeln müssen, was zwar naß und unbequem war, aber wenigstens einen

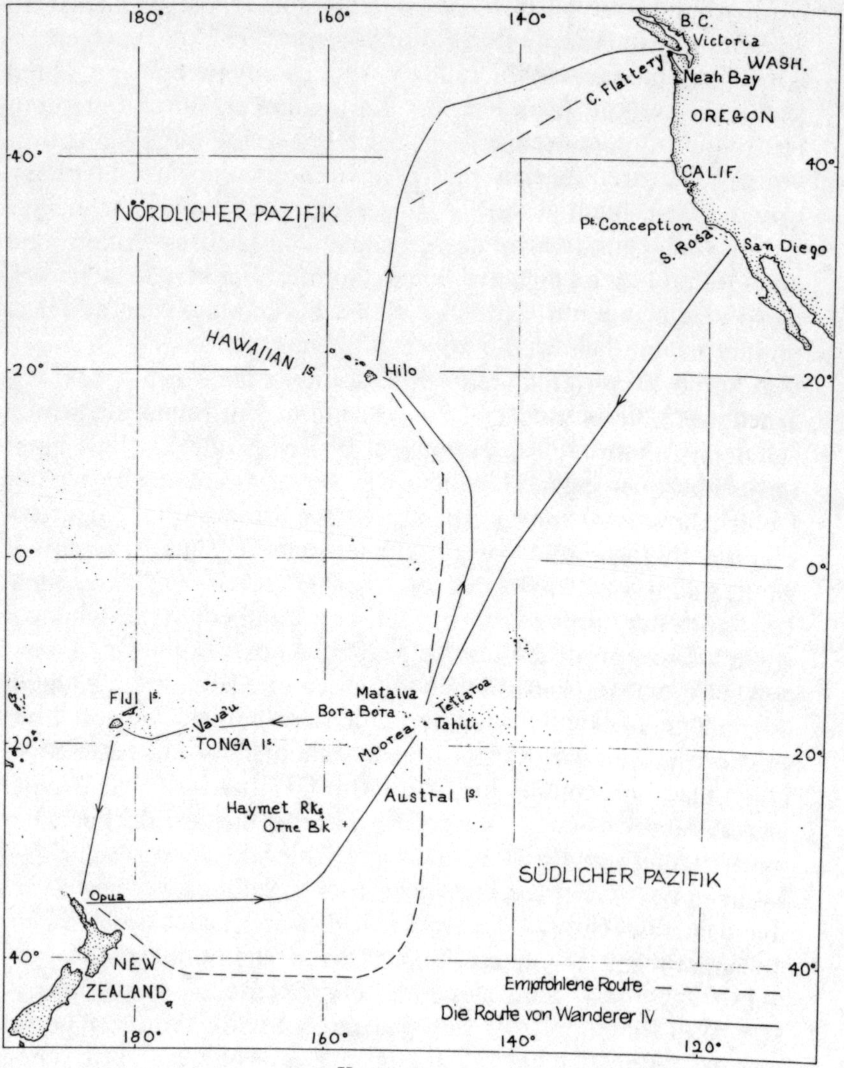
180°
160°
140°
B.C.
Victoria
WASH.
C. Flattery
Neah Bay
OREGON
40°
CALIF.
NÖRDLICHER PAZIFIK
Pt. Conception
S. Rosa
San Diego
HAWAIIAN Is.
Hilo
20°
0°
FIJI Is.
Mataiva
Tetiaroa
Bora Bora
Vava'u
Moorea
Tahiti
TONGA Is.
Austral Is.
Haymet Rks
Orne Bk
SÜDLICHER PAZIFIK
Opua
NEW
ZEALAND
Empfohlene Route
Die Route von Wanderer IV
120°

KARTE A

Vorteil hatte: Wir würden etwas schneller vorankommen als beim Vorwindsegeln. Unsere Pläne sahen nur zwei Zwischenstopps vor: Tahiti in den Gesellschaftsinseln und Hilo auf Hawaii. Damit wurde die gesamte Strecke in drei etwa gleich lange Etappen unterteilt, jede nur um weniges kürzer als eine Atlantiküberquerung von den Kanaren zu den Antillen (Karte A zeigt die empfohlene und die tatsächlich gesegelte Route von WANDERER IV.)

Natürlich kann man auf dem Großkreis direkt von Neuseeland nach Tahiti segeln, aber das hieße, auf den Zufall vertrauen, daß der Südostpassat nur eine geringe oder gar keine Ostkomponente enthält - oder daß seine Südgrenze ungewöhnlich weit nach Norden verlagert ist. Die *Ocean Passages for the World* empfehlen einen Kurs südlich des 40. Breitengrades, um von der vorherrschenden Westwinddrift zu profitieren, und erst auf 155 Grad West nach Norden zu halten. Uns dagegen schien eine so hohe südliche Breite zu kalt und stürmisch, deshalb entschieden wir uns für einen mittleren Kurs zwischen 30 und 35 Grad Süd, der uns in der Zone wechselnder Winde zwischen Passat und Westwindgürtel halten würde; hier konnten wir mit Wind aus unterschiedlichsten Richtungen, also auch aus günstigen, rechnen und Tahiti erst dann anliegen, wenn wir sicher waren, daß wir die Insel auf Backbordbug ansteuern konnten. Dies bedeutete zwar eine größere versegelte Distanz als auf der Großkreisroute, allerdings mit geringerer Differenz als zur empfohlenen 40° Süd-Route. Wie sich schließlich herausstellte, hätte weder die eine noch die andere Version einen entscheidenden Unterschied gebracht (abgesehen von der Distanz), denn zu der fraglichen Zeit herrschte über dem größten Teil des Südpazifiks eine Ostwindlage, die bis in die 40er Breitengrade hinauf wirksam war. Folglich segelten wir die meiste Zeit mit dichtgeholten Schoten und mußten manchmal sogar aufkreuzen. Das Wetter war oft kalt und naß, und während der ersten vierzehn Tage blieb der Kajütboden stets dunkel vor Feuchtigkeit. Allerdings erlebten wir nur einen starken Sturm, der sich uns entgegenstemmte und auf dem Liegeplatz, den wir gerade verlassen hatten, schwere Schäden an den Yachten anrichtete. Ein herrlicher Regenbogen war im Morgengrauen sein Vorbote, und danach wurde die Wolkendecke so tief und dick und der prasselnde Regen so stark, daß ich mittags mein Logbuch bei künstlichem Licht ausfüllen mußte.

An unserem vierzehnten Tag auf See begannen wir uns allmählich nach Norden voranzuarbeiten, Richtung Tahiti, und passierten wenig später zwei Gefahrenstellen: die Orne-Bank und die Haymet-Felsen. Die Sandbank wurde erstmals 1874 von dem französischen Truppentransporter ORNE gemeldet, der darauf offenbar Grundberührung gehabt hatte, aber sofort danach 16 Faden tiefes Wasser mit steinigem Grund lotete. Dreizehn Jahre später suchte das französische Kriegsschiff FAHERT das Gebiet in weitem Umkreis nach dieser Bank ab – mit dem Ergebnis, daß etwa acht Meilen östlich der bezeichneten Stelle 34 Faden Wassertiefe festgestellt wurden; 1938 lotete die SS CITY OF CANBERRA quer über die Position, wo laut Karte die Bank hätte sein sollen, fand aber ebenfalls kein Anzeichen dafür.

Die Haymet-Felsen wurden 1863 erstmals vom Kapitän des Kutters WILL WATCH gemeldet. Er berichtete, daß sein Schiff zwischen zwei Felsen hindurchgerutscht sei und den nördlichen davon gerammt habe, wobei sein Loskiel beschädigt worden sei; die Felsen waren auf einer Fläche von etwa einer Viertelmeile klar zu erkennen, und die Wassertiefe darüber wurde auf zwei bis drei Meter geschätzt. Auch hier schloß sich eine ergebnislose Suche an, und zwar 1886 durch HMS SATELLITE und im Jahr darauf durch FAHERT; letzteres Schiff erforschte drei Tage lang ein Gebiet im Umkreis von 25 Meilen um die ursprünglich bezeichnete Position. Es steht also fest, daß diese Gefahrenstellen, sollten sie wirklich existieren, nicht auf den in der Karte angegebenen Koordinaten zu finden sind, deshalb machten wir um sie einen großen Bogen.

Danach besserte sich das Wetter, es wurde wärmer und trockener, und die See beruhigte sich. Eines Abends lag ich rücklings auf dem Vorschiff, sah zu, wie die Sterne ihre Kreise beschrieben, und lauschte dem gleichmäßigen Rauschen der Bugwelle – da stieg ein tiefes Glücksgefühl in mir auf, daß ich all dies erleben durfte. Susan empfand ähnliches am nächsten Morgen, als sie bei

Sonnenaufgang einen leuchtend grünen Blitz aufzucken sah. Abends ist dieser grüne Schein nichts besonderes, aber morgens sieht man ihn nur selten, weil man nicht weiß, welche Stelle des Horizonts man nun genau fixieren soll, ohne zu blinzeln. Wir sichteten nur ein einziges Schiff, aber da die Windfahnensteuerung uns die ganze Arbeit abnahm, gingen wir in diesen leeren Gewässern auch kaum Ausguck.

Wir durchschnitten schräg die Inselgruppe der Australen, ohne auch nur eine davon zu Gesicht zu bekommen, und machten im ersten Licht unseres 27. Seetages vor uns die dunstigen Gipfel Tahitis aus. Wir kannten nur zu gut die Flauten in der Passage zwischen Tahiti und der Nachbarinsel Moorea, deshalb hätten wir uns für günstigeren Wind eigentlich in Luv von Tahiti halten sollen, um Papeete an der Nordküste zu erreichen; aber das hätte unsere ohnedies schon überlange Reise noch um etliche Meilen verlängert, deshalb verließen wir uns für die Durchfahrt auf den Motor und starteten ihn auch sofort, als der Wind einschlief. Ohne Segel rollte WANDERER erbärmlich im Dwarsschwell, später knallte sie in die steilen Seen, die uns jetzt entgegenstanden. Das hätte uns vor dem Kommenden warnen sollen. Stunde auf Stunde stampften wir langsam voran, bis wir nur noch fünf Meilen vor dem Papeete-Paß standen; da plötzlich sprang uns der Wind mit Sturmstärke genau von vorn an. Uns war bald klar, daß wir es vor Einbruch der Dunkelheit weder unter Motor noch unter Segel oder unter beidem nach Papeete hinein schaffen würden. Da wir in diesem gewöhnlich überfüllten Hafen im Finstern nur schwer einen Liegeplatz gefunden hätten, fielen wir ab und machten einen wilden, nassen und rasanten Raumschlag hinüber nach Moorea, wo wir in der großartigen Cook Bay neben einer Flottille kleinerer deutscher Yachten endlich unseren ungestörten Frieden fanden. Sofort kamen unsere freundlichen Nachbarn herübergerudert und brachten uns eine Dingiladung voller Geschenke: frisches Brot, Obst, Blütenkränze - auch Südseegardenien, genannt *tiare Tahiti*, mit ihrem schweren, unvergeßlichen Duft - und eine Flasche kühlen Weins. »Denn«, so sagten sie, »ihr seid schon so oft hiergewesen.« Rührend, dieser warme Empfang!

Moorea hat keinen Einklarierungshafen, aber der *gendarme* erlaubte uns, übers Wochenende hier zu bleiben, und danach machten wir uns zum Einklarieren nach Papeete auf. Als wir uns dem Paß näherten, an dessen östlicher Riff-Flanke ein mächtiger neuer Wellenbrecher entstanden war, trafen wir auf eine weitere deutsche Yacht, ebenfalls einlaufend, der wir schon bei früherer Gelegenheit begegnet waren. Ihre Eigner Horst und Tilly lebten schon ein Jahr auf Tahiti und kannten es gut, deshalb lotsten sie uns an einen passenden Platz dicht bei der auffälligen, rot-weißen protestantischen Kirche. Bis wir den Anker draußen und die Leine gefiert hatten, waren sie schon in ihrem Dingi da und brachten unsere Achterleinen zu einigen Felsen am Ufer aus. Sie halfen uns auch anderweitig, holten für uns eine Rolle Seekarten vom Paketpostamt, das nicht – wie man vermutet hätte – mitten in der Stadt lag, sondern drüben, auf der anderen Seite des Hafens; und Horst nahm unsere 20 Pfund schwere Gasflasche auf den Rücken, radelte damit durch den irrwitzigen Verkehr und ließ sie nachfüllen.

Für Segler ist Papeete *die* Drehscheibe des Südpazifiks, deshalb machen auch die Seenomaden, die man hier trifft, diese Stadt erst so faszinierend. Die City selbst erschien uns noch reizloser als bei unserem letzten Besuch, denn große Teile davon waren in modernem Stil neu erbaut worden, und der hektische Autoverkehr belastete sie weit über ihr Fassungsvermögen hinaus.

Nach zwei Tagen in Papeete kehrten wir für kurze Zeit in den Frieden und die Schönheit von Moorea zurück. Wir suchten uns einen Ankerplatz, auf dem uns der Schatten eines nahen Berges eine lange, kühle Abenddämmerung schenkte. Und am Fähranleger konnten wir unsere Tanks mit sauberem, weichem Trinkwasser füllen. Eine Tahitianerin aus dem nahen Imbißstand lieh uns einen langen Schlauch, denn der Wasserhahn befand sich ganz am Fuß des Docks; als Susan ihn zurückbrachte, wollte sie sich dafür mit einem kleinen Präsent revanchieren, das jedoch nicht angenommen wurde. Im Gegenteil, Susan wurde lächelnd ein soeben gefangener Fisch in die Hand gedrückt.

Der Erfolg einer Segelreise zwischen den Gesellschaftsinseln und Hawaii hängt großenteils davon ab, ob man den Äquator weit genug in Luv, also in Ost, überquert, damit man später, wenn das Gebiet des Nordostpassats erreicht ist, das Ziel mit leicht geschrickten Schoten anliegen kann. Die *Ocean Passages* empfehlen 148° West als die richtige Länge, aber wir hielten das noch für zu knapp und entschieden uns für eine Überquerung bei 145° West. Möglicherweise hatten Peter und Anne Pye denselben Eindruck gehabt, als sie 1953 mit MOONRAKER die Reise machten, denn obwohl ihr Ausgangshafen Bora-Bora war, das 130 Meilen leewärts von Moorea liegt, überquerten sie den Äquator ebenfalls bei 145° West.

Wir hatten damit gerechnet, daß diese Passat-Etappe ein Vergnügen werden würde, aber es kam anders, jedenfalls auf dem ersten Teil. Am Tag, bevor wir von Moorea auslaufen wollten, kutschierte uns ein amerikanischer Freund kreuz und quer über diese attraktive Insel (zum Teil, damit wir uns mit einem reichlichen Vorrat an Pampelmusen eindecken konnten, einer Citrusfrucht, die größer ist und besser schmeckt als Grapefruit). Dabei sahen wir, daß sich eine grobe See im Norden und Osten der Insel am Saumriff brach, und alle kamen zu dem Schluß, es sei *mauvais temps*, schlechtes Wetter.

Doch am nächsten Morgen war es ruhig, und wir motorten in eine gemeine, gegenanstehende See hinaus, bis wir eine Stunde später den Wind fanden. Leider hatte er gar keine Süd-, wohl aber eine starke Nordkomponente, also segelten wir wieder mit dichtgeholten Schoten, wie schon fast die ganze Strecke von Neuseeland her. Bei unserem Aufbruch war es Mitte Mai, und die *Pilot chart* nannte für diesen Monat hier eine durchschnittliche Windstärke von nur 3 Beaufort, aber für uns wehte es stets mit 5 bis 7, so daß das Leben an Deck naß und unbequem wurde; aber unten war es viel zu heiß und stickig. Normalerweise funktionierte WANDERERS natürliche, von achtern nach vorn strömende Belüftung recht gut, aber jetzt mußten wir über dem vorderen Teil des Cockpits das Spritzverdeck aufriggen, und das störte die luftabsaugende Wirkung des teilweise geöffneten vorderen Skylights. Das Ergebnis war eine Zone abgestandener Luft im Salon, wo wir aßen und schliefen. Groß war die Versuchung, ein bißchen abzufallen und die Schoten zu schricken, aber wir hatten uns nun mal eine Äquatorüberquerung bei 145° West in den Kopf gesetzt, auch wenn wir dafür zwei oder mehr scheußliche Tage nach Luv knüppeln mußten. Das war ein Kurs, den WANDERER genauso haßte wie wir, und wir hatten festgestellt, daß wir sie eher als Rahsegler denn als Schratsegler behandeln und gar nicht erst versuchen sollten (außer bei ganz glattem Wasser), höher zu segeln als sechs Strich am Wind. Natürlich wurde damit ein Luvschlag zu einer langsamen und frustrierenden Sache. Zu allem Überfluß konnte die Wäsche, die Susan noch in Moorea gewaschen hatte, einfach nicht trocknen, und die nassen Handtücher, die vielleicht nicht gründlich genug ausgespült waren, rochen wie alter Käse.

Es bedeutete fast eine Erleichterung, als wir endlich die Doldrums erreichten. Ohne Zögern starteten wir den Ford Diesel und motorten glatt durch den Flautengürtel, der sich als rund 100 Seemeilen breit erwies. Zweifellos war das ein kleiner Betrug, aber da wir den Äquator und die Doldrums schon siebenmal überquert hatten, stets unter Segeln, fühlten wir uns jetzt dazu berechtigt, uns die Sache diesmal so leicht und schmerzlos wie möglich zu machen. Der Seegang war erstaunlich steil und konfus, etwa so, wie man ihn im Race von Alderney antrifft, was vermutlich auf Strömungen beruhte, besonders auf dem östlichen Gegenstrom, obwohl wir von ihm nicht mehr als einen halben Knoten feststellen konnten. Übrigens wird in Band 3 des *Pacific Islands Pilot*, der sich mit diesem Gebiet befaßt, behauptet, daß es hier keine Doldrums gebe und daß der eine Passat praktisch übergangslos dem anderen weiche.

Danach war das Segeln angenehmer für uns, und wir setzten zunächst Kurs ab auf eine Position weit in Luv von Hawaii, aus Respekt vor dem nach Westen setzenden Nordäquatorialstrom; aber bald kürzten wir ein bißchen ab, denn wir stellten fest, daß die Strömung nicht mehr schaffte als fünf Meilen pro Tag. Weil der Himmel endlich blau und die See sanfter war, so daß uns nicht mehr so viel Gischt um die Ohren flog, konnten wir der besseren Belüftung halber das Pantry-Skylight öffnen und von unter Deck die lautlosen, kraftstrotzenden Schwingen der Segel beobachten, deren Lohbraun sich wohltuend vom Blau des Himmels abhob.

So gute Bedingungen machten uns die Navigation leicht, und ich konnte mir die Zeiten aussuchen, zu denen ich meine Höhenwinkelmessungen vornahm, morgens unseren Kurs überprüfte, indem ich die querabstehende Sonne beobachtete, und unser Etmal mit Hilfe der Mittagsbreite ausrechnete; in der Abenddämmerung bestätigte Susan dann die von mir gefundene Position mit einer Reihe von Gestirnhöhen. Eines Abends, kurz nach der Überquerung des Äquators, nahmen wir das Azimut des Sonnenuntergangs und erlebten eine angenehme Überraschung, als wir damit den Kompaß überprüften. Auf der Südhalbkugel hatte unser Kompaß bei NW-Kurs eine westliche Deviation von sieben Grad gehabt, doch jetzt, da wir wieder auf der Nordhalbkugel segelten, wies er bei diesem Kurs überhaupt keine Deviation auf. Als wir später vor Hilo um zwei Leitfeuer unsere Kompensationskreise fuhren, stellten wir sogar fest, daß auch auf anderen Kursen praktisch keine Deviation zu bemerken war. Also hatte unser Kompaß im Norden zu seiner stabilen Verfassung zurückgefunden, die er Mr. Robinson, dem Kompaßkompensator von Hamble, verdankte. Das war außergewöhnlich, denn eigentlich sollte sich eine Überquerung des Äquators - oder des magnetischen Äquators, der sich im Zentralpazifik mit dem ersteren so gut wie deckt - auf den Kompaß überhaupt nicht auswirken. Aber ein Stahlschiff kann nun mal magnetische Tücken entwickeln, die einem Schiff aus Holz oder GFK fremd sind.

Am zwanzigsten Tag nach Moorea (nach 2525 Meilen) sichteten wir Hawaii, die größte der Sandwich-Inseln, denn sie hat die doppelte Ausdehnung wie die anderen Inseln zusammengenommen; dennoch ist ihr Anblick von See etwas enttäuschend, denn trotz seiner höchsten Erhebung von 4200 m steigt das Land so allmählich an, daß das Bild der Vulkangipfel alle Dramatik einbüßt. Vor Hilo an der Ostküste der Insel segelten wir auf der Innenseite einer meilenlangen Bruchsteinmole in einen hübschen kleinen Hafen hinein, wo wir ganz hinten zwischen anderen Hochseeseglern ankerten, eine Achterleine zum Land ausbrachten und bald von den höflichsten und freundlichsten Zollbeamten besucht wurden, denen wir jemals begegnet waren. Wir blieben fünf Tage, machten Waschtag in einem nahen Waschsalon, bunkerten Wasser und Proviant, kümmerten uns um alles Nötige fürs Schiff und liefen schließlich zur letzten und aufregendsten Etappe aus, der nach Victoria in Britisch-Kolumbien.

Bei dieser Reise waren die beiden wichtigsten Faktoren die nördliche Ausdehnung des Nordostpassats und die Lage des nordpazifischen Hochs. Der Passat kann den Segler mit einiger Wahrscheinlichkeit dazu zwingen, im großen und ganzen Nord zu steuern, solange er sich auswirkt, und das Hoch kann ihn viele Tage in der Flaute festhalten, wenn er den ersehnten Kurs Richtung Land zu früh einschlägt. Für Juni, unseren Reisemonat, war die empfohlene Taktik, bis etwa 36° N nach Norden zu segeln, wo man auf die vorherrschenden Westwinde stoßen würde, dann abzudrehen und das Ziel anzusteuern. Es gab noch andere Faktoren, auf die man keinen Einfluß hatte – die hohe Nebelhäufigkeit, die weitverteilten Fischereiflotten in Landnähe und schließlich die auf der Wasseroberfläche oder sogar darunter schwimmenden Baumstämme, die eine große Gefahr für ein kleines Boot darstellen.

Nach dem Auslaufen von Hilo packte uns ein steifer Nordostpassat, mit dem wir – wie immer ein bißchen voll segelnd – in der ersten Woche 966 Meilen gutmachten. Aber bei 36° N zeigte sich vom Westwind keine Spur, der Ostnordost regierte unangefochten, und dieselben Bedingungen herrschten auch noch auf 40° N vor. Mittlerweile war es kalt geworden, wir lobten uns die Dieselheizung in der Kajüte und zogen unsere Socken bei Tag und Nacht nicht mehr aus. Der Himmel hatte sich bezogen und blieb es bis zum Ende der Reise. Das Antlitz der See war jetzt graubraun und mürrisch, und oft peinigte uns ein kalter, alles durchdringender Nieselregen. Erst auf 44° N ließ der Wind endlich nach; die grauen und schwarzen Schwalbensturmvögel und die schwarzgestiefelten Albatrosse, die uns begleitet hatten, seit es kälter geworden war, konnten ohne Scheu längsseits kommen und sich mit sichtlicher Freude die Brocken Fett oder Rührei holen, die wir ihnen anboten. Alle bewiesen bemerkenswert gute Manieren; sie rauften nicht, schnappten einander auch nichts weg, und die mächtigen, würdevollen Albatrosse hockten nur da und beobachteten, kamen ihren winzigen, aufgeregt flatternden Gefährten nicht in die Quere. Zweimal hintereinander konnte Susan morgens bei Flaute nach unserem Frühstück auch die Küken füttern. Mittlerweile war der Barograph auf Rekordhöhe geklettert und blieb eine Zeitlang bei 1050 mb stehen, was wir in zwanzig Jahren Seefahrt noch nicht erlebt hatten. Also mußten wir, statt das Hoch wie erhofft umfahren zu haben, mitten hindurch gesegelt sein, dennoch hatten wir insgesamt nicht mehr als 24 Stunden bekalmt gelegen.

Natürlich erwarteten wir nun Wind aus dem westlichen Quadranten, aber er tat uns nicht den Gefallen. Obwohl die Ostnordostlage vorbei war, hatte der Nord immer noch eine kleine Ostkomponente, also segelten wir abermals mit dichtgeholten Schoten, nur diesmal über Steuerbordbug. Und schließlich konnten wir das 1000 Meilen entfernte Kap Flattery anliegen, den südlichen Ansteuerungspunkt an der Einfahrt in die Juan-de-Fuca-Straße.

Nun war die Navigation schon eher ein Problem, denn in den beiden letzten Wochen der Reise sahen wir den Sternenhimmel nur einmal, und da war die See zu rauh, als daß wir daraus Nutzen hätten ziehen können. Den zunehmenden und dann abnehmenden Mond bekamen wir nicht einen Lidschlag lang zu sehen. Also blieb uns nur die Sonne, und wegen der permanenten Wolkendecke ließ sich dieser Fixstern nur selten und dann blaß sehen. Jetzt konnte ich mir nicht mehr selbst die Zeit für meine Messungen wählen, sondern mußte oft lange im Ölzeug an Deck warten, den Sextant in der Hand, damit ich bei der ersten der so seltenen Gelegenheiten zu meinem Schnappschuß kam. So schwach schimmerte die Sonnenscheibe durch die Wolken, daß ich keine Blendgläser auf dem Sextanten benötigte, und manchmal konnte ich die Sonne zwar gerade noch sehen, nicht aber den Horizont – wegen Dunst. Eine mit Funk ausgestattete Yacht wäre hierbei natürlich im Vorteil gewesen, denn das Gebiet ist gut durch Loran abgedeckt, und bei der Annäherung an die Küste kann man sich vieler Funkfeuer bedienen, mancher sogar mit einer Reichweite von 100 Meilen. Doch abgesehen von einem Empfänger und einem Echolot hatten wir keine elektronische Ausrüstung an Bord, aber wir sagten uns, wenn unsere Vorgänger – Navigatoren wie Cook, Vancouver, Pye und Smeeton – es mit den Gaben der Natur allein geschafft hatten, dann konnten vielleicht auch wir es schaffen.

Zwei Nächte vor dem erwarteten Landfall machten wir auf raumem Kurs bei stark reduzierter Segelfläche und Sturm von Stärke 9 aus Nord sieben Knoten. Da uns bisher noch kein grünes Wasser an Deck gekommen war, schlug ich vor, das Waschbord am Niedergang weg und das Luk offen zu lassen, damit der Wachgänger alle zehn Minuten einfacher und leiser ins Cockpit gelangen konnte. Ich machte es jedenfalls so, aber Susan hielt nichts von dieser Idee – mit Recht, wie sich bald herausstellen sollte. Denn gegen Mitternacht stieg dann doch eine schwere See ins Cockpit. Ein gewaltiger Wasserfall ergoß sich in den Salon, überschwemmte die ganze Leeseite mit ihren Bücher- und Kartenschapps, schwappte in die Schubladen, wo wir die Schiffspapiere, unsere Pässe, unbeantworteten Briefe und den Erste-Hilfe-Kasten aufbewahrten, worauf alle diese Dinge munter aufschwammen, und stand schließlich einen Fuß hoch über der Leekoje, auf der ich schlief. Den Rest der Nacht verbrachten wir mit Lenzen, Pütz und Feudel und versuchten, wenigstens das Wichtigste zu retten, zum Beispiel den Nautischen Almanach und die Gezeitentafeln. Es versteht sich von selbst, daß wir danach das Waschbord an seinem Platz und das Niedergangsluk fest geschlossen ließen, aber jetzt kam kein grünes Wasser mehr über.

Beim Fahrtensegeln erlebt man wirklich bemerkenswerte Kontraste. Am folgenden Abend war die See glatt, und wir lagen bekalmt auf der La-Perouse-Bank, wobei uns eine Flottille von Lachskuttern Gesellschaft leistete. Bei Einbruch der Nacht ließen die Skipper das Fischen sein, schalteten Blitz-Topplichter an und gingen offenbar zur Koje – ein vernünftiges Beispiel, dem wir bald folgten. Wir kamen uns vor wie Bewohner eines exklusiven, schwimmenden Dorfes und freuten uns über die Gesellschaft anderer Menschen, nachdem wir so lange allein gewesen waren. Die starken, Aufmerksamkeit erregenden Topplichter der Fischer beeindruckten uns sehr, und wir beschlossen, ebenfalls so eine Blitzlampe an Bord zu installieren - ein Vorhaben, das wir beim Bau unseres nächsten Bootes auch verwirklichten. Etwa um diese Zeit galt derlei Beleuchtung jedoch nach den internationalen Vorschriften bereits als unzulässig, weil sie fälschlich für Seezeichen, etwa für eine nördliche Wracktonne, gehalten werden konnten. Dies wird uns jedoch nicht davon abhalten, unsere Blitzlampe dann einzuschalten, wenn wir nicht anders auf uns aufmerksam machen können, um so vielleicht eine Kollision zu vermeiden.

Zum Glück stießen wir in diesem notorisch nebligen Seegebiet nicht auf wirklich dicke Suppe und sichteten gegen Mittag des nächsten Tages Kap Flattery, das seinen Namen Captain Cook verdankt, der im März 1778 hier vorbeikam. Aber statt nach dem nur 60 Meilen entfernten Victoria weiterzusegeln, liefen wir die hinter dem Kap gelegene Neah Bay auf dem amerikanischen Ufer der Straße an. Der nächste Tag war sonnig, und wir benutzten ihn dazu, unsere Habseligkeiten zu trocknen, insbesondere etwa hundert Bücher und doppelt so viele Karten, alle durchweicht vom Salzwasser.

Als wir schließlich in die Juan-de-Fuca-Straße ausliefen, war es diesig, dennoch konnten wir die verschneiten Gipfel des Olympic-Gebirges erkennen. Allerdings hätten wir bei der flauen Brise Victoria nicht so rechtzeitig erreichen können, um noch am selben Tag einzuklarieren, deshalb wollten wir Pedder Bay anlaufen, zehn Meilen davor. Bei der Einfahrt mußten wir uns innerhalb der Race Rocks halten und wurden von einem Sechs-Knoten-Strom rasant daran vorbeigeschoben.

Race Rocks - Kanadas südlichster Punkt im Westen von Ontario - ist bisher mindestens 35 Schiffen zum Verhängnis geworden. Der elegante, schwarz-weiß gestreifte Leuchtturm, der die Gefahrenstelle überragt, besteht aus Granitquadern, die in England behauen, eingepaßt und numeriert wurden, ehe man sie 1858 nach Kanada verschiffte und damit einen der ersten Leuchttürme in Britisch-Kolumbien errichtete.

Bald nachdem wir geankert hatten, besuchten uns Trev Anderson, der Leuchtturmwärter, und seine Frau Flo in ihrem Boston-Whaler; sie hatten WANDERER nachmittags vorbeisegeln gesehen und nach einem Foto erkannt. Seit zwölf Jahren schon lebten sie auf dem Rock und luden uns nun ein, sie dort draußen zu besuchen. Diesmal konnten wir der Einladung noch nicht folgen, weil wir erst einklarieren mußten. Zur Zeit beschäftigte sie vor allem der Bau einer zwölf Meter langen Holzketsch, und ihre Baustelle war nicht etwa irgendein geschütztes Eckchen Land am Ufer, sondern der Gipfel des Felsens, wo sie dicht am Leuchtturmwärterhaus, zwischen Robben, Seelöwen und Vögeln, völlig im Freien und dem häufigen starken Wind voll ausgesetzt arbeiteten. Drei Jahre später sollten wir von ihnen hören, daß die Yacht fertig und zu Wasser gelassen war; sie waren pensioniert und lebten an Bord.

Die Ankunft in einem fremden Hafen ist stets aufregend, besonders dann, wenn dieser Hafen so klein und belebt ist wie Victoria. Als wir einliefen, zu beiden Seiten eine Mole, und um die erste unübersichtliche Ecke bogen, wurden wir von einer großen, ungeduldigen Fähre überholt. Wir warteten, bis sie angelegt hatte, und schlichen dann unter Motor weiter (glücklicherweise wehte kaum Wind), bis wir den Zollsteg sehen konnten. Plötzlich kam aus irgendeinem versteckten Winkel ein Leichter mit Ladebäumen an Deck hervorgeschossen und verdeckte uns die Sicht auf den Zollsteg. Inzwischen war ein Wasserflugzeug hinter uns gelandet und rückte uns ungeduldig auf den Pelz. Aber dann glitt der Leichter beiseite, das Flugzeug brauste an uns vorbei, und wir hatten wieder freien Blick auf das Ufer, wo bunte Blumen auf einem Rasenhang den Gruß »Willkommen in Victoria« bildeten. An Steuerbord blickten Amtsgebäude aus Granit auf eine Marina voller Yachten nieder, voraus erkannten wir das hübsche, alte, efeuumrankte Empress Hotel, und links davon tauchte auch der Zollsteg wieder auf, wo ein Mensch stand und uns eifrig winkte. Beim Näherkommen erkannten wir unseren Freund Tom Denny. Er hatte von seinem Haus am Berg morgens unsere beiden weißen Masten erkannt und war zu unserem Empfang herbeigeeilt.

Ein oder zwei Tage lang teilte sich WANDERER die Marina mit Wasserflugzeugen, während wir uns die Stadt ansahen und unsere Freude hatten an dem prächtigen Blumenschmuck, den gepflegten Gebäuden, gut sortierten Geschäften und den Museen; in einem davon, dem Maritime Museum, haben Voss' TILIKUM und Guzzwells TREKKA eine Heimat gefunden. Das reizvolle und farbenprächtige Victoria ist nicht nur die größte Stadt auf Vancouver Island, sondern die Hauptstadt von ganz Britisch-Kolumbien.

Ein seltsamer Zufall wollte es, daß die Monatsschrift des Schifffahrtsmuseums gerade während unseres Aufenthalts einen Artikel mit einem Titelbild von HMS CONDOR brachte, der von den Ereignissen berichtete, die dazu geführt hatten, daß sie in einem schweren Wintersturm des Jahres 1902 mit ihrer gesamten Besatzung vor Kap Flattery verlorenging. Denn einer von Susans zahlreichen Onkeln, Commander Clifton Sclater, Royal Navy, war damals – wie schon seit ihrer Indienststellung – ihr Kommandant. Susans Kusine Jenifer Faulkner war kurz zuvor in Victoria gewesen und hatte für einen Artikel im *Mariner's Mirror* alles nur auffindbare Material über die Katastrophe gesammelt – wovon wir aber nichts wußten.

CONDOR war ein 55 m langes, als Dreimastbark getakeltes Kanonenboot von 980 Tonnen gewesen, mit einer Besatzung von 105 Mann. Schon ihre Reise vom englischen Chatham durch die Magellanstraße in den Pazifik, wo sie das dort stationierte britische Geschwader verstärken sollte, war schwierig gewesen: Der Antrieb erwies sich als ineffektiv, und zwar sowohl Segel wie Dampfmaschine, das Schiff arbeitete zu stark im Seegang, und außerdem hatte es Fälle von Gelbfieber an Bord gegeben.

Nach einer Umrüstung im Stützpunkt Esquimalt bei Victoria erhielt die CONDOR Order, nach Hawaii zu segeln, dort für die Restaurierung von Kapitän Cooks Grabstätte zu sorgen und danach Post nach Pitcairn Island zu bringen; anschließend sollte der Arbeitsmarkt auf den Südseeinseln (Sklavenhandel) begutachtet und auf unbewohnten Inseln nach Schiffbrüchigen gesucht werden – alles zweifellos höchst romantisch, aber welche Mammutaufgabe! Nach ihrem Auslaufen am 2. Dezember hörte man nie wieder von dem Kanonenboot, lediglich Wrackteile wurden an der Pazifikküste von Vancouver Island angeschwemmt.

Aus Mrs. Faulkners Recherchen geht klar hervor, daß die Schuld an CONDORS Verlust ihre Konstrukteure trifft, denn das kleine Schiff war viel zu rank: Es krängte oft um 25°, manchmal sogar bis zu 34°, und seine starken Rollbewegungen wurden noch dadurch verschlimmert, daß 48 Tonnen Reservekohle und andere Vorräte an Deck gestaut werden mußten. Wenn eine See überkam, verhinderte ihr hohes Schanzkleid, das zu wenige und zu kleine Lenzöffnungen aufwies, ein schnelles Abfließen des Wassers, was das Toppgewicht noch erhöhte. Sclater monierte diese und andere Mängel des Neubaus, aber ein Mr. Moorish, Hilfskonstrukteur Erster Klasse im britischen Marineministerium, verweigerte die Genehmigung für Umbauten jeder Art; er bestritt, daß ein aus seiner Abteilung hervorgegangenes Produkt auch nur die geringsten Mängel aufweisen könne.

Die Sonne strahlte vom blaßblauen Himmel, als wir uns der Einfahrt zum Saanich Inlet näherten, einem fjordähnlichen Einschnitt in der Ostküste von Vancouver Island, und bald Dennys Inselchen identifizierten: klein, niedrig, aber mit einem prachtvollen Bewuchs alter Erdbeerbäume, deren rotbraune Stämme sich malerisch von den grauen Felsen abhoben. Bei unserer Annäherung stieg eine große kanadische Nationale am Flaggenmast über dem Haus empor, und als wir am Schwimmsteg längsseits gingen, warteten schon Tom und Margaret auf uns, um unsere Leinen wahrzunehmen und uns so herzlich zu begrüßen, wie wir es noch kaum jemals erlebt hatten.

So dicht vor uns, daß WANDERERS vergoldete Bugsprietnock fast ihren glänzenden Bug berührte, lag ihre Ketsch DAPHNE ISLE in einer eigenen kleinen Box, und niemand hätte ihr angesehen, daß sie schon die 8000-Seemeilen-Reise von England hinter sich hatte. Im Gegenteil, mit ihrem glänzenden Farb- und Lackanstrich sah sie so makellos aus, als käme sie soeben neu von der Werft. Der Schwimmsteg mochte gut 25 m lang sein und war weder an Pfosten noch an Dalben befestigt, sondern an freitragenden Auslegerbalken mit Scharniergelenken - und die ganze Konstruktion war aus angeschwemmten Holzstämmen erbaut, wie sie dort an den Küsten jeden Strand in Mengen verunzieren.

Am Kopf der Stegtreppe stand der Werkstattschuppen, der uns faszinierte, denn er war mit allem Werkzeug ausgerüstet, von dem ein Fahrtensegler nur träumen kann; an Wänden und Balken hing eine beachtliche Sammlung von Gerät aller Art, Ersatzteile, Paßstücke - kurz hunderterlei Kram, der einem irgendwann sehr gelegen kommen mochte. Die Besitzer ermutigten uns, Gebrauch davon zu machen. Ein Fußweg aus Granitplatten, die Margaret verlegt hatte, führte zum Haus auf dem höchsten Punkt der eineinhalb Morgen großen Insel. Es war ebenfalls selbst erbaut, zum größten Teil aus Treibholz: ein perfektes kleines Heim, einfach, aber mit allem modernen Komfort ausgestattet, wie fließendes Wasser, Strom, Waschmaschine und sogar Telefon. So konnte BBC London eines Morgens sogar ein Interview mit mir auf Band aufnehmen, während ich dasaß und durch das Panoramafenster zu den fernen Hügeln von Saltspring Island hinübersah. Die Dennys ließen uns wissen, daß wir uns all dieser Bequemlichkeiten bedienen sollten. »Kommt euch vor wie zu Hause«, sagte Margaret, als sie uns herumführte; und tatsächlich fühlten wir uns manchmal auch fast heimisch auf der Insel, denn die Dennys hielten sich mitunter in ihrem Stadthaus auf oder an anderen Orten.

Nach ihrer 7000-sm-Reise sah WANDERER etwas mitgenommen aus. Rostnasen zogen sich von den Klüsen und Decksbeschlägen herunter, der Farbanstrich blätterte ab. Ihr Äußeres gereichte uns nicht gerade zur Ehre und bekam dem properen Erscheinungsbild der Insel schlecht. Vielleicht waren auch Tom und Margaret zu dieser Ansicht gelangt, denn sie machten sich bald an Bord mit Hammer, Drahtbürsten und Schleifmaschine eifrig zu schaffen. Noch selten habe ich Leute so hart und perfekt arbeiten gesehen, und zwar den ganzen Tag lang. Sie waren älter als wir, und trotzdem hatten wir Mühe, mitzuhalten. Es gab weder Tee-, noch Kaffee- oder Rauchpausen, wie wir es von Neuseeland her gewohnt waren; immerhin schlich ich mich manchmal davon, um ein Pfeifchen zu rauchen. Wie mir jeder, der jemals mit rostigem

Stahl gearbeitet hat, sofort glauben wird, spottete der dabei entstehende Schmutz jeder Beschreibung; doch schließlich gab es dafür einen starken Industrie-Staubsauger, heiße Duschen für die schmutzigen Arbeiter und am Abend einen Drink auf DAPHNE ISLE. Da wir schönes Wetter hatten, ging die Arbeit ununterbrochen weiter, bis wir alles geschafft hatten; denn wenn die Dennys sich erst einmal etwas vornehmen, dann verbeißen sie sich in den Job, bis er zu ihrer Zufriedenheit erledigt ist. Der Ort der Handlung hieß bei uns allen bald nur noch »Dennys Teufelsinsel-Werft«.

Mittlerweile hatte das Möwenpaar, das auf dem Dach des Hauses nistete, Nachwuchs bekommen; soviel die Alten auch schnatterten, sie schienen nicht zu begreifen, daß sie die Jungvögel füttern mußten. Deshalb legte Margaret notgedrungen einmal täglich die Drahtbürste beiseite, hockte sich auf den Schwimmsteg und angelte, meist mit promptem Erfolg; ihren Fang warf sie dann aufs Dach hinauf. Wir hatten noch andere Untermieter: blitzschnelle Eisvögel, heisere Fischreiher, und gelegentlich sahen wir einen Wildnerz verstohlen die Runde machen. Das spektakulärste Schauspiel boten jedoch die Unmengen von Quallen. Sie standen so dicht an dicht in der Bucht, daß wir nicht einmal einen Bootshaken ins Wasser stecken konnten, ohne dabei gleich mehrere zu durchbohren. Wir durften die Bordtoiletten nicht mehr benutzen, weil die Quallen die Seeventile und Pumpen verstopften. Hier und da trieb in dieser gallertartigen Armada auch eine gelbe Nesselqualle von über einem halben Meter Durchmesser dahin, ein gravitätisch pulsierender Riesenballon.

Endlich hatten wir die Fronarbeit an Bord geschafft, der jetzt rostfreie Rumpf wurde mit einem speziellen Epoxidharz beschichtet, auf das sich Tom unter erheblichen Unkosten (seinen) versteift hatte, und zuletzt mit weißem Lack gestrichen. Und dann brachen wir alle gemeinsam auf, die Dennys in ihrem Boot, wir in unserem, und begaben uns auf einen Spätsommertörn. So schön er für uns war, werde ich doch nicht ausführlicher davon berichten, denn das könnte alle langweilen, die diese Gewässer nicht kennen. Deshalb beschränke ich mich auf ein paar Kostproben, die vielleicht Appetit machen.

Kurz das Geographische: Vancouver Island erstreckt sich 250 Meilen lang von Südosten nach Nordwesten. Die Stadt Victoria, unser Einklarierungshafen, liegt an der südöstlichsten Ecke. Die Stadt Vancouver jedoch (verwirrend, auch für uns) liegt auf dem kanadischen Festland gut 50 Meilen entfernt und ist durch eine Fährverbindung zu erreichen. Die Georgia-Straße trennt die südliche Hälfte der Insel vom Festland; wahrscheinlich könnte ich auf den Karten die gewaltige Zahl der Inseln in diesem geschützten Gewässer ermitteln, aber ich will mich auf die Feststellung beschränken, daß es sehr viele sind, manche davon noch kleiner als Tom Dennys Inselchen, andere - wie Texada - über 20 Meilen lang. Dies war das Gebiet, in dem wir segelten - so geschützt, daß der Pazifikschwell es nie erreicht, höchstens daß sich eine kurze, steile Welle aufbaut, wenn Wind gegen Tide steht.

Im Südpazifik, wo wir uns die letzten beiden Jahre aufgehalten hatten, kümmerten wir uns selten um den Tidenhub, der dort verschwindend gering ist, aber nun wurde unsere Zeiteinteilung davon bestimmt. An Engstellen zwischen den Inseln kann der Tidenstrom 12 Knoten erreichen, und es ist klüger, solche Durchfahrten bei Stillwasser anzugehen, schon um die Wirbel zu meiden, in denen Tang und Treibholz kreiseln. Aber das Stillwasser kann mitunter nur wenige Minuten dauern und tritt nicht immer zu dem Zeitpunkt ein, zu dem es in den Gezeitentafeln angekündigt wird. An den meisten Stellen ist das Wasser bis hin zum Ufer recht tief, allerdings gibt es vor zahlreichen Inseln Ankerplätze mit mäßigen Wassertiefen, und viele davon sind heimelig und gut geschützt. Nach jahrelanger Segelerfahrung in diesen Gewässern kannten die Dennys die besten und schönsten Ankerplätze und zeigten sie uns voller Stolz. Sie wußten auch, wo es reichlich Äpfel und Blaubeeren gab und wo man gut auf Lachs fischen konnte.

Ein interessantes, künstliches Charakteristikum der südlichen Georgia-Straße ist die kanadisch-amerikanische Grenze, die zwischen den Inseln verläuft, so daß man binnen einer Stunde von einem Land ins andere wechseln kann. Natürlich muß man jedes Mal offiziell ein- und ausklarieren, aber dafür gibt es genug Häfen, in denen man die Formalitäten ohne großen Aufwand erledigen kann, außer daß es zu unserer Zeit (sie fiel zufällig mit den Schulferien zusammen, und es wimmelte nur so von kanadischen und amerikanischen Yachten) manchmal vor dem Zoll ganze Bootsschlangen gab. Ich weiß noch, wie WANDERER einmal, als wir auf eigene Faust Roche Harbour auf der amerikanischen Insel San Juan besuchten, sich hinter elf anderen Yachten in die Reihe der wartenden Boote einordnen mußte, die meisten davon stark motorisierte Kajütkreuzer oder Sportfischerboote. Es gab nur einen einzigen Liegeplatz am Zollsteg, an dem wir unserer Ansicht nach mit der Gewißheit festmachen konnten, daß unser schwerfälliges Schiff auch gut wieder freikommen konnte; aber jedes Mal, wenn wir uns vorsichtig näherten, schoß eine der ungeduldigen Motoryachten achtern aus der Schlange und brauste vor uns an den Steg. Das ging so lange, bis ein freundlicher Zuschauer, der unser Problem begriff, die anderen Boote fernhielt, damit wir längsseits gehen konnten.

Wir wußten, daß das Landwirtschaftsministerium der USA den Import von kanadischem Obst und Gemüse nicht zuließ, deshalb hatte Susan bei der Proviantierung darauf geachtet, nur kalifornische Kartoffeln und Grapefruits zu kaufen. Trotzdem beschlagnahmte ein junger Zollbeamter sie alle mit der Begründung, daß sie nicht den Stempel ›Made in USA‹ trügen. Später entdeckten wir den ganzen Haufen auf dem Fußboden einer Zollstube. Was es auch war, wovor die Amerikaner sich so fürchteten – inzwischen mußte es sich von da aus durch ganz San Juan verbreitet haben. Die Rückkehr nach Kanada war einfacher, denn der Beamte wollte nur wissen, ob wir amerikanisches Bier an Bord hatten, weil zu der Zeit die kanadischen Brauereiarbeiter streikten und amerikanisches Bier hoch im Kurs stand.

Nachdem wir so viele Jahre lang in fremden Gewässern unsere eigenen Lotsen gewesen waren, die Karte in der einen Hand und das Marineglas in der anderen, war unser kleiner Segelausflug mit den Dennys eher wie Urlaub. Zwar hatten wir uns Handbücher geliehen – darunter den ausgezeichneten Führer von Bill Wolferson *Cruising Guide to the Gulf Islands* – und ebenso alle notwendigen Karten (kanadische haben wie die amerikanischen ganz unterschiedliche Formate und müssen meist vierfach gefaltet werden, was beim Benutzen und Verstauen lästig ist), doch mußten wir uns selten selbst zurechtfinden, denn die Dennys lotsten uns auf jeden Ankerplatz, fuhren so lange im Kreis, bis wir die beste Stelle gefunden hatten, und führten uns mit schlafwandlerischer Sicherheit durch die meisten Gefahrenstellen. DAPHNE ISLES schmuckes Heck wurde unser vertrauter Wegweiser, und sie führte uns ritterlich, denn sie war schnittiger als WANDERER und hätte unter Motor schneller laufen können als wir - vielleicht sogar auch unter Segeln, aber das festzustellen hatten wir kaum Gelegenheit; kein einziges Mal wurden die Dennys ungeduldig oder des Lotsens überdrüssig.

Viele Ankerplätze waren mit Yachten vollgestopft, und wenn es klein und eng wurde, lief DAPHNE ISLE als erste ein und sah sich um, ob noch genügend Platz für uns beide war. Da wir uns für den Törn Walkie-talkies geliehen hatten - kleine schwarze Schachteln, die ich zuerst mißtrauisch beäugte, schließlich aber schätzen lernte -, konnten uns die Dennys wissen lassen, ob wir einlaufen sollten oder nicht. Die Überfüllung war das einzige, an das wir uns nie gewöhnen konnten, höchstens gehörte dazu noch der Umstand, daß die Küsten vieler Inseln für Ferienhäuser parzelliert waren, womit uns ein Anlanden, außer unterhalb der Hochwassermarke, ohne widerrechtliches Betreten fast unmöglich wurde. Große Teile der südlichen Georgia-Straße entpuppten sich als Tummelplätze für Urlauber, wo sich Mama, Papa und die Kinderchen allesamt in übermotorisierten Speedbooten austobten, die hohe Heckwellen nachschleppten - oder Wasserskiläufer. Manche amerikanischen Motoryachten ließen sogar die ganze Nacht die Maschinen laufen, wahrscheinlich um ihre Tiefkühltruhen für den Lachs kalt zu halten, den sie hier gefangen hatten und mit heimnehmen wollten - eine Praxis, die Kanadier in Harnisch brachte. Manche Inseln waren parkartig angelegt, sauber und gepflegt, mit bequemen und reizvollen Wanderwegen. Für Besucher gab es stets Gaststege oder -liegeplätze, alle gratis, mit Toiletten, Wasserleitung, Müllcontainern und Picknicktischen. Oft empfingen uns an den Hafeneinfahrten riesige Namenstafeln, auf denen

»Piratenbucht« oder ähnliches übergroß zu lesen stand, wie um den Ankömmling zu beruhigen, daß er sich nicht verirrt hatte.

Wir fuhren durch die Dodd Narrows nordwärts (an dieser Enge entsteht ein Strom, der sich mit neun Knoten durch die nur eine halbe Kabellänge weite Passage zwängt), ließen eine der riesigen, Rauch speienden Papiermühlen an Backbord, die das Gesicht dieser Landschaft entstellen und zu denen winzige Schlepper riesige Flöße aus Baumstämmen bringen, die in den Holzcamps gesammelt werden. Oft lösen sich Stämme aus diesen Flößen, mitunter bricht auch ein ganzes Floß bei Schlechtwetter auseinander, deshalb kann man überall und jederzeit auf Baumstämme von über 20 m Länge und vielen Tonnen Gewicht stoßen. Wenn sich solch ein Stamm voll Wasser gesaugt hat, kann er auch aufrecht schwimmen (Schierlingstannen neigen besonders dazu), wobei das obere Ende knapp überspült ist oder sogar unter der Wasserfläche liegt. Diese Bootskiller nennt man dann *dead-head.* Wegen der Kollisionsgefahr ist kaum eine Yacht bei Nacht unterwegs, doch selbst am hellen Tag ist ein *dead-head* schwer auszumachen. Manchmal sitzt ein Vogel obendrauf – eine gute Warnung. Während unseres Besuchs war eine Kampagne im Gange, wonach die zahllosen Speedboote und Motorbarkassen in diesen Gewässern Wimpel an stählernen Stangen mit sich führen und auf jedem gesichteten *dead-head* aufpflanzen sollten. Diese Idee hatte überdies den Vorteil, daß die Motorboote eine sinnvolle Aufgabe bekamen, statt nur ziellos herumzurasen.

Nachdem wir die Stadt Nanaimo achteraus gelassen hatten, erreichten wir ein abgelegeneres und rauheres Gebiet, das nicht so überlaufen war; wir querten die Straße von Georgia diagonal, arbeiteten uns durch die Surge Narrows (11 bis 12 Knoten Strom bei Springtide) weiter hinauf und passierten dabei einen überspülten Felsen so dicht, daß wir ihn mit dem Riemen hätten berühren können, bis wir uns schließlich zwischen den Octopus Islands auf einen wüsten und verlassenen Ankerplatz mogelten. Wie meistens während unseres Törns regnete es auch jetzt, aber damit hatten wir gerechnet. Ich glaube sogar, daß Kanadas Küste bei Regen am besten wirkt – oder vielleicht am ehesten so wirkt, wie man sie sich vorgestellt hat –, wenn sich die Berge geheimnisvoll in Dunst oder Wolken hüllen, Tropfen von Fichten und Kiefern fallen und das stille schwarze Wasser vom Regen gesprenkelt ist. Weißer, aromatisch duftender Holzrauch stieg senkrecht aus dem Schornstein unserer Gefährten, in deren gemütlichen Salon wir an diesem Abend zum Dinner eingeladen waren, nicht zu frisch gefangenem Lachs, denn Margaret wußte, daß ich mir aus Fisch nichts mache, sondern zu einem köstlichen Roastbeef.

Wir hatten schon vom Desolation Sound gehört, dem Sund der Trostlosigkeit, dessen Name einem je nach Temperament das Blut in den Adern schneller pulsieren oder erstarren läßt. Vancouver, der als erster Weißer diese Gewässer hier erforscht hatte, taufte ihn so 1792, und aus seinen Aufzeichnungen geht klar hervor, daß er keine gute Meinung von dem Sund hatte. Wer ihn aber bei Sonnenschein erlebt, so wie wir, dem werden sie den Atem nehmen: die blauschwarzen, schneegekrönten Berge, die klare, trokkene und kühle Luft, die Felsen, im Sonnenschein rosa oder goldfarben, die unermeßliche Ruhe und Weite. Der Desolation Sound weist erfreulicherweise einige der geschütztesten Naturhäfen auf, die man sich denken kann, besonders auf Cortes Island, und wir erforschten sie im Beiboot – nicht in unserem, das sich mit seinen zweieinhalb Metern Länge nicht gut rudern ließ, sondern in Toms stattlichem Langboot, das er in Davits über DAPHNES Heck fuhr. Mit zwei Mann an den Riemen stellte es ein Transportmittel von solcher Effektivität dar, wie sie heute bei Dingis fast schon vergessen ist; die langen Riemen hinterließen Wirbel mit weiten Zwischenräumen, und das Boot lief leicht und kursstabil schon bei mäßiger Anstrengung. Wenn wir so, alle in gelbem Ölzeug stekkend, durch den Regen angerudert kamen, erregten wir in manchen Häfen ziemliches Aufsehen, denn in unserer von Außenbordern und Schlauchbooten geprägten Zeit pullt kaum noch jemand aus freien Stücken. Als wir lautlos dahinglitten, fragte man uns oft, ob wir es noch weit hätten und geschleppt werden wollten. Unsere Antwort, daß wir aus Freude an der Sache ruderten, rief meist ein überraschtes Lächeln oder skeptisches Kopfschütteln hervor. Vieles an DAPHNE ISLES Ausrüstung gefiel uns, aber am meisten beneideten wir Tom und Margaret um ihr großes Beiboot. Auf WANDERER gab es keinen geeigneten Platz für ein ähnliches Dingi, und Heckdavits kamen wegen unserer notwendigen Windfahnensteuerung nicht in Frage.

Unser gemeinsamer Segeltörn währte drei Wochen. Die zwischen den einzelnen Ankerplätzen zurückgelegten Strecken variierten von einer bis zu 40 Meilen, manchmal liefen wir auch mehr als einen pro Tag an. Insgesamt legten wir 340 Meilen zurück, aber wegen der fast dauernd herrschenden Flauten nur 25 Meilen davon unter Segeln. Der Törn brachte uns unvergeßliche Eindrücke, dennoch freuten wir uns alle, wieder auf Dennys Insel zurückzukehren, wo Tom und Margaret sofort noch einige wichtige Arbeiten auf WANDERER in Angriff nahmen. Als befriedigenden Abschluß putzten wir alle vier am letzten schönen Herbsttag das gesamte Messing an Bord und überzogen es mit einer Lackschicht, die gerade noch vor der Abendfeuchtigkeit trocken wurde.

Danach setzten die kürzer werdenden Tage und zunehmenden Regenfälle allen weiteren Unternehmungen ein Ende. Die Quallen zogen sich in tieferes Wasser zurück, die Erdbeerbäume hüllten sich in einen Purpurmantel roter Beeren, und das langsame Vorbeitreiben abgefallener Ahornblätter machte uns melancholisch. Es wurde Zeit für uns, den Kajütofen anzuheizen und ein Winterquartier zu suchen.

Die Dickinsons brachen mit ihrer KAPDUVA in den Südpazifik auf und sorgten dafür, daß wir ihren Liegeplatz in der von ihrem Sohn geleiteten Van-Isle-Marina während ihrer Abwesenheit benützen konnten. In der Marina sah man es gern, wenn Leute auf ihren Booten wohnten, und zwar aus Sicherheitsgründen: hell erleuchtete Bulleyes, menschliche Stimmen, Essensdüfte und rauchende Schornsteine sind ein guter Schutz gegen Einbrecher. Die Marina war sehr groß, und unsere Box direkt vor dem Haus der Dickinsons lag im günstigsten Teil, bei fast allen Windrichtungen gut geschützt durch Bäume und bunt gestrichene, schwimmende Bootshäuser, in denen Motoryachten überwinterten.

Freunde versicherten uns, daß die Winter auf Vancouver Island nicht sehr streng sind, aber wir wurden doch mißtrauisch, als wir hörten, daß nicht wenige von ihnen vorhatten, für einige Monate nach Mexiko oder Hawaii zu fliegen. Die Zurückgebliebenen sagten uns später, als der Winter vorbei war, daß sie schon lange keinen so harten mehr erlebt hätten. Wir mußten bald die Schlafkajüte räumen, die durch das Mittelcockpit und den Motorraum vom geheizten Salon getrennt und viel zu kalt war, und schliefen meist im Salon, wo der Tag und Nacht brennende Ofen mit Mühe eine erträgliche Temperatur halten konnte.

Nach See liefen wir in diesem Winter nur einmal aus, und zwar um einen Dia-Vortrag zu halten, den der Thermopylae Club in Victoria organisiert hatte. Dazu legten wir WANDERER in die vom Parlamentsgebäude überragte Marina im Herzen der Stadt, wo man alle zwölf Stunden Geld in eine Zeituhr stecken mußte, als hätten wir ein Auto geparkt. Ein bitter kalter Nordost pfiff durch die Straßen und über den Hafen; abends, als wir uns auf den Weg zum Theater machten, wo sich eine große und begeisterte Zuhörerschar einfand, hatte er Sturmstärke erreicht und trieb Schneegestöber vor sich her. Am nächsten Morgen war der Hafen mit einer dünnen Eisschicht überzogen. Wir bekamen viele Besucher, und jedes Mal, wenn das Niedergangsluk geöffnet wurde, zog die ganze Wärme aus der Kajüte ab, die sich danach erst langsam wieder aufheizte. Deshalb waren wir froh, in unser bequemes Winterquartier zurückkehren, die Segel abschlagen, doppelte Festmacher ausbringen und ein kleines Plichtzelt aufriggen zu können, welches Regen und Schnee vom Cockpit fernhielt.

Zu Weihnachten maßen wir minus acht Grad an Deck, zwei unserer Luken froren fest, und – schlimmer noch – die Wasserleitung der Marina, die Toiletten und Waschmaschinen versorgte, blieb wegen Frost wochenlang außer Betrieb. Freunde brachten uns von zu Hause Wasser in Flaschen und anderen Behältern, denn obwohl an Bord die Tanks und Rohrleitungen, die unterhalb der Wasserlinie lagen, nicht einfroren, waren wir knapp dran mit Wasser, weil wir den einen Tank gelenzt hatten. Damit hatten wir sicherstellen wollen, daß WANDERER bei ablaufendem Wasser nach der richtigen Seite hin trockenfiel, und zwar zum Ponton hin, nicht gegen das Nachbarboot. Zur Nipptide kam ein Südoststurm auf, der in den Baumwipfeln heulte und die Dächer der Bootshäuser anhob und mit metallischem Krachen wieder fallenließ. Unser Schiff lag schräger als je zuvor, und wir hatten an Deck alle Hände mit den Fendern zu tun, da der Schwimmsteg, gegen den wir lehnten, knirschend immer tiefer absank. Der Heizofen fiel durch Kurzschluß aus, und gegen Morgen hatten wir kräftige Minustemperaturen in der Kajüte.

Von unseren Nachbarn in der Marina sahen wir wenige, denn die meisten waren tagsüber an ihren verschiedenen Arbeitsstellen; nur bei meinen frühen Morgenspaziergängen traf ich manchmal den einen oder anderen dabei an, wie er sein eingefrorenes, schneebedecktes Auto zu starten versuchte, und wir tauschten auf dem Parkplatz einen knappen Gruß. Doch trotz der Kälte fühlten wir uns in diesem Winter in Britisch-Kolumbien wohl, denn wir hatten reichlich Beschäftigung, und außerdem waren die Familien in der Nachbarschaft nett und gastfreundlich zu uns.

Vor vielen Jahren, als Adlard Coles noch Besitzer und Herausgeber der Zeitschrift *The Yachtsman* war (damals das älteste Segelmagazin der Welt, heute meines Wissens schon lange eingestellt) und ich noch für ihn arbeitete, wurde eine neue Sekretärin namens Catherine Webb eingestellt. Nach einigen Monaten wollte Adlard sie wieder loswerden, aber ich redete ihm das aus, sagte, sie sei ein hübsches Mädchen, das offensichtlich sein Bestes gab und wahrscheinlich auf das Gehalt angewiesen war. Also durfte sie bleiben. Inzwischen war sie glücklich verheiratet mit Pip Holmes, der nicht nur die Immobilienfirma seiner Familie in Victoria leitete, sondern auch Adjutant des Gouverneurs von Britisch-Kolumbien war. Pip und Catherine erwiesen uns viel Gutes, unter anderem luden sie uns in ihr schönes Heim zum Dinner mit Seiner Exzellenz und Mrs. Bell-Irving ein, zwei Menschen, die uns sofort sympathisch waren. Ein weiterer Gast war Admiral Martin, Oberkommandierender an der Pazifikküste, mit Gattin.

Der Admiral redete Susan und mir ernsthaft ins Gewissen, als er erfuhr, daß wir keinen Sprechfunk an Bord hatten. Er ging so weit, dies als unverantwortlich zu bezeichnen.

Mrs. Bell-Irving dagegen ergriff unsere Partei. »Ich kann sehr gut verstehen, daß sie lieber für sich bleiben möchten«, sagte sie. »Warum sollten sie sich mit Telefon herumärgern, wenn sie gar keins wollen?«

»Und wie«, konterte der Admiral, »sollen sie es uns wissen lassen, falls ein Flugzeug neben ihnen notwassern muß?«

»Das wäre auch gar nicht nötig«, warf Catherine lächelnd ein. »Bestimmt würden sie die Leute selber retten. Sie müssen wissen, Eric hat so was ähnliches schon mal gemacht.«

Ich beobachtete mit Freuden, daß aus dem Mädchen, dem ich früher meine Briefe diktiert hatte, eine elegante und wohlsituierte Gastgeberin geworden war, die ihr ansehnliches Hauswesen mit kundiger Hand leitete und jederzeit bereit war, alten Freunden unter schwerem Marinebeschuß zu Hilfe zu eilen.

Im Frühling holten wir WANDERER IV in Canoe Cove aus dem Wasser, und zwar mußte dies wegen der eigenwilligen Tidenzeiten in Britisch-Kolumbien nachts um ein Uhr stattfinden. Jeder Eigner, der eine Slipanlage zum ersten Mal benutzt, macht sich Sorgen, auch wenn er volles Vertrauen zu dem Aufseher hat; aber wenn die Sache in dunkler Nacht unter Anleitung eines Unbekannten vor sich geht, ist man ein nervliches Wrack. Angesichts der nächtlichen Stunde waren wir überrascht, ein Dutzend Zuschauer um den Slipwagen vorzufinden, als wir unser Schiff hineinbugsierten. Einige davon sparten nicht mit Vorschlägen und gutem Rat, aber ihre Rufe widersprachen einander und mußten den Slipwärter verwirrt haben, denn er trieb Keile zwischen die Rungen und die Rumpfsohle und ließ die Winde an, noch bevor der Kiel aufsaß, wodurch hoher Druck auf relativ kleine Rumpfstellen kam. Das machte er sogar zweimal, und zuletzt mußte ich selbst die Anweisungen geben: »Lassen Sie uns wieder zu Wasser. Schlagen Sie die Keile heraus. Und jetzt ziehen Sie den Wagen hoch, bis wir fest auf dem Kiel sitzen. Erst dann schlagen Sie die Keile wieder rein.«

Auch ein paar Freunde waren gekommen, um uns bei der Arbeit zu helfen, und sobald wir hoch und trocken lagen, strahlten sie mit ihren Autoscheinwerfern unser Unterwasserschiff an und schrubbten dann Algen und Schlick ab. Kurz nach Tagesanbruch tauchte ein junges Paar, das uns schon nachts beigestanden hatte, wieder am Slip auf und half uns beim Streichen des Unterwasserschiffs. Dank ihrer Mitarbeit hatten wir bald zwei Antifouling-Anstriche aufgebracht. Ich revanchierte mich mit einem kleinen Geschenk, aber nach ihrer Abfahrt fand ich es säuberlich in einem meiner Schuhe versteckt.

Das letzte Mal waren wir vor Antritt der Reise in Neuseeland aus dem Wasser gegangen, und bei dieser Gelegenheit hatten wir mehrere winzige Löcher in der Beschichtung des Kettenkastens entdeckt. Offenbar hatte sich ein Haarriß zwischen dem Stahl und dem Beton gebildet, mit dem der Boden des Kettenkastens geglättet worden war, Wasser war beim Einholen der Kette eingedrungen und hatte die Stahlplatten von innen durchrosten lassen. Wir hatten die Löcher zuschweißen lassen. Nun fanden wir neue an derselben Stelle, aber da Schweißen die Sache zu lange verzögert hätte und schon ein anderes Boot auf den Slip wartete, dichteten wir sie nur mit schnell aushärtender Füllmasse ab. Das Problem war nicht ernst, doch wir wußten, daß der Beton, der dort von vornherein nicht hätte verwandt werden dürfen, irgendwann herausgeklopft werden und die Beplankung erneuert werden mußte.

Natürlich mußten wir auch bei Dunkelheit abslippen, aber das war kein Problem. Noch einmal kehrten wir für einige Tage in die alte Marina zurück, um unsere Windfahnensteuerung zu warten – sie war während des langen nassen Winters in ihren Nylonlagern schwergängig geworden –, und um unseren vielen neuen Freunden Lebwohl zu sagen. Gegen Ende April verholten wir uns in den Royal Victoria Yacht Club, um unsere zollfreien Vorräte zu übernehmen, die unermüdliche Margaret Denny kam eigens von zu Hause angereist, um auf dem Rasen Susan die Haare zu schneiden, wir klarierten aus und nahmen mit Bedauern Abschied von Britisch-Kolumbien.

Es herrschte Totenflaute, Himmel und See waren grau und glanzlos wie Zinn, als wir die Juan-de-Fuca-Straße hinunter motorten und die Race Rocks diesmal seewärts passierten, wobei wir unsere größte Nationale vor den Andersons dippten. Es hätte wenig Sinn gehabt, bei diesem Wetter nach See auszulaufen, deshalb zogen wir abermals Nutzen aus dem günstigen Ankerplatz in der Neah-Bucht bei Kap Flattery. Während wir dort auf Wind warteten, besorgten wir uns ein *US cruising permit*, die amtliche Segelerlaubnis für amerikanische Gewässer, denn wir wollten auf dem Rückweg nach Neuseeland einige kalifornische Häfen besuchen. Dieses vernünftige Dokument berechtigt eine ausländische Yacht dazu, sechs Monate lang jeden beliebigen Hafen ohne weitere Formalitäten anzulaufen; es ist gratis und wird nach Ablauf der Frist in der Regel ohne weiteres verlängert. Manche andere Staaten, beispielsweise Fiji, die um Gastyachten ein großes Theater machen, wären gut beraten, dem US-Beispiel zu folgen. Wie später noch oft an der amerikanischen Westküste wurden wir von höflichen und flinken Zollbeamten abgefertigt und nicht einmal nach zollpflichtigen Waren gefragt. Der Zwischenaufenthalt in der Neah Bay erwies sich als Glücksfall, denn nach einem regnerischen, nebligen Tag, an dem das traurige Konzert der Nebelhörner nicht verstummen wollte, kam ein Südsturm auf und scheuchte fünfzig Lachskutter, die in ihrem Frühjahrsanstrich sehr schmuck aussahen, in den Schutz unserer Bucht.

Wegen der Verzögerung beschlossen wir, nicht wie ursprünglich geplant in San Francisco vorbeizuschauen; sondern hielten, als wir schließlich ausliefen, 60 Meilen weit von Land ab, um von den Großschiffahrtswegen und dem Küstennebel freizukommen. Die nächsten 800 Meilen segelten wir dann parallel zur Küste. Der Wind kam aus Nordwest und baute sich langsam zum Sturm auf. Wir liefen vor ihm ab und machten an einem Tag nur unter stark gerefftem Groß ein Etmal von 161 Meilen, wobei unsere Windfahne nach ihrer Verjüngungskur das Kurshalten ganz allein besorgte. Nach einem Tag lag der Staat Washington hinter uns, Oregon nach zwei Tagen, und am vierten Tag liefen wir in kalifornische Gewässer ein. Zum Schluß hatte der Wind nachgelassen, und als wir nun auf Land zuhielten, erstarb auch der letzte Hauch, so daß wir Point Conception unter Motor rundeten, diesen Landvorsprung, den kalifornische Segler als ihr Kap Hoorn bezeichnen, weil sie ihn mit nördlichen Kursen bei dem dort vorherrschenden Nordwest und häufigem Nebel nur unter Schwierigkeiten bezwingen können. Sieben Tage nach Neah Bay und mit 1000 Meilen auf dem Log ankerten wir außerhalb des Tang-Gürtels an der östlichen Seite von Santa Rosa Island, unterhalb der vom Wohnhaus einer Rinderfarm beherrschten Klippen – dem einzigen Anwesen auf der 15 Meilen langen Insel – und schliefen die ganze Nacht herrlich ungestört.

Auch morgens, als wir unseren Anker aufholten, war es noch flau und trüb, also motorten wir in Richtung des 170 Meilen entfernten San Diego, wo uns Freunde und Post erwarteten, und machten unseren Landfall am nächsten Vormittag bei schlechter Sicht. An Backbord wuchs ein steiles Vorland aus dem Dunst, und vor unserem Bug dehnte sich eine flache, sandige Küste mit Hochhäusern dahinter. Diese hielten wir für den Strand der San-Diego-Bucht und das Vorland für Point Loma an der Einfahrt zum Hafen von San Diego. Wir nahmen Kurs darauf zu, doch als es klarer zu erkennen war, konnten wir weder den Leuchtturm noch eine einzige der Fahrwassertonnen finden, welche die Einfahrt markieren sollten, und drehten verwirrt wieder ab. Doch war es bald Mittag, und in dieser kurzen Wartezeit hatte sich die südliche Kimm aufgeklart und die Bewölkung so weit gelichtet, daß ich eine gute Mittagsbreite nehmen konnte, worauf uns klar wurde, daß wir zehn Meilen weiter nördlich standen als vermutet. Die Küstenformationen glichen einander – ein Vorland (La Jolla) und ein Sandstrand (Mission Bay) – und bleuten mir aufs neue eine Lektion ein, von der ich geglaubt hatte, daß ich sie schon vor vielen Jahren begriffen hätte: bei einem Landfall nie vorschnelle Schlüsse zu ziehen, weil die Landmarken scheinbar das erwartete Kaleidoskop bilden. Auf der Glockentonne der Einfahrt fanden wir eine Robbe in tiefem Schlaf, die diesen lärmenden Ruheplatz offenbar den lautlosen in der Nachbarschaft vorzog, und es wurde später Nachmittag, als wir den Yachthafen auf der Innenseite von Shelter Island erreichten. Diese Insel ist aus dem Baggergut der Fahrrinne aufgeschüttet und quillt fast über vor Marinas, Hotels und Restaurants. Schließlich machten wir im San Diego Yacht Club fest.

Neun Jahre war es her, seit wir zwölf Monate hier gelebt hatten – so lange, wie ich brauchte, um mich von einer Verletzung zu erholen, die ich mir an der mexikanischen Küste zugezogen hatte. Immer noch hatten wir eine Menge Freunde in San Diego, die ganz unverändert schienen und uns – wie damals – mit überwältigender Freundlichkeit empfingen. Ein Ehepaar beispielsweise lud uns am Abend nach unserer Ankunft zum Dinner und anschließend in die Oper ein, wo ich – zu meiner Schande muß ich es gestehen – fast den ganzen *Pagliacci*, der auf *Cavalleria Rusticana* folgte, verschlief, denn ich war nach der Überfahrt immer noch müde. Auch liehen sie uns aus ihrer Flotte von fünf Wagen einen riesigen durstigen Chevy-Kombi mit randvollem Tank, damit wir unsere Einkäufe bequem erledigen konnten. Und wir kauften eine Menge ein, vor allem für WANDERER, denn die feinen Sachen, die wir bei unserem früheren Besuch in San Diego für sie erstanden hatten, mußten erneuert werden. Nach den ersten drei Tagen verlangte der Klub von den Gastliegern zehn US-Dollar pro Tag, aber da wir dafür eine Box am Schwimmsteg mit Wasser- und Stromanschluß, mit Bewachung und freier Benutzung von Restaurant, Bar, Schwimmbad und Duschen bekamen, schien uns die Gebühr nicht zu teuer und lag außerdem noch unter den Preisen, die manche kommerziellen Marinas im Hafen verlangten.

Wir blieben nur zwölf Tage zwischen den makellos glänzenden Schiffen der Klubflotte liegen, denn wir wollten vor Mitte Juni die Breite von 5° Nord erreicht haben, weil nach dieser Zeit im Ostpazifik oberhalb davon tropische Wirbelstürme auftreten können. Da auf den *pilot charts* nur wenige Wirbelsturmbahnen verzeichnet sind, mag das ein bißchen übervorsichtig scheinen; aber seit es Wettersatelliten gibt, wurden sehr viel mehr Wirbelstürme registriert als in früheren Jahren, weil wegen des spärlichen Schiffsverkehrs in diesem weiten, leeren Gebiet damals viele Tiefdruckwirbel unbemerkt entstehen und sich wieder auflösen konnten.

Bei Flaute motorten wir hinaus und suchten den Nordwest von 24 Knoten, den uns der Wetterbericht angekündigt hatte; aber unter dem bleiernen Himmel rührte sich kein Lüftchen, und so blieb es im wesentlichen auch während der nächsten elf Tage. Für unsere Navigation ließ sich die verschleierte Sonne oft genug in dieser Waschküche blicken, doch sahen wir die ganze Zeit keinen einzigen Stern. Wenn ab und zu eine leichte Brise aufkam, machten wir das Beste daraus, gewöhnlich mit Genua, Besanstagsegel und Vorwindsegeln oder einer Kombination daraus, denn die Arbeitssegel aus schwererem Tuch standen zu schlecht, wenn wir bei schwacher Brise im hartnäckigen Nordwestschwell rollten. Wir scheuten uns, Diesel zu verbrauchen, den wir wahrscheinlich später zwischen den Inseln und Riffen des Südpazifiks und zum Aufladen der Batterien dringend benötigen würden. Trotzdem fühlten wir uns beim Gedanken an die Hurrikangefahr zur Eile gedrängt, auch wenn dies in anhaltenden Flauten einen Rückgriff auf den Motor bedeutete. Bei wirtschaftlichster Geschwindigkeit legten wir so in diesen ersten elf Tagen 500 Meilen zurück.

48 Minuten nach jeder vollen Stunde strahlt die US-Station WWVH, die auf 2.5, 5, 10 und 15 MHz ununterbrochen Zeitzeichen sendet, kurze Wetterberichte für den Pazifik aus. Während unserer vierwöchigen Überfahrt hörten wir so von täglichem dichtem Nebel im Gebiet nördlich 40° Nord. Natürlich konnte uns das jetzt nicht mehr schrecken, aber es bestätigte unsere feste Überzeugung, daß der nördliche Teil dieses Ozeans eine düstere Ecke ist. Von unmittelbarem Interesse war für uns jedoch die Meldung über einen frühen Wirbelsturm namens Andreas, dessen Zugbahn wir Tag für Tag akkustisch verfolgten; erleichtert hörten wir, daß sie nahe der mexikanischen Küste verlief und sich schließlich landeinwärts wandte. Mit gemischten Gefühlen erfuhren wir später auf die gleiche Weise von einem weiteren Hurrikan namens Bianca, der unseren alten Kurs nur eine Woche nach uns kreuzte.

Was das Wetter betraf, wären wir vielleicht besser gefahren, wenn wir die Route über Hawaii gewählt hätten, doch das hätte die Distanz nach Tahiti, unserem Ziel, um rund 1000 Meilen verlängert, und da aus der *pilot chart* für Juni hervorging, daß wir das Gebiet des Nordostpassats auf so direktem Weg wie möglich entlang der Loxodrome ansteuern sollten, schlugen wir diesen Kurs ein; zufällig deckt er sich fast mit der Großkreisroute. Wir rechneten mit dem Passat auf etwa 25° Nord, mußten aber sehr viel weiter nach Süden vorstoßen, ehe wir den ersten, sehnlich erwarteten Hauch davon spürten. Dann endlich klarte der Himmel auf, als hätte ein Riese mit gewaltig ausholender Armbewegung den Wolkenvorhang beiseite gezogen, und auf 19° N konnte Susan mitten in der Nacht unsere Position durch eine Polarstern-Beobachtung überprüfen, so strahlend erhellte der Vollmond den nördlichen Horizont. Sobald wir den Passat erst zu fassen bekommen hatten, ließ er uns nie mehr im Stich, und wenige Grade nördlich des Äquators, wo wir uns auf eine mühsame Durchquerung des Kalmengürtels gefaßt gemacht hatten, trafen wir keine Kalmen an. Gerade daß der Nordost nach Ost mit leichter Südkomponente umsprang; er wehte jedoch stetig weiter. Also war die Aussage des *Pilot*, die mir bei unserer Reise nach Norden aufgefallen war, in diesem Falle durchaus zutreffend.

Hätten wir uns genau an den direkten Kurs gehalten, hätten wir den Äquator bei 140° West überquert, aber in dieser Gegend liegen drei Gefahrenstellen: »verfärbtes Wasser« und zweimal »berichtete Brandung«. Der *Pilot* und seine Ergänzungen geben über diese Risiken nur vage Informationen, also hielten wir uns ein Grad westlich davon. Es war unsere neunte Äquatorüberquerung, deshalb gab es außer einem abendlichen Extraschluck keine Feierlichkeiten an Bord.

Von nun an lag eine ganz andere, zunehmende Gewalt im Wind, und wir mußten eine volle Woche lang (in der wir fast 1000 Seemeilen gutmachten) die Reffs in Groß und Besan eingesteckt lassen; vorn konnte WANDERER zusätzlich zum Klüver nur die kleine Fock vertragen, wenn wir es gemütlich haben wollten. Anzeichen einer Strömung bemerkten wir kaum, und am Vormittag unseres 28. Tages auf See machten wir in etwa zehn Meilen Entfernung die Palmwipfel von Mataiva aus, dem westlichsten Atoll des Tuamotu-Archipels. Für uns kam das überraschend, denn nach neuester Vermessung liegt Mataiva fünf Meilen östlich von seiner in den Karten angegebenen Position (die wir hatten umgehen wollen) und hätte deshalb gar nicht in Sicht kommen sollen. Dennoch freuten wir uns über diesen grünen Saum am Horizont, nachdem wir so lange außer Landsicht gesegelt waren.

Am nächsten Tag nahmen wir die Navigation noch ernster als sonst; vormittags, mittags und nachmittags ermittelte ich Sonnenstandslinien, und in der Abenddämmerung bestätigte Susan meine versegelte Position mit einer Reihe von Sternhöhen. Wir waren deshalb so außergewöhnlich sorgsam, weil wir während der Nacht das flache Atoll Tetiaroa passieren sollten, das auf dem nördlichen Zufahrtsweg nach Tahiti liegt und vielen Schiffen zum Verhängnis geworden ist. Wir wußten, daß hier eine starke Strömung nach Westen setzt. John Evans hatte mit seiner STÖRTEBEKER III damals auf Tetiaroa einen Zwischenstopp eingelegt und an einem verfallenen Steg am Südrand des Atolls festgemacht. Er berichtete, die Westströmung sei so stetig und stark gewesen, daß sie seine Yacht selbst noch vom Steg abgetrieben habe, und zwar während der ganzen Dauer seines mehrtägigen Aufenthalts. In jüngerer Zeit war die Maxi-Rennyacht CONDOR OF BERMUDA, kurz nachdem sie von Tahiti in Richtung Hawaii ausgelaufen war, bei Nacht auf dem Südrand des Atolls gestrandet und schwer beschädigt worden; doch konnte sie abgeborgen und zur Reparatur nach Neuseeland verschifft werden.

Das Atoll gehört einem Filmstar und wird von Touristen aus Tahiti besucht, deshalb hätte man meinen sollen, daß irgendwer dort ein Leuchtfeuer eingerichtet hätte – aber nichts da. Die Nacht wurde pechschwarz, der Wind legte bis 35 Knoten (an Deck) zu, und der Seegang war rauh. Wir verbrachten ein paar unruhige Stunden, bis wir nach dem Logstand sicher sein konnten, daß wir die Gefahrenzone hinter uns gelassen hatten, in Wind- und Stromluv (hofften wir jedenfalls). Dann nahmen wir die Schoten dicht und bolzten in Richtung Tahiti. Bald erschien voraus am Himmel der helle Widerschein von Papeete. Da wir uns aber nach 30 Tagen Überfahrt und 3600 Meilen etwas geschlaucht fühlten, verspürten wir kein Verlangen danach, uns jetzt gleich, ohne Ruhepause, mit dem überfüllten Hafen und seinen Zollbeamten auseinanderzusetzen. Deshalb drehten wir für den Rest der Nacht bei, nahmen im Morgengrauen wieder Fahrt auf und rauschten auf die Berggipfel von Moorea zu. Eine Schußfahrt durch den Paß, mit starker, donnernder Brandung zu beiden Seiten, katapultierte uns in eine andere Welt, in ein Paradies mit wucherndem Grün, glattem Wasser und sanfter Brise. Blumenduft und aromatischer Holzrauch wehten uns entgegen, von Land kamen gedämpft die Geräusche menschlicher Aktivität, und wir glitten langsam auf einen von grünen Hängen umsäumten Liegeplatz, ließen den Anker fallen und riggten unsere Persenning auf.

Während unserer Reise hatten wir seit dem Abschied von der kalifornischen Küste sehr wenig tierisches Leben gesehen und waren auch nur vier Schiffen begegnet. Eines davon war ein großer Fischdampfer gewesen, der, in ein grelles Lichtermeer getaucht, offenbar ein riesiges Schleppnetz unten hatte; jedenfalls wurden die beiden Netzgrenzen von Leuchtbojen markiert, die fünf Meilen weit auseinanderlagen. Wen wundert es da noch, daß das Leben im Ozean immer spärlicher wird? Das zweite Schiff war ein Tanker gewesen, unterwegs von Panama nach Hawaii, so schlossen wir jedenfalls aus seinem Kurs. Das dritte blieb für uns ein Rätsel. Eines Nachts, als wir in der Nähe des Äquators waren, kam es durch den hohen Seegang herangebraust, blendete uns mit einem Suchscheinwerfer und blieb - uns weiterhin in gleißendes Licht tauchend - etwa zehn Minuten lang an unserer Backbordseite auf Station. WANDERER mußte ein eindrucksvolles Bild bieten, wie sie so mit starker Schräglage unter ihren rotbraunen Segeln dahinbrauste, eine hohe Bugsee aufwerfend, das Backbord-Positionslicht wie ein rotes Auge glühend. Aber in dem Augenblick beschäftigte uns eher die Sorge, ob wir hier von Piraten aufgebracht werden sollten, obwohl das so weit von Land entfernt eher unwahrscheinlich war. Trotzdem atmeten wir erleichtert auf, als unser lästiger Besucher den Scheinwerfer ausschaltete und abdrehte. Das vierte Schiff konnten wir nicht identifizieren, denn es fuhr in beträchtlicher Entfernung vorbei und wurde bald von einer Regenbö verschluckt.

Wie alle ausländischen Yachten mußten wir bei der Ankunft in Papeete eine Kaution hinterlegen. Bei Briten und anderen Europäern betrug sie den Gegenwert von 1000 US-Dollar pro Person, bei australischen, neuseeländischen und amerikanischen Yachten 500 Dollar. Wenn man diese französische Inselgruppe verließ, wurde einem das Geld im letzten Ausklarierungshafen zurückerstattet, vorausgesetzt, es gab eine Bank am Ort und sie hatte auch genügend Bargeld vorrätig. Wenn die Franzosen in der Zwischenzeit diese Summen investierten, mußten sie ein recht gutes Geschäft machen, denn es hielten sich im Durchschnitt vielleicht 150 Yachten mit jeweils vier Personen an Bord in ihrem Gebiet auf. Wir blieben nur zwei Tage am hektischen Kai von Papeete, segelten dann nach Moorea zurück und erholten uns eine Woche mit Spazierengehen, Schwimmen und Klönen mit den anderen Besuchern dieser malerischen Insel, die zu unseren Favoriten zählt.

Hier in Moorea erlebten wir zum ersten Mal den Ärger, den Yachten mit Seefunk auf Reede verursachen können und der in letzter Zeit immer häufiger vorkommt. Wenn auf diesen Booten gesendet wird, können so starke Störungen auf allen Kurzwellenbändern entstehen, daß ihre Nachbarn und die Landbewohner Rundfunksender wie BBC, ABC und NZBC nicht mehr empfangen können. Wie man mir sagte, wird dies durch defekte Transmitter verursacht (schlechte Filter?), und mein Vorschlag wäre, daß in den ersten 20 Minuten jeder vollen Stunde Funkstille gewahrt wird, denn um diese Zeit strahlen die meisten nationalen Rundfunksender ihre Nachrichten aus. Wir wollten damals Neues vom Fastnet Race hören - vergeblich.

Bei diesem Besuch war das Kreuzen zwischen den Gesellschaftsinseln für uns kein Vergnügen, denn der Wind hatte eingepackt und uns nur einen groben und konfusen Schwell hinterlassen. Außerdem sind die Inseln jetzt natürlich für Flugtouristen leicht zu erreichen, und auf die Inselbewohner scheint der Tourismus einen schlechten Einfluß auszuüben. Zum Beispiel stellten wir fest, daß die Einheimischen auf Bora Bora (das in der Werbung als schönste Insel der Welt gepriesen wird), wo es mehrere Hotels und einen Yachtklub gibt, ausgesprochen rüde waren; das galt besonders für die Bankangestellte, deren Job es war, unsere Kaution auszuzahlen. Auf Tahaa dagegen, das weder ein Hotel noch einen regelmäßigen Flugdienst besitzt und nur von wenigen Yachten angelaufen wird, fanden wir freundliche Einheimische in der Hamene-Bucht vor, die gutgelaunt und fleißig arbeiteten und mit den Angelegenheiten ihrer Insel voll beschäftigt waren.

Nach Bora Bora wollten wir direkt in Richtung Fiji segeln, und in den ersten vier Tagen erlaubte uns der stetige Passat auch ein gutes Vorankommen. Aber dann wurde der Wind flau und umspringend, das Barometer begann zu fallen, verdächtige blauschwarze Wolken ballten sich im Westen zusammen und brachten uns schnell heftigen Regen. Wir deuteten diese Warnzeichen richtig, refften die Segel und waren bald froh darüber, denn in der Abenddämmerung fielen außergewöhnlich starke Sturmböen über uns her. Die See wurde weiß, mit waagrecht weggepeitschter Gischt – ein bemerkenswerter Anblick unter der tiefhängenden, schwarzen Wolkendecke –, der heulende Sturm und der sintflutartige Regen erschwerten uns das Atmen und die Verständigung, als wir die Fock herunterrissen, sicherten und dann die Reffkurbel drehten, bis das Groß auf ein Viertel seiner Größe weggenommen war. Dabei trat ich mit bloßen Füßen zu meinem Entsetzen auf ein längliches, klitschnasses, haariges Etwas; es entpuppte sich als Tausendfüßler, der sich oben losgerissen hatte. Wir laschten die Pinne in Lee fest und blieben die Nacht über beigedreht liegen, in der ähnlich starke Sturmböen noch öfter für Abwechslung sorgten. Wenn wir beigedreht liegen oder vor Topp und Takel, holen wir das Windfahnenruder lieber aus dem Wasser, damit es nicht dem beträchtlichen lateralen Druck ausgesetzt bleibt. Als wir dies auch jetzt versuchten, schlug eine See das Blatt nach Lee, etwas zerbrach, und die Zahnräder entkuppelten sich. Eine Reparatur hier draußen kam wegen der Unzugänglichkeit und der ständigen heftigen Bewegungen nicht in Frage, wir konnten nicht einmal genau feststellen, woran der Schaden eigentlich lag. Damit mußten wir warten, bis wir an einem ruhigen Ankerplatz vom Beiboot aus nachsehen konnten. Deshalb beschlossen wir, eine der Tonga-Inseln anzulaufen. Doch die nächste, Vava'u, war immer noch 500 Meilen entfernt, und das Wetter blieb weiterhin schlecht; Sturmböen und Flauten wechselten sechs Tage lang miteinander ab. Manchmal machten wir so wenig Fahrt, daß es nicht der Mühe wert schien, in dem Dauerregen im Cockpit zu bleiben und von Hand zu steuern, und wir verbrachten mehrere Nächte vor Topp und Takel treibend, um das zermürbende Schlagen der Segel zu vermeiden und uns auszuruhen. Offengestanden - nach 50000 Seemeilen unter der kompetenten Regie der Aries-Windfahnensteuerung waren wir das Rudergehen nicht mehr gewöhnt und hatten es bald satt.

Wie schon bei unseren früheren Besuchen schien uns Vava'u unverdorben, seine Bevölkerung selbstbewußt und natürlich. Eines Tages, als wir am Kai den malerischen Schiffsverkehr à la Tonga fotografierten, kletterte eine junge Reisende von dem mitgenommenen alten Frachter und fragte uns, ob wir nicht auch ein Foto von ihr und ihrer Schwester machen würden; hätten umgekehrt wir diese Bitte geäußert, wäre auf anderen Inseln von uns Geld dafür verlangt worden. Hier aber gewannen wir den Eindruck, daß die Leute zwar arm waren, aber offenbar nicht schlecht ernährt; die wenigen verfügbaren Lebensmittel waren billig, und erfreut stellten wir fest, daß der Inselbäcker immer noch das beste Krustenbrot im Südpazifik machte.

An einem Flautentag konnten wir vom Dingi aus den Schaden an der Windfahnensteuerung untersuchen und bemerkten, daß ein Zahn aus dem unteren Kranz gebrochen war. Wir brachten das Gerät wieder zum Laufen, indem wir die Zahnräder in ihre richtige Stellung zurück drückten und den Radius der Windfahne etwas verkleinerten, indem wir die Stopper verlängerten. Außerdem schrieben wir an den Hersteller in der Hoffnung, daß uns das benötigte Ersatzteil dann in Suva auf Fiji erwarten würde.

Seit Tahiti hatten wir kein Glück mit dem Wetter gehabt, und auch auf der Überfahrt nach Suva hatten wir nur Flauten und schwachen Gegenwind. Tatsächlich erlebten wir in den Monaten Juli und August während unserer Zeit auf See nicht mehr als vier Tage richtiges Passatsegelwetter.

Das lebhafte, laute, abgewirtschaftete Suva war früher unsere liebste Inselhauptstadt gewesen, denn es quoll förmlich über vor Menschen, Verkehr, schäbigen kleinen Frachtern und Fischerbooten. Vor dem Royal Suva Yacht Club, von dem man leicht in die

Stadt gelangt, lagen vierzig ausländische Yachten vor Anker und etwa genauso viele vor dem Tradewinds Hotel. Deshalb blieben wir meistens auf der saubereren und ruhigeren Reede vor Mosquito Island, die nur von wenigen anderen Booten aufgesucht wurde, meist dann, wenn ihre Unterwasserschiffe geschrubbt und gestrichen werden sollten, denn das winzige Inselchen besitzt den einzigen Sandstrand in weitem Umkreis. Doch während der Schulferien wimmelte es am Strand täglich von wuschelköpfigen Kindern mit riesigen Augen und strahlendem Lächeln. Sie spielten und badeten mit einem Höllenlärm, aber niemals hörten wir ein zorniges Wort, einen angstvollen oder schmerzlichen Aufschrei. Weiterhin besuchten uns in unserem Refugium silbrige, schwarz geringelte Seeschlangen; stundenlang umkreisten sie unser Schiff in Höhe der Wasserlinie und untersuchten heimlich Borddurchlässe und andere Vertiefungen. Ihr Gift soll tödlich sein, aber sie sind von Natur aus nicht angriffslustig.

Diesmal aber wurden wir von einem Quartett rassistischer Hafenbeamten (ein Fiji und drei Inder) so empörend schikaniert, daß wir Suva nie mehr anlaufen werden. Diese Männer kamen am Tag vor unserer Abreise mit der Hotelbarkasse an Bord, nachdem wir bereits ausklariert hatten. Sie nahmen uns das Ausklarierungsformular und die Reisepässe ab, obwohl wir uns nichts hatten zuschulden kommen lassen, verhöhnten und beschimpften uns etwa zwanzig Minuten lang und hatten ganz offensichtlich ihren Spaß daran, Briten zu reizen.

Beim Auslaufen am nächsten Tag grenzte unser Gemütszustand immer noch an Schock; mit einer frischen Halbwindbrise liefen wir flott durch die Kandavu-Passage und ließen uns vom hellen Kap-Washington-Feuer auf unseren Weg nach Neuseeland schicken. Wieder einmal – es muß Sie genauso anöden wie damals uns – hatten wir ungünstiges Segelwetter, das gleich in der folgenden Nacht mit einem gewaltigen trockenen Gewitter begann, bei dem jeder markerschütternde Donnerschlag fast mit dem Blitz zusammenfiel und die Blitze so stark blendeten, daß die von ihnen aus der Dunkelheit gerissenen Gegenstände noch lange danach auf unserer Netzhaut eingebrannt blieben. Dem Gewitter folgte

Gegenwind, und als dieser Stärke 7 erreichte, schlichen wir nur noch unter gerefftem Groß mit anderthalb Knoten dahin, denn es hätte nicht die Belastung von Gerät und Crew gelohnt, unter solchen Bedingungen um schnelleres Vorankommen zu kämpfen. Dieser Zustand dauerte 80 Stunden. Die Entfernung von Suva zur Bay of Islands an Neuseelands Nordinsel beträgt 1100 Meilen, und wir brauchten 13 Tage dafür.

Bei Nacht und starkem Regen näherten wir uns dem Land mit einiger Sorge, da wir nichts sehen konnten, aber die Morgendämmerung zeigte uns, daß wir einen guten Landfall gemacht hatten: an Steuerbord lagen die niedrigen Hügel der Cavalli Islands, und an Backbord erkannten wir die vertraute Silhouette von Cape Brett. Bei Totenflaute motorten wir langsam in die Bucht, See und Himmel waren grau und glatt wie Zinn, genau wie an dem Tag, als wir von Britisch-Kolumbien aufgebrochen waren. The Ninepin, Fraser Rock und das Städtchen Russell glitten vorüber, und am Nachmittag gingen wir an den Kai von Opua, unserem Heimathafen, wo schon Freunde darauf warteten, unsere Leinen wahrzunehmen. Milch, Brot, Wein und eine Nummer des *Herald* wurden uns an Bord gereicht, während wir auf das Eintreffen des Zolls und der Beamten des Landwirtschaftsministeriums warteten; sie kamen und waren die Zuvorkommenheit in Person. Natürlich beschlagnahmten sie unsere Eierschalen, aber den Inhalt durften wir behalten, deshalb gab es bei uns an diesem Abend ein enormes Omelette. Sie lehnten es auch ab, sich für unseren geringen Spirituosenvorrat oder den ziemlich teuren Empfänger zu interessieren, den wir in USA gekauft hatten. Danach konnten wir auf dem Postamt kurz vor Schalterschluß gerade noch einen Riesenstoß Post abholen, und zuletzt querten wir den Fluß und belegten drüben unsere Festmacherleinen, die wir 18 Monate zuvor beim Auslaufen Richtung Kanada gelöst hatten; eine der lohnendsten und denkwürdigsten Reisen unseres Lebens war zu Ende.

TEIL II

WANDERER V

Wir liebten unser stattliches Schiff, das uns in den letzten zwölf Jahren als geräumiges, bequemes schwimmendes Heim sowie als Werkstatt gedient und uns einige 77000 Meilen weit getragen hatte; doch als WANDERER IV und wir in die Jahre kamen, nahm die Unterhaltung zu viel von unserer Zeit in Anspruch und war zudem eine schmutzige, undankbare Arbeit, der wir keine Freude abgewannen. Der durchrostende Kettenkasten mußte repariert werden, Elektrolyse hatte eines der Standrohre zerfressen, wo ein Seeventil aus Messing saß (wir fragten uns, wie wohl die anderen neun aussehen mochten), und der Stahlboden der Plicht war in so schlechtem Zustand, daß er erneuert werden mußte.

Draußen auf hoher See, wenn wir sie mit 125-Meilen-Etmalen und Halbwind durch den breiten Passatgürtel jagten oder wenn sie in höheren Breiten vor einem Sturm ablief, uns mit unserer gesamten Habe zu irgendwelchen fernen Zielen tragend, dann war sie in ihrem Element und erfüllte uns mit Vertrauen und Bewunderung. Aber mit ihren 22 Tonnen verlangte sie, um ihr Bestes zu geben, eine größere oder beweglichere Crew, besonders in küstennahen Gewässern. Wir waren uns einig, daß die Zeit gekommen war, sie durch ein kleineres, einfacheres Boot zu ersetzen, das in der Unterhaltung anspruchsloser und für uns beide einfacher und erfreulicher zu segeln war.

Heutzutage gibt es Hunderte bewährter Serientypen aus glasfaserverstärktem Kunststoff, deren Kinderkrankheiten längst ausgestanden sind – und ein vernünftiger Mensch hätte sich zweifellos für eines davon entschieden. Aber unser Neuerwerb sollte eine Augenweide sein, einen eigenen Charakter haben und wenn irgend möglich aus Holz bestehen. Wegen des hohen Einfuhrzolls kam ein Kauf im Ausland und ein Import nach Neuseeland, wo wir auch weiterhin leben wollten, nicht in Frage. Wir sahen uns Gebrauchtboote an, waren aber nicht beeindruckt, nicht einmal dann, wenn Preise verlangt wurden, die wir uns nicht leisten konnten; die meisten waren unter Deck wie Wochenendhäuser angelegt, mit zahlreichen Kojen und viel Platz für Duschen und Kühlschrank, aber mit wenig Raum für Segel und persönliche Habe.

Wir glaubten, daß es zu teuer werden würde, wenn wir uns ein

Schiff nach unseren Befürfnissen bauen ließen, und dachten über diese Möglichkeit nicht ernsthaft nach, bis wir eines Abends von unseren Freunden Alan und Debbie Orams in ihr Haus am Meer eingeladen wurden. Alan hatte fast sein ganzes Leben lang Boote gebaut und einige schöne entworfen. Bis er sich vor kurzem zur Ruhe setzte, hatte er seine eigene Werft geleitet.

Er und Debbie beschäftigten sich mit unserem Problem und gelangten zu dem Schluß, daß wir wahrscheinlich nur dann zu einem Boot nach unseren Wünschen kommen konnten, wenn wir es in Neuseeland bauen ließen. Falls wir uns auf das Wesentliche beschränkten, mußte der Neubau nur wenig mehr kosten, als wir realistischerweise beim Verkauf von WANDERER IV erzielen würden, und konnte uns dennoch ein schwimmendes Zuhause sein, mit eigenem Charakter, den meisten unserer Anforderungen entsprechend und dazu hochseetüchtig.

Während wir dies bedachten, ging Alan hinaus und kam mit einem Modell zurück, das er von einem seiner Entwürfe angefertigt hatte. Als ich es in die Hand nahm, sah ich, daß es ein sehr schönes Boot war, mit bezaubernden Linien. Es hatte einen langen geraden Kiel, viel Breite mittschiffs, einen stark überhängenden Achtersteven und einen breiten Heckspiegel mit Herreshoff-Touch, einen aufregenden Vorsteven und einen guten Strak, der dem alten Jack Laurent Giles*) gefallen hätte. Susan und ich betrachteten das Modell fasziniert aus jedem Blickwinkel und fuhren mit dem Finger seine schönen Linien nach, bis wir merkten, daß Debbie ungeduldig mit dem Abendessen wartete. Also legten wir es einstweilen aus der Hand.

Da ich Claud Worth, Conor O'Brien, Harrison Butler, Philip Allen, William Robinson, Irving Johnson und Carl Moesly - um nur einige wenige zu nennen - gekannt hatte, war mir wohl bewußt, daß viele gestandene Fahrtensegler schließlich für sich selbst die Yacht entwerfen, die im Lauf der Jahre in ihrem Kopf Gestalt angenommen hat, und sie dann nach eigenen Plänen bauen

*) engl. Konstrukteur berühmter Boote wie TREKKA, MAID OF MALHAM, MYTH OF MALHAM und von Hiscocks WANDERER II und III

lassen. Auch Susan und ich glaubten zu wissen, was wir wollten, aber mir mangelte es an Geschick, meine Vorstellungen zu Papier zu bringen, hierbei brauchte ich Unterstützung. Erfreut stellte ich fest, daß Alan nicht nur das richtige Auge für Linien besaß, die mir gefielen, sondern sogar einige meiner anderen Ideen guthieß.

Ich fragte ihn, woraus eine dem Modell ähnliche Yacht von etwa 38 Fuß (11,6 m) Länge gebaut werden sollte.

»Aus Kaurifichte natürlich«, antwortete Alan. »Drei Lagen auf laminierten Spanten. Deck und Kajütdach könnten aus Marinesperrholz sein, um Gewicht und Kosten zu sparen.«

Die auf der Nordinsel gedeihende Kaurifichte war Neuseelands beliebtestes Holz für den Bootsbau, aber selten geworden, weil die frühen Siedler rücksichtslos ganze Wälder dieser hohen, geradwüchsigen Koniferen gefällt und ihr Holz für alle möglichen Zwecke, beispielsweise für den Hausbau, verwandt hatten, ohne sie wieder aufzuforsten.

Ich glaube, es war die Idee eines Holzbaus, die uns schließlich dazu bewog, dieses (verrückte?) Projekt voranzutreiben. Wir sind beide etwas altmodisch und halten Holz, vielleicht weil wir es am besten kennen, für das verläßlichste Bootsbaumaterial. Wir wußten, daß es sich angenehm damit arbeiten läßt, daß es schön anzuschauen ist, gut riecht und sich gut anfühlt, daß es Wärme und Geborgenheit ausstrahlt und im Vergleich zu Stahl leicht und dankbar zu pflegen ist. Wenn es vor Wurmfraß und Nässe geschützt wird, was sich mit Epoxy und Dynel leicht bewerkstelligen läßt, und gut durchlüftet wird, hält es sehr lange. WANDERER II und WANDERER III waren beide aus Holz gewesen, erstere mit Pitchpine, letztere mit Iroko beplankt, und beide waren immer noch wohlauf und gesund. WANDERER III hatte kürzlich unter der fähigen und liebevollen Ägide ihres deutschen Eigners Giselher Ahlers ihre dritte Weltumsegelung vollendet und war jetzt 28 Jahre alt, ihre Vorgängerin sogar noch 15 Jahre älter.

Vielleicht verwundert es, daß wir Langkiel, Spiegelheck und außen aufgehängtes Ruder bevorzugten. Der Grund dafür war zum Teil die Tatsache, daß ein Spiegelheck leichter und deshalb billiger zu bauen ist als ein langes Yachtheck mit integriertem

Ruderschaft, und daß mit Pinne statt mit Rad gesteuert werden kann, denn wir wollten wieder das leise, erregende Zittern der Pinne spüren, wenn das Boot optimal läuft. Ein langer Kiel bürgt unserer Ansicht nach für bessere Kursstabilität als ein Flossenkiel mit Skeg. Und ganz gewiß ist ein am Hecksteven aufgehängtes Ruder, dessen unterstes Lager am Kiel sitzt, von allen Versionen die stabilste, einfachste und unkomplizierteste. Auch macht ein Langkiel das Aufslippen oder Trockenfallen zu einer sicheren, einfachen Sache. Natürlich wird damit die benetzte Fläche größer, aber der Sprung des Hecks würde dies teilweise wieder ausgleichen. Ich fragte mich allerdings, ob ein Fall von 40 Grad für den Heckspiegel nicht übertrieben war, denn das Ruder wirkt um so effektiver, je senkrechter es hängt. Aber ich scheute mich, dem Experten größere Modifikationen seiner Konstruktion abzuverlangen, ehe ich mir über ihre absolute Notwendigkeit nicht im klaren war. Immerhin machte ich ihn darauf aufmerksam, daß wir achtern viel Gewicht transportieren würden: den Motor mit 270 Litern Treibstoff, die Batterien, zwei Gasflaschen von 20 Pfund und 180 Liter Wasser. Dem trug er wohl damit Rechnung, daß er das Boot achtern etwas fülliger zeichnete. Als erfahrener Bootsbauer modifizierte er auch einiges am Riß, um die konkave Linienführung im Kielbereich abzuschwächen und damit den Holz-/Leimbau zu vereinfachen. Ein Honorar für seinen Entwurf, das wir ihm natürlich offerierten, lehnte Alan ab und machte uns sein Design großzügig zum Geschenk.

Der korrigierte Plan wies folgende Maße auf:

Lüa	39 ½ Fuß (12 m)
LWL	33 ½ Fuß (10,2 m)
Größte Breite	12 ¼ Fuß (3,7 m)
Breite in der WL	11 ¼ Fuß (3,4 m)
Tiefgang	5 ¼ Fuß (1,6 m)
Verdrängung	11 Tonnen
Ballastkiel	3 ¾ Tonnen

Die Breite mag übertrieben scheinen, aber ich erinnerte mich, daß Carleton Mitchells berühmte FINISTERRE so breit gewesen war, daß sich mancher Fachmann entsetzte, sich aber dennoch als eine der erfolgreichsten Yachten ihrer Zeit erwiesen hatte, und zwar sowohl als Fahrtenschiff wie bei Hochseerennen, und wenn Carleton an Bord wohnte, bekam sie eine Menge Gewicht zu tragen, unter anderem für den Winter das gesamte Muringgeschirr mit Muringstein.

Auf einer Zeichnung mit den wichtigeren Details seiner Konstruktion markierte Alan, wo der Kajütboden liegen sollte, um die von uns erwünschte Stehhöhe von 1,85 m zu gewährleisten. Auf dieser Grundlage konnten nun Susan und ich an die Erstellung der Pläne für Einrichtung und Deckslayout gehen, denn diese beiden Bereiche sollten ganz unter unsere Verantwortung fallen. Doch ehe wir weiterarbeiten konnten, mußten wir eine Werft finden, die unser Boot bauen konnte und wollte, und zwar innerhalb eines vernünftigen Zeitraums.

Neuseeland besaß früher viele kleine und einige große Bootswerften, die ausgezeichnet mit Holz arbeiteten, aber seit die kurzsichtige Regierung eine zwanzigprozentige Steuer auf alle neuen Yachten und ihre Ausrüstung gelegt hatte, waren viele Werften zum Aufgeben gezwungen worden; die Bootsbauer waren notgedrungen nach Australien abgewandert, das klugerweise auf eine derartige Steuer verzichtete. Immerhin arbeitete noch Alans alte Werft Orams Marine in Whangarei, auch wenn er selbst damit nichts mehr zu tun hatte. Sie war uns gut bekannt, denn wir hatten uns dort oft aufslippen lassen, um das Unterwasserschiff zu streichen, und von Zeit zu Zeit waren in der Werft kleinere Arbeiten für uns erledigt worden. Wir kannten auch Ray Roberts, den neuen Besitzer, und einige der bei ihm Beschäftigten. Wenn er für uns bauen würde, konnten wir unserer Meinung nach kaum in besseren Händen sein. Nachdem Alan ein Wort für uns eingelegt hatte, akzeptierte Ray den Auftrag zusätzlich zu seinem Pensum und versprach, »Job 40« bis Weihnachten fertigzustellen, also in rund dreizehn Monaten.

Nachdem wir schon zwei Yachten in England und eine in Holland hatten bauen lassen, wobei ein Preis vereinbart, ein Vertrag unterzeichnet und Teilbeträge entsprechend dem Baufortschritt gezahlt worden waren, kam uns die Vereinbarung mit Ray etwas leger vor. Er sagte uns ungefähr, wie hoch der Gesamtpreis sein *konnte*, warnte uns aber, daß sich dies wegen einer bevorstehenden Erhöhung der Arbeitslöhne sehr schnell ändern könne (was bald darauf eintrat), und auch ein Anstieg der Material- und Zubehörkosten würde sich verteuernd auswirken. Um wenigstens letzteres zu vermeiden, begann er sofort, Holz einzukaufen, außerdem Leim, Schrauben und Bolzen, Blei, Motor, Kompaß, Winschen, Ankergeschirr und hunderterlei andere notwendige Dinge, und wir bezahlten ihm das und die Arbeitsstunden monatlich. Ich blickte nicht ganz durch, aber offenbar waren wir gegen einen Totalverlust durch Feuer oder Bankrott versichert, obwohl wir nichts dergleichen unterschrieben - nur Schecks. Es war ein seltsames Geschäftsgebaren, und mein juristisch versierter Vater drehte sich wahrscheinlich im Grabe um, aber es erwies sich als völlig zufriedenstellend.

In der für Neuseeland typischen Bauweise sollte der Rumpf in drei verleimten Lagen Diagonalkarweel beplankt werden, auf einem Rahmen dicht gesetzter Längsstringer. Dadurch würde eine so starke Schale entstehen, daß insgesamt nur fünf Rahmenspanten gebraucht wurden, die laminiert werden sollten, ebenso wie Kiel und Steven. Bis auf Deck und Einrichtung war alles in Kaurifichte geplant. Ray besaß von dieser Holzart genug Vorrat, der für die meisten Zwecke geeignet war; lediglich für die Kiellaminierung, für Steven und Decksbalken benötigte er längere Stücke besten Kernholzes.

Aber Dick McIlvride, der Eigentümer unseres Liegeplatzes und des dazugehörigen Grundstücks, hatte sich schon vor Jahren einen Holzvorrat hingelegt, aus dem er sich eine Yacht bauen wollte; da er mehr davon besaß, als er brauchte, verkaufte er uns vier Kernbohlen von 25 Fuß (7,6 m) Länge. Sie wogen jede knapp fünf Zentner, mußten aber irgendwie aus seinem Lagerschuppen geschafft und auf seinen kleinen Leichter verladen werden, der ihn über den Waikare River zu der Straße bringen sollte, wo sie ein Lkw mit Selbstladegeschirr übernehmen und in die 40 Meilen entfernte Werft transportieren würde. Seitdem verstehen Susan und ich sehr viel besser, wie die Pyramiden erbaut worden sind, denn abgesehen von seiner allerdings beträchtlichen Muskelkraft benutzte Dick dazu als Werkzeug lediglich einige Rundhölzer, Keile und einen Hebebaum. Ohne großes Theater oder ins Auge springende Anstrengung glitt eine Bohle nach der anderen lautlos aus der Schuppentür und wie aus eigenem Antrieb auf den wartenden Leichter. Dick machte sein Beiboot längsseits fest und bugsierte den Leichter mit dessen Außenborder über den Fluß. Der Laster war noch nicht da, aber das störte ihn nicht weiter; mit einigen Leinen, die er vorsorglich mitgebracht hatte, hievte er die Hölzer das Ufer hinauf und stapelte sie neben der Straße.

Dank der Anregung eines vorausblickenden Zollbeamten, der wahrscheinlich wußte, was im Busch war, hatten wir WANDERER IV schon vor Jahren, als noch kein Zoll auf Yachten erhoben wurde, nach Neuseeland eingeführt, deshalb sollte sie in dieser Beziehung günstig zu verkaufen sein. Daß zwei Bücher und viele Artikel über sie veröffentlicht worden waren, stellte vielleicht einen Nachteil dar, ebenso die Tatsache, daß wir an Bord zu bleiben gedachten, bis der Neubau fertig war. Doch der von uns beauftragte Agent hatte Verständnis und störte uns nie ohne Grund, gab unsere Adresse auch nur an ernsthafte Interessenten heraus, so daß uns die lästigen Besuche von Leuten erspart blieben, die vage an den Erwerb einer Yacht dachten, in Wirklichkeit aber nur schwätzen und sich umsehen wollten.

Der erste Aspirant war ein Geschäftsmann aus Wellington. Zwei Stunden vor dem vereinbarten Termin erschien er auf dem Strand in der Nähe unseres Liegeplatzes; die Kojen waren noch nicht aufgeräumt und die Frühstücksteller noch nicht abgewaschen. Er blieb fünf Stunden. Wir wollten Barzahlung, doch er schlug eine gestaffelte Zahlungsweise vor, die wir nicht akzeptieren konnten. Trotzdem verlangte er von uns eine Probefahrt mit ihm und seinem Gutachter. Dem stimmten wir zu, und dann erschienen sowohl er wie sein Gutachter mitsamt der ganzen Familie. Die halbwüchsigen Kinder langweilten sich, eines wurde seekrank, und mehrmals stolperte ich an unerwarteten Stellen über herumliegende Gestalten. Nach einer Verzögerung von mehreren Wochen sagte er ab, war aber so freundlich, uns den Bericht des Gutachters zu zeigen. Es war ein seltsames Schriftstück, eher unter psychologischen als unter technischen Gesichtspunkten erstellt, und es enthielt die erstaunliche Behauptung, daß die Maschine, da sie 4000 Stunden gelaufen war, völlig um- und neugebaut werden müsse. Wir hatten einen vierzylindrigen Ford-Diesel und durch einen seltsamen Zufall gerade von einem befreundeten Landwirt aus England gehört, daß die gleiche Maschine in einem seiner vielstrapazierten Traktoren seit fünfzehn Jahren ohne jede Überholung lief und immer noch in bestem Zustand war.

Als nächstes schaute ein ganz reizendes Ehepaar herein, das mit einem kleinen Schiff der Bible Society zwischen den Inseln Seelsorge betrieb. Sie hatten es auf einem von Tongas vielen Riffen verloren, die Versicherung hatte gezahlt, und jetzt suchten sie unbedingt einen Ersatz dafür; er mußte aus Stahl sein. Außerdem waren fünf Tonnen Bibeln von Insel zu Insel im Pazifik zu transportieren, was unser altes Mädchen mit seinen geräumigen Schapps leicht geschafft hätte, aber das Ehepaar benötigte sein neues Schiff sofort.

Der dritte Interessent war Stuart Clay, ein hochgewachsener, stattlicher Neuseeländer um die Vierzig. Er hatte als Schafscherer angefangen und es durch harte Arbeit zu einer eigenen großen Farm gebracht. Als sie gut lief, verkaufte er sie. Stuart besaß die Yacht GAMBOL, mit der er schon die Welt umsegelt hatte. Dabei hatte er in Südafrika die Rhodesierin Pam kennengelernt. Sie schloß sich ihm an, gemeinsam setzten sie die Reise nach Neuseeland fort, wo sie vor kurzem geheiratet hatten. Nun suchten sie ein größeres Boot, am liebsten aus Stahl, mit dem sie in Tahiti oder der Karibik ins Chartergeschäft einsteigen konnten. Wir nahmen die Clays zu einer ruhigen Probefahrt mit hinaus und waren uns sympathisch. Sie mochten unser Schiff, und obwohl wir sie auf die Schäden aufmerksam machten und ihnen auch sagten, daß wir noch nicht ausziehen konnten. wollten sie es kaufen, vorbehaltlich eines abschließenden Gutachtens.

Diese Begutachtung fand erst statt, als wir schon nach Whangarei umgezogen waren und in der Orams-Marina an Bord wohnten, um den Bau unseres neuen Bootes zu beaufsichtigen und für Rückfragen, Entscheidungen und eventuelle Modifikationen leichter erreichbar zu sein. Stuart Clays Gutachter war sachkundig und gründlich. Natürlich mußte er sich den Schaden im Kettenkasten ansehen, und er bestand darauf, daß zuerst der Beton entfernt würde. Das besorgte Chin, ein stets heiterer, bei der Werft angestellter Chinese, mit Hammer, Meißel und Bohrer. Krach und Dreck waren unbeschreiblich, aber Susan und ich wohnten stur weiter an Bord. Danach wurden einige der defekten Platten herausgeschnitten. Leider hatte die damalige Werft nicht nur im Kettenkasten mit Beton geglättet, sondern auch noch in der vorderen Bilge. Der Gutachter wollte ihn auch hier entfernt haben, also flog er raus und enthüllte noch mehr verrostete Platten, die ebenfalls weggeschnitten wurden, so daß wir abends im Salon sitzen und durch ein gähnendes Loch mit den Arbeitern unten plaudern konnten. In der Zwischenzeit hatte der Gutachter mit seinem scharfen Hämmerchen auch an anderen Rumpfstellen noch fast durchgerostete Platten entdeckt. Aber diese waren klein und konnten geschweißt werden, während ich Brandwache ging, denn einige Löcher grenzten an Holz. Natürlich mußten die aufgerissenen Stellen geschlossen und gestrichen werden, ehe wir das Schiff wieder zu Wasser lassen konnten. Aber die Werftschweißer arbeiteten trotz des ständigen Regens gut und schnell und waren nach drei Tagen fertig. Am Tag danach erschien Stuart mit dem kompletten Gutachten und machte ein so düsteres Gesicht, daß wir schon fürchteten, er wolle vom Kauf zurücktreten. Chin hackte immer noch Beton los, und ein Schweißer ließ seine Schleifmaschine heulen, deshalb konnten wir uns an Bord unmöglich verständigen. Wir wichen zu einem geschützteren und ruhigeren Platz außerhalb der Werkshalle aus, um zu hören, was Stuart uns zu sagen hatte. Er wollte immer noch kaufen, aber nur, wenn wir mit dem Preis um horrende 10000 Dollar heruntergingen. Susan und ich hatten das ganze Hin und Her so satt und graulten uns so vor der Aussicht, nun wieder mit neuen Interessenten probesegeln und neue Gutachter ertragen zu müssen, daß wir Stuarts Bedingungen ohne langes Zögern akzeptierten; immerhin konnte Susan ihn noch dazu überreden, von den Kosten der Reparatur, die die Orams-Werft ausführte, drei Viertel zu übernehmen.

Bis wir der Werft vor die Tür zogen, waren wir einmal pro Woche im Auto hingefahren und erfreut über die guten Fortschritte bei »Job 40«. Der Anfang war etwas früher gemacht worden als erwartet, und zwar damit, daß Graham, ein junger Schiffbauer in seinem fünften und letzten Lehrjahr, die Rumpflinien in Originalgröße auf den weißgestrichenen Fußboden aufgerissen hatte. Zu meiner Freude sah ich, daß die Maße immer noch in Fuß, Zoll und Achteln angegeben wurden, obwohl Neuseeland das metrische System eingeführt hatte; denn das Aufreißen ist eine heikle Arbeit, und das Fehlerrisiko wird geringer, wenn man die vertrauten Maßeinheiten benutzt. Graham sollte auch unter Ray Roberts Oberaufsicht den Bau selbst überwachen.

Als der Aufriß fertig war, wurden Schablonen geschnitten und Kiel, Vorsteven, Spanten und andere Teile laminiert und in der Werkhalle, die wegen ihres halbrunden Dachs und ihrer ganzen Form nur die »Scheune« hieß, kieloben aufgestellt und montiert. Dann wurden Spanten und die längs verlaufenden Stringer befestigt und drei Karweelschichten darübergelegt. Diese Bauweise hat neben ihrer großen Festigkeit und Dichtigkeit noch andere Vorteile: Weil jede Lage diagonal zwischen Kiel und Schandeck verläuft, benötigt man nur kurze Bahnen, die sich leicht handhaben und einpassen lassen, so daß Kalfatern entfällt. Wichtig ist außerdem, daß sich eine ungehinderte Luftzirkulation hinter der Rumpfschale ergibt, weil die Planken nicht direkt auf Spanten und Schotts aufliegen, sondern zunächst auf den zolldicken Stringern. Dies hat allerdings einen Nachteil, wie wir später entdecken sollten: Wenn doch Wasser unter Deck gelangt, vielleicht durch die Backskisten, dann läuft es an den Stringern entlang zur tiefsten Stelle, auch in Schapps hinein, statt sich in der Bilge zu sammeln, wie es das bei der herkömmlichen Bauweise tut.

In der engen Scheune konnten wir uns kein Bild davon machen, wie das Boot einmal aussehen würde, es sei denn, wir peilten durch das breite Hallentor, aus dem es schließlich ins Freie rollen würde. Das Heck mit seinem extrem breiten, flachen Spiegel war dem Tor zugekehrt, und man konnte sich seine Proportionen nur dann halbwegs vorstellen, wenn man ein Stück wegtrat, ihm den Rücken zukehrte, sich bückte und es durch die weit gegrätschten Beine musterte. Als ich das tat, mutete mich der Anblick doch etwas seltsam an, denn die geschwungene Linie des Kiels fiel zwar sofort ins Auge, aber noch fehlten dem Unterwasserprofil Totholz, Loskiel und Rudersteven. Trotzdem fand ich die Linien unheimlich aufregend. Die auf den Kopf gestellte Hülle unseres künftigen Heims von innen zu betrachten, war ebenfalls ein denkwürdiges Erlebnis. Die diagonalen Streifen der untersten Plankenschicht, die vielen geschwungenen Stringer, die Spanten mit ihren eleganten Kurven, jede mit ihrem Gegenüber durch eine kräftige Bodenwrange verbunden – allesamt schienen sie von dem zu Häupten aufragenden, laminierten Kiel herabzuhängen. Unsere Füße verschwanden in einem spannendicken Teppich aus Sägemehl und Holzspänen, und das prächtige, umgestülpte Gehäuse über uns glühte golden im Scheinwerferlicht. Wir kamen uns vor wie im Traumhaus eines futuristischen Architekten oder in einem samoanischen *fale*, nur daß die Farben und Gerüche hier angenehmer waren. Und die vollkommene Symmetrie des Gebildes verschlug uns den Atem.

Unter den vielen zur Wahl stehenden Riggs bevorzuge ich für eine Yacht über 35 Fuß (10,7 m) Länge das Kutterrigg. Hierbei ist der Mast der Mittschiffsstellung näher als bei anderen Riggs, und die Wanten weisen daher den größten Angriffswinkel auf; dabei vergesse ich nicht, daß es natürlich auch Riggs mit unverstagten Masten gibt, wie bei Dschunken- und Cat-Takelung, aber damit habe ich keine Erfahrung. Auch ist der Mast eines Kutters nach vorn und achtern besser verstagt, denn zusätzlich zu Vor- und Achterstag greift vorn etwas tiefer das Fockstag an, nach achtern abgefangen vielleicht noch mit zwei Backstagen. Selbstverständlich fehlen auch nicht Ober- und Untersaling, was zusammen ein Rigg von großer Ausgewogenheit ergibt, in dem sich die Belastungen gut verteilen. Bei schwerem Wetter sind Groß und Fock gerefft eine gute Besegelung fürs Beidrehen, weil Segel- und Lateraldruckpunkt dicht beieinander liegen, und fürs Lenzen steht der Mast in der optimalen Position, wenn Wind und Seen möglichst querein kommend abgewettert werden sollen. Nicht zu vergessen die Möglichkeit, bei auffrischendem Wind zuerst den Klüver wegzunehmen, wobei die verbleibende Fock immer noch für ausreichende Düsenwirkung im Schlitz zum Großsegel sorgt. Dagegen weitet sich diese Lücke und wird uneffektiv, wenn beim Bermudarigg das einzige Vorsegel gerefft oder weggenommen wird.

Unsere Prioritäten waren Unkompliziertheit und leichte Handhabung, deshalb entschieden wir uns für ein toppgetakeltes Rigg (Zeichnung 1), mit einer Gesamtsegelfläche von etwas über 700 Quadratfuß (65 m^2). Das war vielleicht etwas wenig, aber wir wollten nicht dauernd reffen, und außerdem würden wir uns eines Tages vielleicht ein großes Leichtwetter-Vorsegel leisten. Mit diesem Rigg mußten wir uns bei Wende oder Halse nicht um laufende Backstagen kümmern, und es gab nur *ein* Paar Vorsegelschoten, die über selbstholende Winschen geführt wurden.

Früher hatte es uns viel Zeit und Kraft gekostet, beim Vorsegelwechsel auf dem nassen Vordeck zu schuften, aber dies gehörte hoffentlich der Vergangenheit an, denn die große Fock sollte ein Rollreffsystem bekommen. Seit dem ersten Wykeham Martin sind die Rollreffs gehörig weiterentwickelt worden, und wir hofften, daß die neuen Modelle, bei denen das Vorliek des Segels in der Nut einer Aluspiere läuft, verläßlich funktionieren würden. In Neuseeland waren einige Pannen mit diesem System bekannt geworden, wobei der Skipper mindestens einmal die scheußliche Erfahrung machen mußte, daß er bei auffrischendem Wind das Vorsegel weder einrollen noch reffen oder ganz wegnehmen konnte. Andererseits hatten viele Fahrtensegler, besonders in den USA, die besten Erfahrungen mit Rollreffanlagen gemacht, und wir hofften, mit unserem amerikanischen Hood-Seafurl-System zu ihnen zu gehören.

Unsere früheren Boote hatten alle Holzmasten gehabt, weil sich auf diesem Material Beschläge leicht austauschen oder ergänzen lassen. Aber wir meinten, wir sollten uns nun modernen Zeiten anpassen und uns für Mast und Baum aus Aluminium entscheiden. Bei gegebenem Querschnitt ist dieses Material leichter und fester als Holz und brauchte, wie wir hofften, auch weniger Pflege.

Das stehende Gut sollte aus 1 × 19 Nirostalitze sein, und eine Zeitlang schwankten wir zwischen Walzterminals und den teuren, aber leicht zu montierenden Norseman-(Gewinde-)Terminals. Vor kurzem waren wir mit dem Eigner der großen Ketsch ASTRAL gesegelt und hatten von ihm gehört, daß er auf seiner neuen Yacht nur Norseman-Terminals verwenden wollte, weil von ASTRALS Walzterminals zu viele gebrochen waren. Dennoch hielt ich Walzterminals für zuverlässig, vorausgesetzt, die Hülsen paßten haargenau zur Drahtstärke und die Maschine, die das Aufwalzen besorgte, arbeitete korrekt. Deshalb entschieden wir uns für letztere. Meiner Erfahrung nach neigen die Gewinde von Niro-Wantenspannern zum Festfressen, wodurch ein Nachstellen schwierig oder unmöglich wird, deshalb sollten unsere aus Bronze sein. Die Fallen würden vorgerecktes, dreischäftiges Polyester von Marlow sein, Tauwerk, das uns als langlebig und widerstandsfähig gegen Schamfielen bekannt war, die Schoten geflochtenes Tau von derselben Firma. Marlow Ropes Ltd. schickte uns aus England großzügigerweise gratis so viele Leinen beider Art, daß unser Bedarf gedeckt wurde.

Für das Großsegel einer Fahrtenyacht habe ich immer das Rollreffsystem befürwortet, wegen seiner Einfachheit, und weil eine Einzelperson damit auf jedem Kurs zum Wind die Segelfläche schnell und leicht verkleinern kann, ohne daß der Großbaum binnenbords geholt werden muß, damit Bändsel geschlossen oder Reffkauschen festgelascht werden können. Mit dem Rollreff steht das Segel nicht immer so gut wie bei den anderen Methoden, und es gibt Komplikationen, wenn ein Baumniederholer gefahren wird, doch überwiegen die Vorteile meiner Meinung nach immer noch die Nachteile. Aber wie dem auch sei, in Neuseeland konnten wir keine geeignete Rollreffanlage auftreiben und behalfen uns – abermals in der Absicht, mit der Zeit zu gehen – mit dem System, das hier draußen alle benützten: mit dem Binde- oder Bändselreff. Es schien uns ausgereift und modernisiert, und das Zubehör war

In der Robinson-Bucht auf Moorea

Die Stahlketsch WANDERER IV, *die dreizehn Jahre lang unser Zuhause war*

Prideaux Haven im Desolation Sound

WANDERER V *wurde in der für Neuseeland typischen Weise über Kopf gebaut. Hier sieht man die Stringer, bereit zur Aufnahme der drei Lagen Diagonalkarweel.*

s Aufrichten ist fast ebenso aufregend wie der Stapellauf

Salon mit Blick nach vorn. Das zwischen den Bücherschapps eingelassene Gemälde mmt von David Cobb und zeigt Wanderer III. *In die Karte an der Tür sind unsere schiedenen Reisen eingezeichnet.*

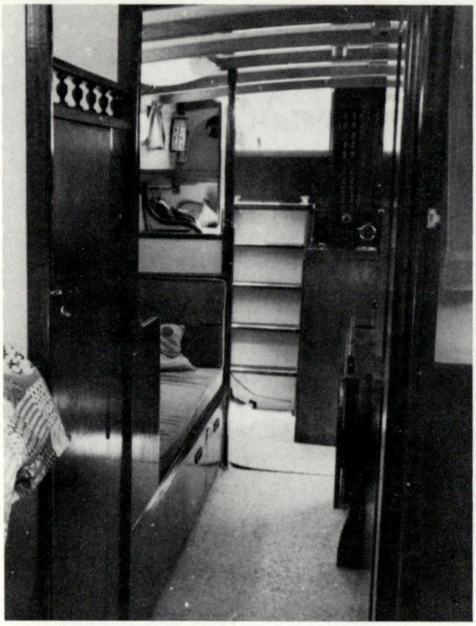

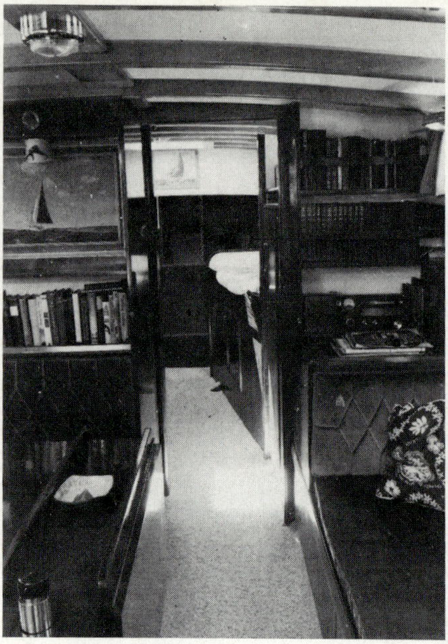

Oben links: Blick aus dem Schlafraum nach achtern. Die Niedergangstreppe kann hochgeklappt werden und erlaubt dann Zutritt zum Raum unter dem Brückendeck. Oben rechts: Salon und Schlafraum

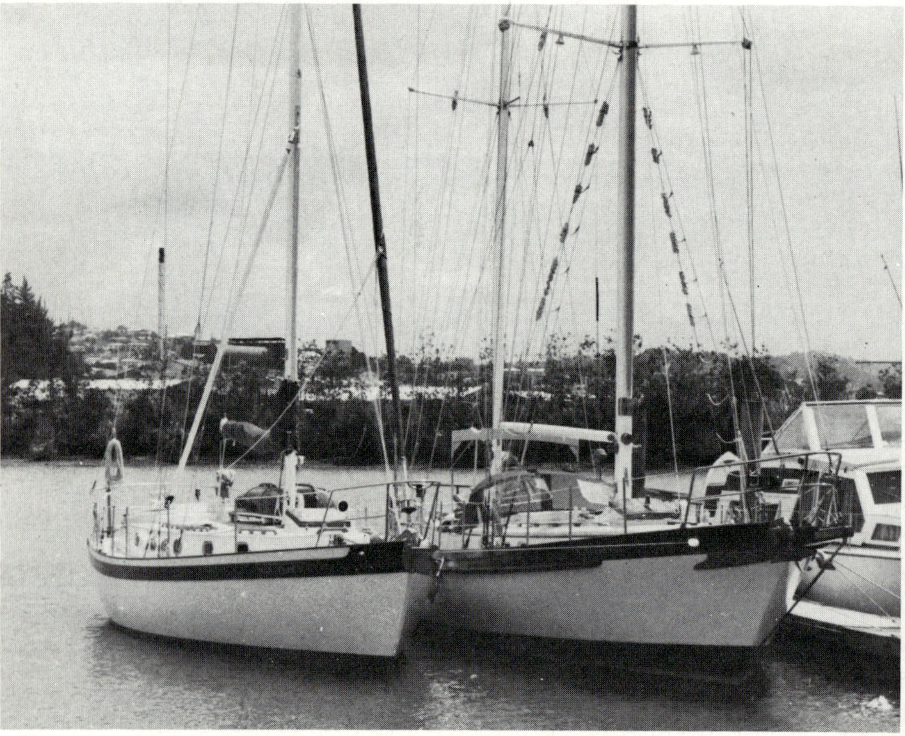

Die beiden Schiffe teilten sich einen Liegeplatz in der Marina, während wir unsere Habe von der großen Ketsch rechts auf ihre kleinere Nachfolgerin umluden.

leicht zu beschaffen. Das war einer der vielen Irrtümer, die mir unterliefen, und wir kehrten später reumütig zum Drehreffsystem zurück. Ich war auch der Ansicht gewesen, daß das Groß einer Fahrtenyacht kein gerundetes Achterliek haben sollte, denn dann erspart man sich mit etwas Glück die Segellatten, die beim Setzen oder Bergen ein Ärgernis sein können (außer wenn das Boot im Wind steht); außerdem wird die Gefahr des Schamfielens an der Dirk verringert. Doch auch hier ließ ich mich wieder vom modernen Trend überzeugen, und als Alan ein Groß mit Achterlieksrundung zeichnete, ließ ich es durchgehen - ehrlich gesagt, mir gefielen einfach seine Linien. Und was die Latten betrifft - anscheinend sind die meisten Segelmacher von ihrer Unerläßlichkeit überzeugt, wenn ein Segel gut stehen soll.

Bei Spieren und stehendem Gut bevorzugten wir eine darauf spezialisierte Firma in Auckland, die sich rühmte, daß noch keiner der vielen tausend von ihr gewalzten Terminals gebrochen sei; es gab soviel zu besprechen, daß wir selbst vorbeikommen mußten. Da uns Hotels, Motels oder laute Innenstadtstraßen ein Greuel sind, fuhren wir die 150 Meilen mit dem Boot. Der Hafen von Auckland ist chronisch überfüllt, und zu der fraglichen Zeit war die Haupt-Marina dort durch Erweiterungsbauten in so chaotischem Zustand, daß ein Gastliegeplatz praktisch nicht zu finden war. Doch wir wußten, daß die Royal New Zealand Yacht Squadron, die uns kürzlich die Ehrenmitgliedschaft angeboten hatte, immer zwei Plätze für auswärtige Gäste bereithielt. Wir riefen von Kawau Island, wo wir vorübergehend eingeweht waren, dort an, mußten aber leider erfahren, daß beide Gastliegeplätze für mindestens sechs Monate fest gebucht waren. Man machte uns den durchaus ernst klingenden Vorschlag, im voraus Böcke zu bestellen und WANDERER IV während unseres Aufenthalts aufslippen zu lassen. Nur so sei uns ein Liegeplatz sicher. Schließlich riefen wir die Spierenbauer an und hörten, daß sie uns an ihrem firmeneigenen Steg oberhalb der Hafenbrücke unterbringen konnten. Also fuhren wir dorthin. Die Leute erwarteten uns schon mit Festmachern, die an starke Ketten geschäkelt waren, denn der Liegeplatz war nicht geschützt und konnte bei Starkwind ungemütlich wer-

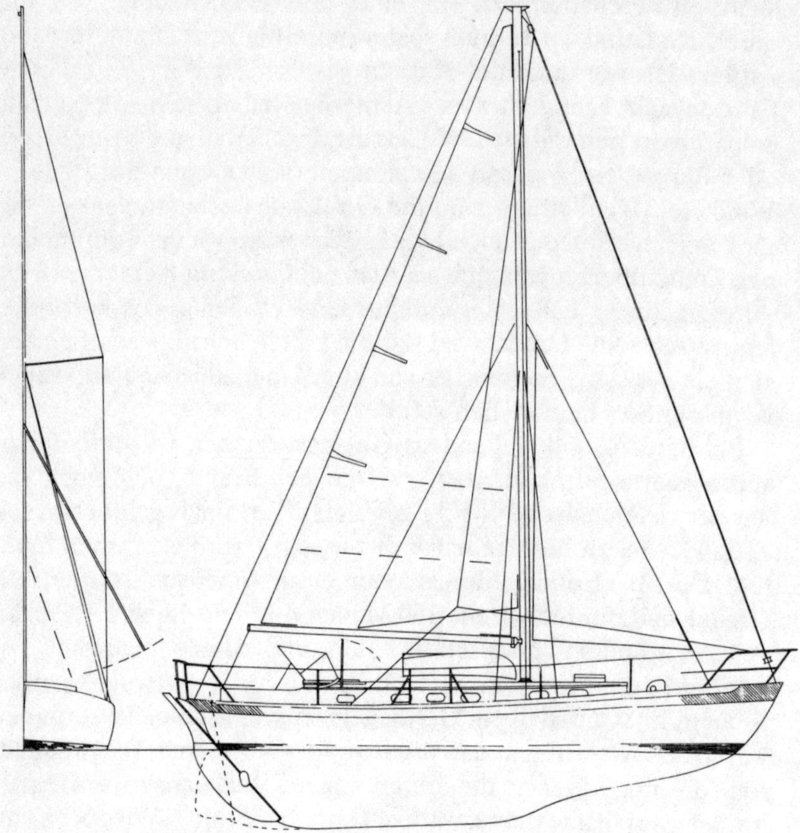

ZEICHNUNG 1 SEGELPLAN *Segelflächen: Großsegel 30,2 m², Fock 36,3 m², Stagsegel (Sturmfock) 9,3 m², Trysegel 9,3 m², Allroundsegel (nicht im Bild) 76 m². Die späteren Änderungen an Kiel, Heck und Ruder sind gestrichelt eingezeichnet.*

den. Wir hatten mit lauten Vorort-Straßen und Häuserzeilen gerechnet, die bis zum Uferkai hinunterreichten, stattdessen lag der Steg unterhalb eines baumbestandenen Steilufers, und abends wurde es hier so still, daß wir dem Krächzen der Sumpfvögel zuhören konnten. Wir blickten zwar auf den eleganten Bogen der Hafenbrücke mit ihren unzähligen orangegelben Lichtern, doch der Verkehrslärm drang nicht bis zu uns.

Alan stellte sich einen Mast mit einen Querschnitt von 8 mal 5 1/2 Zoll vor (20,3 mal 14 cm), und schon auf seinem Plan war mir das einzige Salingpaar etwas kurz vorgekommen. Es führte die Wanten in einem Winkel von 12 Grad an den Masttopp heran, doch war ich der Meinung, daß dieser Winkel bei einer Hochsee-Fahrtenyacht den Wert von 15 Grad nicht unterschreiten sollte. Gewiß hatte Alan damit ein besseres Dichtholen der Fock auf Am-Wind-Kursen ermöglichen wollen. Nun stellten die Spierenmacher jedoch ein paar Berechnungen anhand der Relation von Ballast zu Verdrängung, der Rumpfform und der Segelfläche an und rieten mir zu einem Mast mit höherem Querschnitt (etwa 9 1/2 mal 6 Zoll). Würde der Mast auf dem Kiel stehen, fügten sie hinzu, statt an Deck, wie von Alan vorgesehen, dann hätte der von ihm errechnete Querschnitt ausgereicht. Der empfohlene größere Mast sollte nur 75 Pfund mehr wiegen als der kleinere. Auch fanden sie, ohne daß ich den Anstoß dazu gegeben hätte, daß die Saling etwas verlängert werden und höher am Mast sitzen sollte, was den Angriffswinkel der Wanten von 12 auf 17 Grad erhöhte. Das war mir sehr recht, denn nur wenige Grade mehr mindern die Belastung ganz entscheidend und gestatten beim Aufriggen eine breitere Basis. Aber es zeigte sich, daß Alan völlig recht gehabt hatte, denn als es schließlich soweit war, mußten wir feststellen, daß wir die Fock für optimale Höhe nicht dicht genug schoten konnten.

Taktvoll redete man mir einige meiner konservativsten Ideen aus. Zum Beispiel hatte ich außen laufende Fallen verlangt, in der Meinung, daß sie weniger schamfielen würden als innen laufende, daß sie leichter im Auge zu behalten und notfalls auszutauschen seien. Doch man wies mich darauf hin, daß ein Standard-

Masttopp-Beschlag höchstens vier Scheiben aufnehmen könne und daß jedes außen verlaufende Fall zwei Scheiben beanspruchen würde, eine vorn, eine achtern. Deshalb müßten zwei Blöcke vom Masttopp herabführen, einer für die Dirk, einer für das Reservefall, auf das wir nicht verzichten wollten. Dies aber würde den Masttopp überlasten und die Gefahr des Schamfilens erhöhen. Wurden die Fallen jedoch innen im Mast geführt, benötigte jede nur eine Scheibe, und das ganze Arrangement konnte sauberer ausfallen und dem Wind natürlich auch weniger Widerstand bieten.

Obwohl Fallen und Dirk nicht alle auf gleicher Höhe des Mastes austreten konnten, weil ihn das dort geschwächt hätte, bat ich darum, dabei den Abstand von 7 Fuß (2,1 m) zu den Klampen möglichst wenig zu überschreiten, denn mit unseren alten Knochen fällt uns das Runterziehen leichter als das Raufziehen, und bei dieser Distanz zwischen Öffnung und Klampe konnten wir in das Ende einfallen oder sogar eine kleine Talje benutzen – obwohl es eigentlich kaum soweit kommen sollte, da am Mast zwei Fallwinschen vorgesehen waren.

Während ich über diese und andere Mastdurchbrüche nachdachte, fragte ich mich, ob manche durchgekenterte und flach auf dem Wasser liegende Yacht sich vielleicht deshalb nicht von selbst wieder aufgerichtet hatte, weil ihr Aluminiummast zu schnell vollgelaufen war.

Obwohl wir nicht vorhatten, einen Spinnaker zu setzen, wollten wir doch auf Vorwindkursen Fock oder Genua ausbaumen und verlangten deshalb auch einen 17 Fuß (5,2 m) langen Spibaum. Sein Lümmelbeschlag sollte in einer 12 Fuß (3,7 m) langen Schiene an der Mastvorderseite gleiten können, damit der Baum an einem Schlitten bei Nichtgebrauch mit dem als endlose Leine gefahrenen Auf-/Niederholer so weit hochgezogen werden konnte, daß sich seine Nock in die Seereling einpieken ließ; das Reservefall sollte als Dirk für den Spibaum dienen.

Wir diskutierten die wichtigeren Fragen, aber viele Details überließ ich den Spierenbauern, die ich für Experten hielt – mit dem Ergebnis, daß ich entsetzt war über die getroffenen oder unterlassenen Entscheidungen, als die Spieren schließlich in der Werft angeliefert wurden. Zum Beispiel war keine Gleitschiene montiert, sondern der Mast hatte die bei Regattabooten übliche Keep, so daß fürs Vorliek des Großsegels empfindliche Rutscher benutzt werden mußten statt der robusten Schlitten. Der ovale Großbaum war lächerlich dick, 8 Zoll (20,3 cm) tief statt 5 3/4 Zoll (14 cm) und hatte einen Beschlag am vorderen Ende, der ihm eine Drehung um 20 Grad nach jeder Seite gestatten sollte, wahrscheinlich damit er über jedem Bug in derselben Ebene lag wie das Unterliek des Vorsegels. Bei einer Fahrtenyacht ist dies unerwünscht, und das metallische Klicken der Manschette beim Wenden, Halsen oder Rollen bei leichtem Wind störte uns so, daß wir den Beschlag mit Bolzen fixierten. Die Scheibengatts der Fallen saßen nicht dort, wo ich sie haben wollte, auch nicht das Dampferlicht, das fast im Masttopp plaziert war, wo es vom aufgerollten Vorsegel über mehrere Bogengrade nach vorn verdeckt wurde. Auch war die Spiere zum Ausbaumen des Vorsegels viel zu schwer. Doch bis wir diese und andere Mängel entdeckt hatten, blieb uns keine Zeit mehr, die Spieren zur Umarbeitung an den Hersteller zurückzuschicken.

Einige Zeit später ließen wir uns in Australien ein Leichtwetter-Vorsegel anfertigen, und da es wiederholt das Dampferlicht behinderte, obwohl ich einen Abweiser angebracht hatte, mußte ich das Licht mitsamt seiner Halterung abmontieren. Es schien ein unlösbares Problem, das Dampferlicht an seinem richtigen Platz weiter unten neu anzubringen, denn das hätte bedeutet, ein ziemlich großes Loch durch den Mast und ins Füllungsrohr zu bohren, damit die richtigen Kabel erreicht und herausgezogen werden konnten; mit Sicherheit wäre dabei die Isolation beschädigt worden, was eine völlige Neuverkabelung bedeutet hätte. Deshalb mußte uns künftig das weiße Rundumlicht im Masttopp notgedrungen, wenn auch nicht vorschriftsmäßig, als Dampferlicht dienen.

Bei den Navigationslichtern hatte ich mich für ein stark beworbenes Fabrikat entschieden, weil es damals das einzige war, das eine in die Dreifarbenlaterne im Masttopp integrierte Elektronenblitzlampe anbot. Wie schon erwähnt, hatten uns die Blitzlampen der Lachsfischer auf unserer Reise nach Britisch-Kolumbien so beeindruckt, daß wir unbedingt eine haben wollten. Da schien es nur logisch, daß wir auch den Rest der Beleuchtung – Zweifarbenlampe im Bug, Hecklicht und Dampferlicht – von derselben Firma bezogen. Eines ihrer Werbeargumente war, daß alle ihre Lampen mit Ausnahme der Blitzlampe Halogenbirnen enthielten, welche bei gleichem Stromverbrauch mehr Lichtstärke besitzen als normale Birnen. Doch eine Halogenbirne ist winzig, und ihre beiden Dornen haben kaum 1 mm Durchmesser. Erst als ich eine davon bei Tageslicht und Schönwetter auswechseln mußte, begann ich mich zu fragen, wie man das vom Bootsmannsstuhl aus bei Nacht und Regen wohl schaffen sollte. Erst muß man zwei Plastikschrauben herausdrehen, damit die alte Birne entfernt werden kann. Die neue steckt in einem Kartongehäuse, das laut Gebrauchsanweisung erst entfernt werden soll, wenn die Birne eingesetzt wird, aber es sitzt so fest, daß die Birne beim Versuch, es abzuziehen, wieder aus ihrer Fassung gerissen wird. Also muß man natürlich erst das Kartongehäuse entfernen und die Birne mit den Fingern halten, darf aber nicht vergessen, alle Fingerspuren mit einem sauberen, in Alkohol getränkten Tuch wieder abzuwischen. Man stelle sich das vor! Dann muß die Lampe wieder zusammengesetzt, die beiden Löcher in Deckung gebracht werden (weil es keine Hilfsvorrichtung für das Zentrieren gibt, muß man erst mit einem Dorn herumtasten, um sie zu finden), dann die Schrauben eingesetzt und angezogen werden. Es heißt zwar, diese Lampen seien wasserdicht, das stimmt jedoch nicht. Schon im ersten Jahr stellten wir fest, daß Feuchtigkeit zwischen das Farbglas und das innere klare Glas geraten war, und die beiden Gläser konnten zur Reinigung nicht auseinandergenommen werden. Ich hätte viel lieber Lampen von Aqua Signal genommen, weil ich aus Erfahrung wußte, daß man sie ohne Werkzeug leicht aufbekam und ihre mit Bajonettverschluß einzusetzenden Birnen fast ohne hinzusehen ausgewechselt werden konnten; aber damals hatte Aqua Signal noch keine Dreifarbenlampe mit integriertem Blitzlicht im Programm – wie heute.

Die Spierenhersteller hatten in der Saling ein Paar Deckslampen unbekannter Herkunft montiert, und erst als ich eine davon öffnen mußte, weil sie ausgefallen war, erkannte ich die ganze Schäbigkeit dieser Dinger. Nicht der kleinste Versuch war gemacht worden, sie gegen Regen abzudichten, und sie hatte eine Soffittenbirne; dies ist eine zylindrische Lampe mit hutförmigen Metallkontakten an beiden Enden, womit sie in Löchern an einem Paar Metallfedern festsitzt. Meiner Ansicht nach hat diese Kombination auf einem seetüchtigen Boot nichts zu suchen, obwohl sie fast zum Standard des australischen und neuseeländischen Yachtzubehörs gehört, das aber wahrscheinlich in Taiwan hergestellt wird. Jedenfalls stammte eine Schachtel mit Ersatzbirnen von dort, und sie erwiesen sich allesamt als unbrauchbar, einige davon brannten schon in den ersten Sekunden durch. Der Schiffsausrüster zeigte sich von meiner Beschwerde nicht überrascht und erklärte mir, daß die Kunden dieses Fabrikat eben bevorzugten, weil es ein paar Cents billiger war als das deutsche Fabrikat, das er nicht mehr führte. Aber er bestellte mir gerne eine Schachtel mit deutschen Birnen, von denen keine schadhaft war.

Bei der Wahl eines Segelmachers taten wir uns schwerer als bei den Spieren, weil es so viele gab und uns alle unbekannt waren; doch zuletzt entschieden wir uns für Neale Dearlove, weil er konkurrenzbewußt und sachlich war und sein sauberer, heller Boden nicht weit entfernt von unserer Werft lag. Nach unserer Rückreise von Auckland, die wegen Flaute, hoher Restdünung und außergewöhnlich schlechter Sicht kein Vergnügen gewesen war, besuchten wir Neale und sahen ihn zu unserem Erstaunen Segel aus einem fluoreszierenden, orangeroten Material nähen, das fast so hart und steif wie Sperrholz war. Es beruhigte uns, als er erzählte, daß er dieses Material nicht selbst ausgewählt hatte, sondern auf Wunsch eines Kunden verwandte, der gerade ein 12 m-Boot bauen ließ und den die Lektüre über das Katastrophen-Fastnet von 1979 beeindruckt hatte. Meiner Meinung nach werden viele Fahrtenyachten und ihre Crews durch zu schwere und zu steife Segel stark behindert. Wenn das Segel aus Polyester von guter Qualität ist, dann sind viel entscheidender als das Gewicht des Tuchs sein

Zuschnitt, die Nähte und die generelle Verarbeitung. Wir scharten uns um Neales Schreibtisch, und während uns sein Spaniel die bloßen Füße leckte (»keine Schuhe auf meinem Boden, bitte«), besprachen wir Schnitt und Materialwahl und entschieden uns für ein weiches Bainbridge-Tuch von warmem Braun. Fürs Großsegel nahmen wir Tuch von 7¼ Unzen Gewicht, fürs Vorsegel 6¾ Unzen, weil die Hersteller für reffbare Vorsegel in der von uns gewünschten Größe von leichterem Tuch abrieten. Diese Gewichtsangaben sind amerikanisch, in britischen Unzen waren es 9¼ bzw. 8½.

Obwohl unsere neue Yacht als Slup konzipiert war, hatte ich auf dem Segelplan ein zweites Vorsegel von 9,3 m^2 eingezeichnet. Es war für den Schwerwettereinsatz gedacht oder bei Problemen mit der Rollreffanlage, der ich mißtraute; es konnte aber auch auf Halbwindkursen wertvolle zusätzliche Segelfläche bedeuten – womit aus der Slup vorübergehend ein Kutter wurde. Das dazugehörige Stag griff am Mast dicht über der Saling an und wurde normalerweise unten mit einem Tauvorläufer an einer Nagelbank innerhalb der Püttings belegt, wo es aus dem Weg war. Wenn das Segel gesetzt werden sollte, wurde das Stag mit einer dreipartigen Talje aufgeriggt. Neale empfahl dafür das gleiche Tuch wie für das Großsegel.

Nach unserer Rückkehr zur Werft stellten wir fest, daß Ray auch während unserer zweiwöchigen Abwesenheit die Arbeit vorangetrieben hatte (die dritte Lage wurde aufgeplankt), und seine Frau Barbara, eine tüchtige Buchhalterin, empfing uns wieder mit einer hübschen kleinen Rechnung. Anschließend machten Susan und ich uns an die Entwürfe und maßstabsgerechten Zeichnungen der Inneneinrichtung, wobei wir bald herausfanden, daß dies eine der faszinierendsten, aber auch frustrierendsten Arbeiten war, an denen wir uns jemals versucht hatten.

Es ist verhältnismäßig einfach, nach dem Beispiel mancher Agenten, die für eine Serienyacht werben, in den Umriß eines Bootsrumpfes geräumige Schapps, breite Kojen, eine große Pantry und hübsche Bücherregale so einzuzeichnen, daß sich alles problemlos in die vorgegebenen Maße einfügt; erstaunlich, wieviel man auf diese Weise unterbringen kann. Aber natürlich wußten wir, daß dieser Umriß nur die Decksaußenkante zeigte und daß wir bei dieser Holzkonstruktion die Linien auf beiden Seiten um etwa 5 cm nach innen verlegen mußten, um die Stärke der Planken und Stringer nicht zu vernachlässigen. Weiter unten rückten die Striche der Schwimmwasserlinie an jedem Ende erbarmungslos binnenbords, denn natürlich hatte das Boot Überhänge. Der Kajütboden, 43 cm oberhalb der Wasserlinie, war zwar mittschiffs ordentlich breit, verjüngte sich aber in Richtung Bug und Heck schnell zu praktisch Null. Selbst uns Laien wurde bald klar, daß wir einige unserer Einrichtungspläne revidieren mußten, denn unser neues schwimmendes Heim wies längst nicht soviel Innenraum auf wie unser altes.

Unentbehrlich waren: eine selbstlenzende Plicht mit Brückendeck, eine Pantry, in der man auch auf See gut arbeiten konnte, ein Navigationstisch mit darunterliegenden Fächern, in denen viele Karten waagrecht verstaut werden konnten, ein attraktiver Salon mit reichlich Schapps und Bücherregalen, ein großer Tisch und ein Ofen, außerdem - abgetrennt - Schlafraum und Toilette. Da die Maschine ein fester Faktor war, mit bekannten, unveränderlichen Ausmaßen, fingen wir damit an, zeichneten sie so weit achtern wie möglich ein und mit einer Verkleidung, die leichten Zugang erlaubte. Das Motorgehäuse aber wirkte sich direkt auf die Lage von Niedergang und Pantry aus.

Wir glaubten, daß wir bei einem wetterfesten und leichtgängigen Rumpf keine besonders starke Maschine brauchten, und hielten uns an die alte britische Faustregel (die heute wahrscheinlich als völlig veraltet gilt), wonach für eine gute Segelyacht ein PS pro Tonne ausreicht und zwei PS pro Tonne schon generös sind. Demnach sollte es für unsere 11 Tonnen eine 20-PS-Maschine werden.

Wir hätten wahrscheinlich ein europäisches oder amerikanisches Fabrikat genommen, aber Neuseeland hatte sich in seinen Handelsbeziehungen langsam immer mehr an Japan angenähert; japanische Bootsmotoren, deren Lieferung und Ersatzteilversorgung prompt und einfach funktionierten, waren hier sehr beliebt.

Da die Orams-Werft selbst die Vertretung für Yanmar-Diesel und mehrere davon auf Lager hatte, kauften wir bei ihr ein Zweizylindermodell der erforderlichen PS-Stärke. Dafür sprach auch die Ausrüstung mit Dekompressionshebeln und Handstartkurbel, so daß wir den Motor bei einem Starter- oder Elektrodefekt von Hand anwerfen konnten – jedenfalls wenn ein kräftiger junger Mann verfügbar war. Der Motor machte einen sauberen, kompakten Eindruck, war wassergekühlt, wog rund 400 Pfund und würde einen zweiflügeligen Propeller (Schraubenmaß 43 mal 33 cm) über eine 2:1 Übersetzung antreiben.

Wir freuten uns nicht gerade darauf, unser Wohnquartier mit einem Dieselmotor zu teilen, besonders da wir den Luxus eines hitze-, lärm- und geruchsisolierten Maschinenraums mit voller »Kniehöhe« gewohnt waren, aber es gab keine Alternative; später bauten wir ein Prallblech und viel schallschluckende Verkleidungen ein, um den Lärm etwas zu dämpfen. Das Brückendeck mußte Raum genug für zwei große Akkus mit vielen Ampèrestunden bieten, die von der 35-amp-Lichtmaschine des Motors aufgeladen wurden. In der Absicht, das Aufladen im Hafen auf ein Minimum zu reduzieren, ließ ich vom Elektriker einen Überbrückungsschalter einbauen, so daß die Akkus unter Umgehung des Reglers mit höherer Stromstärke geladen werden konnten, wobei ich den Vorgang mit Thermometer und Hydrometer kontrollierte. Doch obwohl ich ein Leitungsschema zeichnete, war der Überbrükkungsschalter kein Erfolg, wahrscheinlich, weil die Dioden im Generator integriert waren und nicht im Regler saßen.

Die Plicht sollte klein werden – am Ende fiel sie breiter aus als geplant, weil ich leichtsinnigerweise einer unsachgemäßen Verbreiterung des Kajütdachs zustimmte – und die Backskistendeckel sollten sich leicht aufklappen lassen. Die Steuerbord-Backskiste beherbergte zwei (LPG) Gasflaschen, deren Hähne man erreichen konnte, wenn man sich aus dem Niedergang beugte und den Dekkel anhob; sie würde gasdicht sein und ins Cockpit lenzen. Durch die Backbord-Backskiste wollte ich, falls ich mein Gewicht behielt, in den anders nicht zugänglichen Raum achtern vom Cockpit kriechen; außerdem sollten darin Leinen, Fender u.a. verstaut werden.

Ich zeichnete doppelte Plichtsülls mit Schwalbennestern für die Aufnahme von Winschkurbeln und Zeisingen ein und sah genug Zwischenraum vor, damit oben drauf Schotwinschen und Klampen montiert werden konnten. Wo sie vorn ans Kajütschott stießen, sollten die Lüfter für Motorraum und Brückendeck sitzen, wo außer den Batterien noch ein Treibstofftank Platz finden würde (der andere befand sich zwischen Gas-Backskiste und Außenhaut), der Krümmer des Auspuffs und Maschinenzubehör wie Öl, Fett und destilliertes Wasser. Die Niedergangsleiter sollte nach oben wegzuklappen sein, um diesen Raum zugänglich zu machen.

Ich war mir gar nicht sicher, ob es sich vorteilhaft auswirkte, daß wir an Bord der einen Yacht wohnten, während wir die Inneneinrichtung der anderen, um die Hälfte leichteren, zu entwerfen versuchten. Gewiß konnten wir einige der wichtigsten Maße, wie die lichte Höhe von Sitzplätzen und Arbeitsflächen, die Breite der Kojen und Türen, die Tiefe der Schapps, die Schräge von Rückenlehnen leicht nachprüfen; aber zugleich fühlten wir den starken Drang, die größten Vorzüge des alten Boots auf das neue zu übertragen, und natürlich paßte es dann hinten und vorne nicht.

Wir standen bald vor schwierigen Entscheidungen: Sollte der Kocher kardanisch aufgehängt oder fest montiert sein? Theoretisch leuchten die Vorteile einer kardanischen Aufhängung, die stets waagrechte Kochstellen und Backöfen gewährleistet, leicht ein. Aber sie verlangt auch viel Raum zum Schwingen, denn bei rauhem Wetter kippen die Zentrifugalkräfte den Kocher vielleicht um über 50 Grad aus der Waagrechten, obwohl der Krängungswinkel nicht größer sein mag als 15 bis 20 Grad. Und wenn dann etwas dagegenstößt, fliegen Töpfe und Pfannen runter. Außerdem ist es mit der Balance vorbei, wenn man nur die Backofentür öffnet. Und es bestand die Gefahr eines Gasaustritts, weil eine bewegliche Zuleitung benötigt wird. Einige hochsee-erfahrene Smutjes - Lin Pardey von der SERAFFYN zum Beispiel - bevorzugen einen starr montierten Herd, weil er obige Nachteile nicht kennt, aber er muß eine Schlingerreling haben und Topfklemmen für jede Platte, und er muß so montiert sein, daß der Koch, in Fahrtrichtung gesehen, entweder davor oder dahinter stehen kann, damit beim Rollen das Risiko von Verbrennungen durch überschwappendes Koch- oder Bratgut verringert wird. Die Backofentür sollte in der Querschiffsebene liegen, andernfalls fällt der Inhalt beim Überstag-Gehen auf den ungünstigen Bug sofort heraus, wenn die Tür geöffnet wird. Und natürlich ist es schwierig, das Küchengerät in waagrechter Lage zu halten, womit auch das Braten in der Pfanne erschwert wird, und ein Brotlaib im Ofen kann einseitig aufgehen. Auf unseren früheren Booten hatten wir kardanisch aufgehängte Kocher, hätten es diesmal aber gern mit einem feststehenden versucht, doch soviel wir auch hin und her jonglierten, es fand sich in der Pantry kein Platz dafür.

Wir waren an feste Butter, kalte Milch und frisches Fleisch gewöhnt, jedenfalls im Hafen, weil unser Petroleumkühlschrank uns seit elf Jahren nicht im Stich gelassen hatte. Natürlich sorgten wir uns um die Feuergefahr, besonders als wir erfuhren, daß viele Häuser im australischen Outback, wo solche Kühlschränke weit verbreitet sind, nach Explosion der Geräte abgebrannt waren. Aber trotzdem hätten wir uns vielleicht wieder einen hingestellt, wenn nur Platz genug vorhanden gewesen wäre; aber so ein Kühlschrank benötigte eine Stellfläche von einem dreiviertel Quadratmeter, bei einem Meter Höhe, und von allen Seiten mußte gute Luftzirkulation gewährleistet sein. Daran scheiterten wir.

Die Alternative war ein Kompressor-Kühlschrank, der vom Motor angetrieben wurde, aber dicht davor, wo der Kompressor hätte stehen müssen, war in der Bilge kein Platz. Auch wäre es uns zuwider gewesen, die Maschine ein- bis zweimal täglich laufen zu lassen, nur um die niedrige Kühltemperatur zu halten. Außerdem war die Technik noch bei weitem nicht ausgereift, und es war uns aufgefallen, daß Boote, die länger als beabsichtigt im Hafen aufgehalten wurden, meist Reparaturbesuch von einem Kältemechaniker bekamen. Vielleicht war ein Eiskasten die vernünftigere Lösung. Ich zeichnete einen in den Pantrygrundriß ein und machte ihn so groß wie möglich, aber er sah immer noch zu klein aus, als daß neben dem Eis genug Kühlgut darin Platz gefunden hätte. Später merkten wir auch, daß unterwegs Eis keineswegs immer aufzutreiben und oft unökonomisch war. Das gemahlene

Eis der Fischer hält nicht lange, auch nicht das teure »Party-Eis«. Am sinnvollsten ist noch die Hilfe eines freundlichen Metzgers, der Behälter von passender Größe – Tiefkühlkissen oder Eiskremkartons, auch kleine wassergefüllte Plastikeimer – in seine Kühlkammer stellen läßt. Weil Susan jedoch viele Jahre lang unseren Haushalt an Land und an Bord ohne Kühlmöglichkeit bewältigt hatte, traute sie sich das auch jetzt wieder zu und wollte Eis eben kaufen, wo es sich machen ließ.

Eigentlich hatten wir an eine Süßwasserdusche wie in WANDERER IV gedacht, mit von der Maschine erwärmtem Wasser und Absaugepumpe. Aber das schien uns ein unangemessen komplizierter und teurer Aufwand für die persönliche Sauberkeit, besonders wenn wir uns daran erinnerten, daß wir in der Kate in Berkshire jahrelang mit Eimer, Heißwasserkessel und Schwamm ausgekommen waren. Dieses System konnten wir jetzt verbessern und statt des Schwamms eine Gärtnerspritze benutzen, wenn wir den Boden der Toilette zu einer kunststoffverkleideten Duschwanne ausbauten und mit dem Schwamm nur das Abwasser aufwischten. Für alle, die dieses Gerät nicht kennen: Es besteht aus einem Behälter von 4 bis 5 Liter Volumen, einer Handpumpe, einem Schlauch mit von Hand drehbarem Mundstück und einem Bedienungsrad. Weniger als zwei Liter ergeben schon eine ordentliche Dusche. In den Tropen konnten wir uns damit nach dem Schwimmen im Cockpit abduschen und in kälteren Regionen mit gewärmtem Wasser im Toilettenraum.

Viele Jahre lang hatten unsere Bord-WCs Marke Baby Blake einwandfrei und verläßlich funktioniert. Jetzt kam es uns vor allem auf Einfachheit und leichte Wartung an, deshalb schafften wir uns einen Lavac an. Bei diesem praktischen Ding sind keine Ventile vor oder nach der Benutzung zu öffnen oder zu schließen; eine einfache Membranpumpe leert die Schüssel (Sitz und Deckel haben eine Neoprendichtung) und saugt durch das Vakuum sauberes Wasser an. Man darf während des Gebrauchs natürlich nicht pumpen, sonst wird man angesaugt und kann nicht wieder aufstehen, wie ein fülliger Freund zu seinem Schrecken entdecken mußte, der dann in Panik um Hilfe schrie. Weil Blake & Sohn in

Gosport, Produzenten des berühmten »Baby«-Modells, auch den Lavac herstellen, sollte er zuverlässig sein, was sich bestätigte.

In den 17 Jahren unserer Reisen mit der gut neun Meter langen WANDERER III hatten wir auf den Salonkojen tagsüber gesessen und nachts geschlafen und uns damit getröstet, daß wir eines Tages ein größeres Boot mit abgetrenntem Schlafraum und Kojen haben würden, in deren allzeit bereites Bettzeug sich ein müder Segler nur hineinfallen lassen mußte. Diese Bequemlichkeit genossen wir in WANDERER IV und wollten auch im Neubau nicht darauf verzichten, doch als ich die Schlafkajüte in den Plan einzeichnete, drängte sich mir immer wieder der Gedanke auf, welch wunderbare Werkstatt/Dunkelkammer der Raum statt dessen abgeben würde. Nun mußte ich als Werkbank den großen, aber schwer zugänglichen Raum über dem Kettenkasten und vor den Schlafkojen benutzen, und als Dunkelkammer mußte ich mit der Toilette auskommen. Obwohl sie nur 1,5 mal 1 m groß war und durch die Schapps noch enger wurde, betätigte ich mich darin mit Erfolg, stellte für Vergrößerer und Wannen Interimsbänke auf und entwickelte viele zum Abdruck in Zeitschriften geeignete Fotos.

Wir hatten all dies in unseren Plänen zu Papier gebracht, und zwar als Grundriß wie als Aufriß (Ray sagte, so detaillierte Zeichnungen wären ihm noch nie vor Augen gekommen), und hatten die meisten Probleme sauber gelöst, als Alan uns eröffnete, daß er bei der nochmaligen Berechnung des Segelplans festgestellt habe, daß der Mast lieber 15 cm weiter vorn stehen sollte. Das ist gewiß nur eine geringfügige Änderung, aber in der neuen Position blokkierte die Maststütze den Zugang zur Toilette; die einzig praktikable Lösung dieses Problems war eine Verlängerung der Pantry um 15 cm (damit durfte die Eisbox immerhin etwas größer ausfallen), eine Verschiebung der ganzen Einrichtung um ebensoviel nach vorn und eine entsprechende Kürzung der Vorpiek.

All dieses Ausmessen, Zeichnen, Einpassen und Neuzeichnen nahm viel Zeit in Anspruch, doch als wir den korrigierten Plan stolz Ray zeigten, warf er nur einen Blick darauf und sagte: »Das geht nicht. Wir haben die Spanten schon einlaminiert, und das Querschott beim Mast muß auf Position fünf bleiben.«

Also hieß es für uns zurück zum Reißbrett und einen neuen Versuch machen, immer unter dem Damoklesschwert von »Position fünf«. Dabei bemühten wir uns, einige Vorschläge Rays zu verwirklichen, wie man hier ein paar Zentimeter gewinnen und dort wieder verwerten könne. Das Layout in Zeichnung 2 (einige Details sind der Übersichtlichkeit wegen ausgelassen) zeigt das endgültige Ergebnis.

Wir wollten in drei Tanks soviel Frischwasser wie möglich unterbringen, doch wieviel es nun genau werden würde, konnte uns niemand sagen, bis wir die Tanks zum erstenmal mit einem 2-Gallonen-Maß (9,1 l*) füllten und feststellten, daß sich die Gesamtkapazität auf 105 Gallonen (477 l) belief. Die Tanks waren flach, breit und aus Niro, zwei mittschiffs in der Bilge und einer unter der Plicht. Sie waren durch ein Leitungssystem verbunden, damit alle über den Stutzen im Plichttank gefüllt werden konnten, der am höchsten lag, und nach dem Füllen konnte jeder Tank durch »Clincher«-Kugelventile separiert werden. Diese Ventile stellt die Jamesbury Corporation in Worcester, USA, in den verschiedensten Metallen her. Sie funktionieren gut, müssen nicht gewartet werden und sind mit einer Vierteldrehung zu öffnen oder zu schließen. Der leitende Direktor der Firma hatte uns vor Jahren, als wir in seiner Gegend gesegelt waren, so viele Ventile, wie wir benötigten, angeboten, nachdem er aus einem Zeitungsartikel erfahren hatte, daß wir ein neues Boot besaßen. Wir verwendeten sie sowohl in den Treibstoff- wie in den Frischwasserleitungen, mußten aber leider bei den Borddurchlässen auf sie verzichten, weil die Gewinde nicht genau auf die Borddurchlässe paßten, und bauten dort die konventionellen Kegelventile ein.

Alles Frischwasser wurde dem am tiefsten liegenden Tank durch »Whale-Flipper«-Pumpen entnommen, eine in der Pantry und eine am Waschbecken in der Toilette. Wenn eine Pumpe Luft ansaugte, wußten wir, daß ein Tank leer war, und öffneten den Hahn zum zweiten oder zum dritten Tank. Die Leitungen bestanden alle aus Kunststoff, weil sie damit leichter waren und einfa-

* 1 brit. Galone = 4,5461 Liter; 1 US-Galone = 3,7854 Liter

cher einzuziehen und zu ersetzen. Mein Installationsplan wies auch die Belüftungsöffnungen auf, die in die doppelten Sülls des Cockpits führten und sehr reichlich bemessen waren, damit in einem Tank nicht Überdruck entstand, wenn wir irgendwo Druckwasser nachfüllten.

Übrigens erstaunte es mich, daß ein so simples kleines Boot ganze neun Borddurchbrüche, jeden durch ein Seeventil abgesichert, benötigte; aber ich fand keine befriedigende Lösung, wie sich ihre Zahl hätte verringern lassen. Sie hatten folgende Funktionen: Einlaß und Auslaß für das WC, Auslaß für das Waschbecken in der Toilette, Auslaß für das Kühlwasser der Maschine, Auspuff, Einlaß für den Schlauch der Deckwasch-Pumpe (ich dachte daran, ihn mit dem Kühlwassereinlaß zu kombinieren, aber der Installateur war dagegen) und zwei Lenzlöcher in der Plicht. Immerhin vermied ich ein zehntes Loch, indem ich die Bilgenpumpe sich ins Cockpit entleeren ließ.

Unsere nächste Aufgabe war das Deckslayout, von dem Beleuchtung und Ventilation weitgehend abhingen. Zusätzlich zum Niedergangsluk mit hohem Süll und durchsichtiger Perspexgarage waren zwei Luken, ebenfalls aus Perspex, vorgesehen, und zwar die Doppelsüll-Ausführung nach Maurice Griffiths; ihre Seitenteile sollten jedoch aus Lexan bestehen, das ähnlich durchsichtig, aber viel fester ist. Ein Luk lag über der Pantry, das andere, gleichzeitig Vorluk, über der Schlafkajüte. Dick McIlvride fertigte sie aus Totara an, einer schmucken einheimischen Holzart, die sich nicht wirft und im Kleinmöbelbau viel verwandt wird. Ursprünglich hatten wir an die modernen, niedrigen Alu-Lukendeckel gedacht, aber alle, die wir auftreiben konnten, hatten getöntes Glas, das wir nicht mögen, weil das getrübte Licht auf die Stimmung drückt. Doch kamen sie vor allem deshalb nicht in Frage, weil sie keine klappbaren Seitenteile hatten und sich ihr nachträglicher Einbau als unmöglich erwies; solche Luken müssen bei jedem Schauer, sofern es windig ist, geschlossen werden, auch vor jedem Spritzer Gischt. Ich weiß, daß einige Segler dem abzuhelfen suchen, indem sie die Luke durch eine Persenning mit Seitenklappen abdecken, doch scheint mir dies ein lästiger Notbe-

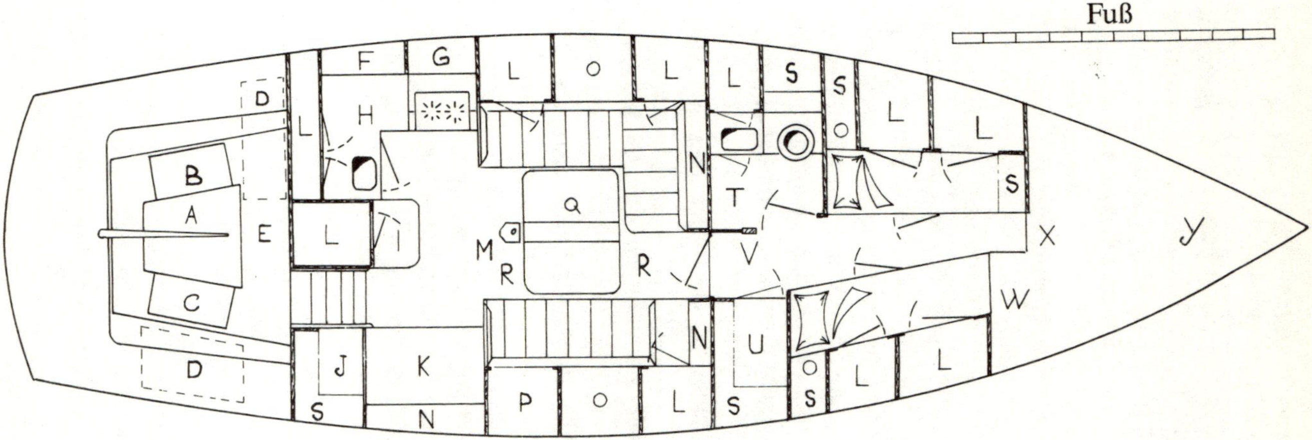

ZEICHNUNG 2 Layout unter Deck *A – selbstlenzendes Cockpit, darunter Wassertank; B – Klappsitz, Zugang zu den Backskisten achtern und an Backbord; C – Klappsitz, Zugang zur Backskiste mit zwei Gasflaschen; D – darunter Dieseltanks; E – Brückendeck, darunter Batterien, Auspuffkrümmer und Motorzubehör; F – Geschirrschapp; G – Töpfe und Pfannen; H – Pantry, darunter Kühlbox und Geschirrschapp; I – wegnehmbares Motorgehäuse; J – Schapp für Ölzeug und Bilgenpumpe; K – Kartentisch, darunter Stauraum für Seekarten; L – Schapps; M – Kajütheizung (Diesel); N – Bücherschapps; O – offen zur Bordwand; P – Kommode mit drei Schubladen; Q – Tisch mit wegnehmbarer Schlingerleiste und klappbaren Seiten; R – Wassertanks unterm Kajütboden; S – Regale; T – Toilette und Waschraum; U – Kleiderschapp; V – Maststütze; W – Werkbank; X – Kettenkasten unter Werkbank; Y – Segellast*

helf, zumal richtig konstruierte Oberlichter, die unter fast allen Bedingungen sowohl Licht wie Luft ins Boot lassen, durchaus gebaut werden könnten. Um unseren Salon besser mit Tageslicht zu versorgen, sollte im Kajütdach ein Rechteck ausgeschnitten und mit einer fest eingebauten Lexanplatte überdacht werden, und über der Vorpiek waren zwei Prismen-Deckslichter vorgesehen.

Es wäre sinnvoll gewesen, alle 12 Seitenfenster des Kajütaufbaus aufklappbar zu machen, aber die Kosten waren so hoch, daß wir sparen und uns mit sieben begnügen mußten. Die einzigen mit Metallrahmen hatten ein ungünstiges Format, schmal mit ovalen Enden, statt großzügig und rechteckig. Wir dachten schon daran, das Plastikmodell zu kaufen, das ein besseres Format hatte, sauber und perfekt wirkte und außerdem standardmäßig Fliegengitter aufwies. Doch ehe wir uns entschieden, wurden wir zum Glück auf eine amerikanische Yacht eingeladen, die damit ausgerüstet war. Und obwohl diese Seitenfenster erst ein Jahr alt waren, hatten sie schon Risse, und ganze Stücke bröckelten ab. Also kauften wir die Seitenfenster mit Metallrahmen, und binnen Jahresfrist begann ihre Chromauflage abzublättern. Alle durch Leckagen eindringende Feuchtigkeit und auch das Kondenswasser sammelte sich in einer als Regenrinne wirkenden Griffleiste, die den ganzen Kajütaufbau entlanglief.

Ich zog einen spritzwasserdichten Lüfter über der Toilette ein, und da Rott auf einer Holzyacht am ehesten an schlecht belüfteten Stellen entsteht, setzte ich dahinter noch einen Pilzlüfter und davor eine große Windhutze, deren Öffnung vor dem Auslaufen mit einer aufschraubbaren Platte verschlossen wurde.

In Neuseeland ist der Tag, an dem der Kasko umgedreht wird, fast ebenso bedeutsam wie der Tag des Stapellaufs. Der auf dem Kopf stehende Rumpf, jetzt mit Epoxy und Dynel überzogen, wurde unter Rays Aufsicht mit Winden angehoben. Ray war ein Organisationstalent und Arbeitstier, zugleich aber lobenswert auf die Sicherheit seiner Leute bedacht. Er ließ den Kasko auf einen sechsrädrigen Wagen stellen (den er für einen Kasten Rum eingehandelt hatte) und zog das Ganze mit dem Traktor in den herrlich sonnigen Augusttag hinaus, wo schon ein fahrbarer Kran wartete. Eine Reihe Gurtschlingen wurde um den Rumpf gelegt, der Krandiesel sprang rumpelnd an, und der Rumpf wurde angehoben. Eine Zeitlang schwebte er so in der Luft, immer noch und zum letzten Mal (hofften wir) auf dem Kopf stehend. Dann verlagerte der Kranführer, der sich übrigens als Rays Bruder erwies, das Gewicht irgendwie von der einen Schlingenseite auf die andere, und plötzlich rollte der Kasko unter protestierendem Knarren herum. Einen Augenblick blieb er auf der Seite liegen, dann wälzte er sich in die aufrechte Lage.

In meinen Augen war er ein großartiger Anblick, aber dann überfiel mich wieder einer dieser Zweifel, die mich sonst um drei Uhr nachts quälten: War der Rumpf vorn nicht eine Idee zu feingeschnitten und achtern einen Deut zu voll? Nein, es war mehr als nur ein Deut. Das Hinterteil des Rumpfs wirkte ausgesprochen fett. Ich erinnerte mich an Weston Martyr, der aus ähnlichen Befürchtungen SOUTHSEAMAN's ganzen Innenballast heimlich so weit nach achtern umgestaut hatte, wie es nur ging, bevor sie zu Wasser gelassen wurde. Ich konnte es ihm darin nicht nachtun, denn wir hatten keinen Innenballast; aber dann fiel mir auch ein, daß Martyrs Boot wegen seiner Manipulationen beim Stapellauf fast übers Heck abgesoffen wäre, und mir wurde wieder etwas leichter ums Herz.

Vorsichtig wurde der Rumpf wieder auf den Wagen gesetzt, abgestützt und in die halbdunkle Scheune zurückgerollt, wo ihm ein schwarz-weiß geflecktes, streunendes Kätzchen geduckt, mit großen, bernsteinfarbenen Augen entgegenstarrte. Zu meiner Freude sah ich, daß »Job 40« wieder in traditioneller Stellung dastand, mit dem Heck zum Wasser. Ray und Graham nahmen eine schnelle Inspektion vor und berichteten, daß der Rumpf durch die ganze Akrobatik keinen Schaden genommen hätte.

Bevor es am Abend mit Strömen von Bier für die ganze Werftbelegschaft ans Feiern ging, kletterten Susan und ich auf eine Leiter, blickten hinab ins seltsam geschrumpfte Innere unseres Schiffes und fragten uns, ob unsere ganze sorgsam geplante Einrichtung jemals da hineinpassen würde.

Während der Bau Fortschritte machte, wechselten bei uns Depressionen und Begeisterung ab. Deprimiert waren wir in den Wochen, in denen offenbar nichts weiter geschah, begeistert, wenn dann alles auf einmal passierte und Hektik aufkam. Als der Bleikiel entstand, wurden wir zwischen beidem hin- und hergerissen.

Anhand des Linienrisses und seiner Patrizen fertigte Graham einen Kern aus federleichtem Polystyrene an, dann wurde ein Zementgießer hinzugezogen, der von dem Kern eine Negativform aus Beton abnahm. Sie kam in ein tiefes Grab, das Graham draußen neben dem Schuppen ausgehoben hatte, und wurde mit Beton umgossen. Aber dabei ging irgend etwas schief, und die Mängel mußten am nächsten Tag ausgebessert werden. Und danach kam der Regen. Verschiedene nicht sonderlich erfolgreiche Versuche wurden unternommen, wozu auch der Einsatz eines elektrischen Heizofens gehörte, um die Form trocken zu halten, und wir gingen täglich hin, um nach den Fortschritten zu sehen, wie Ärzte am Bett eines hinfälligen Patienten.

Nachdem es uns zwei Wochen aufgehalten hatte, besserte sich das Wetter, und es wurde Zeit für den Guß. Ein großer Kessel wurde am einen Ende der Form aufgestellt und bis über den Rand mit 52 Pfund schweren Bleibarren gefüllt, dann wurde darunter ein gewaltiges Feuer entfacht, das am Ende den ganzen Holzabfall der Werft verzehrt hatte. Ein noch grüner Lehrling schnitt das Holz mit der Kettensäge zurecht; Chin der Chinese spaltete die größeren Stücke mit der Axt, Graham schob sie ins brüllende Feuer, Ru der Ingenieur stand bereit, um den Hahn zu öffnen, wenn die Barren plötzlich zu schmelzen begannen und in sich zusammensanken (was am frühen Nachmittag geschah), und Ray leitete die ganze Operation.

Der aufregendste Moment kam, als der Hahn geöffnet wurde und das geschmolzene Blei in wunderbar glattem Strom vom Kessel in die Form zu fließen begann – wie flüssiges Silber, und fast soviel hatte es auch gekostet. Barren auf Barren wurde in den Kessel nachgeschoben (welche Befriedigung müssen die Kreuzritter empfunden haben), aber Blasen waren unsere Crux. Denn während das Blei in die noch feuchte Form floß, quollen sie empor und zerplatzten, und Ray mußte seine Leute immer wieder warnen, zurückzutreten. Nach etwa einer halben Stunde war die Form randvoll.

Man hielt es für besser, den Kiel zum Rumpf zu bringen, statt letzteren wieder ins Freie zu rollen. Deshalb sollte der Kiel nach dem Abkühlen von einem Kran mit langem Rüssel aus seiner Grube gehoben und auf Gleitern in die Halle neben den Rumpf bugsiert werden. Aber kurz vor Termin ging der Kran kaputt, und sein kleinerer Ersatz konnte nur gerade den Kiel anheben, wiegen - er wog fast genau wie geplant 8 830 Pfund - und auf Böcken abstellen. Danach arbeitete Graham über eine Woche an dem Kiel, glättete Unebenheiten und bohrte Löcher für die Bolzen. Ich sah neidlos zu. In der Zwischenzeit konnten die beiden Wassertanks, die in die Bilge gehörten, nicht eingepaßt werden, solange die Kielbolzen nicht saßen, deshalb waren die Installationsarbeiten behindert. Aber schließlich wurde der defekte Kran wieder repariert, der Kiel angebolzt, die Tanks eingesetzt und angeschlossen und der Kajütboden wieder gelegt.

Es war ein Glück, daß Susan und ich auf unserem alten Schiff in der zur Bauwerft gehörenden Marina wohnten. Nicht nur, daß wir so den Neubau entstehen sehen und dafür sorgen konnten, daß die meisten Details unseren Wünschen entsprachen, wir konnten auch unseren kleinen Teil dazu beitragen, zum Beispiel am Ende jedes Arbeitstages Sägemehl und Holzspäne ausfegen und Staub saugen. Die Werftarbeiter hatten nichts dagegen, sondern waren froh, ihre Arbeitsstätte jeden Morgen sauber und aufgeräumt vorzufinden, und dankbar, wenn wir dabei verlegte oder im Müll verlorengegangene Werkzeuge zutage förderten. Ray hatte uns nicht nur zu dieser Mitarbeit aufgefordert, sondern auch angeregt, daß wir alle Anstriche an und unter Deck selbst ausführten, wodurch wir eine Menge Geld sparten. Allerdings kamen wir uns seltsam vor, wenn wir unseren Arbeitstag begannen, sowie alle anderen Feierabend machten und die »Scheune« bis auf das Brummen unseres Staubsaugers totenstill war. Meist leistete uns nur die kleine schwarz-weiße Katze Gesellschaft, die von allen gefüttert wurde und zu einem Dauerbewohner geworden war. Tagsüber sah man sie oft, wie sie die Arbeiten genau beobachtete, und der ohrenbetäubende Lärm der Maschinen schien ihr nichts auszumachen; aber das Gezwitscher der Spatzen, die in den Dachbalken nisteten, brachte sie zur Weißglut, wahrscheinlich weil sie außerhalb ihrer Reichweite hockten.

Dank unserer Beteiligung waren wir imstande, fast sogar gezwungen, unser neues Boot bis in die abgelegensten Ecken und intimsten Winkel kennenzulernen. Unsere wunden Fingerspitzen sagten uns, wo Leim ausgetreten und scharfe Stalaktiten an den Stringern oder in den Astlöchern gebildet hatte; dann konnten wir sie wegmeißeln. Wir entdeckten alle Stellen, wo die Holzimprägnierung zu dünn war oder fehlte, und besserten sie aus; und wenn uns der Tatendrang vorübergehend verließ, überlegten wir, in welchen Schapps wir welche unserer Habseligkeiten verstauen würden.

Etwa einmal pro Woche machten wir mit Rechen, Besen und Schubkarre den Hallenboden sauber und räumten die Werkbänke auf, und dabei wurde uns klar, daß im Bootsbau ein Teil der hohen Kosten durch Verschwendung verursacht wird. Das Schleifpapier wurde in verschiedenen Stärken in großen Rollen angeliefert, die sich auf Spindeln drehten, so daß das benötigte Stück leicht heruntergezogen und abgeschnitten werden konnte. Wir fanden lange Bahnen davon, kaum benutzt und dann weggeworfen, und sammelten einen großen Vorrat für den Eigengebrauch auf. Nachdem Chin die oberste Straklinie grün vorgestrichen hatte, war Ray nicht damit zufrieden – das Finish sollte überall perfekt sein –, deshalb machte er es am Wochenende selbst. Für die vielen Stunden, die ihn das kostete, und für andere seiner Arbeiten am Schiff berechnete er uns nie etwas. Bei dieser Gelegenheit brachte er einen Spezialpinsel und besonders feines Schleifpapier mit; davon faltete er jedes Blatt vierfach, benützte das eine Viertel für ein paar schnelle Striche, warf es dann weg und nahm das nächste Blatt. Nach dem Malen legte er den Pinsel auf eine Bank und sagte zu Susan: »Den machst du besser sehr gut sauber, er hat euch fünfzehn Dollar gekostet.«

Der Verdünner für das Zweikomponenten-Polyurethan war fast

so teuer wie die Farbe selbst, und Susan brauchte davon eine Menge, um den Pinsel gründlich zu waschen. Aber am nächsten Tag entdeckte sie, daß ihn jemand für DD-Farbe benutzt und ungesäubert weggelegt hatte; nun war er steif und nicht mehr zu gebrauchen. Barbara muß jedoch davon erfahren haben, denn die Kosten für den Pinsel tauchten auf unserer Wochenrechnung nicht auf. Nachdem Ray gegangen war, hoben wir so viel von seinem verschmähten Schleifpapier auf, daß wir später lange Zeit damit auskamen. Einer der jüngeren Lehrlinge mit dem Spitznamen »Pfuscher-John« - weil er die meisten Arbeiten, an denen er sich versuchte, verpfuschte - hatte die Angewohnheit, Dosen oder Flaschen mit Farbe, Leim, Beize oder Kitt offen stehen zu lassen, wodurch ihr Inhalt gebrauchsunfähig wurde. Ich habe in anderen Werften eine ähnliche Verschwendung beobachten können. Wahrscheinlich ist sie unvermeidlich und schlägt nur mit einem kleinen Bruchteil der Kosten zu Buche, aber manchmal fragte ich mich doch, ob die Verschwender auch dann noch so nachlässig wären, wenn sie das Material selbst bezahlen müßten.

Das neue Boot beschäftigte uns nicht nur während dieser staubigen Abende, sondern natürlich auch im Verlauf des ganzen Tages, denn Gerät und Zubehör mußten ausgewählt und beschafft, viele Probleme an Ort und Stelle sofort bewältigt werden. Zum Beispiel gab es keinen Plan für die Deckskonstruktion. Es blieb Graham überlassen, die Decksbalken in dem Abstand zu legen, wie er es für richtig hielt, entsprechend der stellenweise sehr verschiedenen künftigen Belastung. Das war zwar richtig, führte aber dazu, daß das Pantry-Skylight weiter achtern eingepaßt wurde, als ich vorgesehen hatte, und nun war achtern davon nicht genug Platz, eine querschiffs verlaufende Schiene für den Schlitten des unteren Großschotblocks zu montieren. Die Schot mußte deshalb vom äußersten Ende des Großbaums geführt werden, der dazu um einen Fuß verlängert werden mußte (zum Glück war er noch nicht angefertigt) und achtern ein altmodischer Leitwagen installiert werden, damit der Block über die Pinne hinwegkam.

Wir hatten für die Decken weißes, mattes Formica vorgesehen, das, an den Unterseiten der Decksbalken befestigt, für einen gut isolierenden Luftzwischenraum gesorgt hätte, doch als wir die hellen schönen Decksbalken sahen, die Graham aus einem Kauristamm geschnitten hatte, schien es uns eine Sünde, sie zu verkleiden oder mit irgend etwas anderem als mit Lack zu behandeln. Also vereinbarten wir, daß das Formica auf die Decksplanken geleimt werden sollte, ehe diese verlegt wurden. Da das Deck aus zwei verleimten Schichten halbzölligen Bootsbausperrholzes bestand, rechneten wir auch ohne Isolation kaum mit Schwitzwasser, doch später belehrte uns eine Überwinterung in Neuseeland eines Besseren. Wir hätten die Ästhetik nicht über den Gebrauchswert stellen dürfen, denn an einem kalten Morgen tropfte von der ganzen Decke, auch in den Schapps, das Wasser, es sei denn, die Kajütheizung lief auf vollen Touren; auch die Matratzen in den Schlafkojen wurden feucht.

Das Deck war entfernt worden, damit der Elektriker sein Kabelnetz spinnen konnte. Er verlegte viele Leitungen in einer Nut längs des Mittelbalkens, und manche davon hatten einen so kleinen Querschnitt, daß ich bei längeren Leitungen einen Spannungsverlust befürchtete. Aber wir waren froh, daß das Deck noch nicht aufgelegt werden konnte, denn ein Anstrich bei Kunstlicht (Pinsel in der einen Hand, Handlampe in der anderen) ist weder einfach, noch gelingt er perfekt. Dabei mußten wir schnell arbeiten, um mit den flinken Tischlern Schritt zu halten, weil wir nur an den Wochenenden streichen konnten, wenn das Boot staubfrei und uns allein überlassen war.

Wir wollten das 2,3 m lange Beiboot umgedreht mittschiffs hinter dem Mast auf dem Kajütdach fahren, hatten dabei aber den Schornstein des Kajütofens ganz vergessen, der dann im Boot ausgetreten wäre. Also mußte der Platz für das Dingi nach Backbord und der für den Schornstein nach Steuerbord wandern. Umgekehrt wäre es uns lieber gewesen, denn dann hätte das Beiboot auf derselben Seite zu Wasser gehen können, auf der traditionell die Bordleiter sitzt, aber dann hätte es die lichtdurchlässige Lexanplatte des Niedergangsluks verdeckt.

Wir hatten uns in der Kajüte für eine Dieselheizung entschieden und wünschten uns speziell die von Dickinson, einer kanadischen Firma, die dieses Modell seit Jahren baut; in Kanada waren wir kaum einer Yacht ohne Dickinson-Heizung begegnet. Ich hatte deshalb an die Firma geschrieben, die mir aber wegen eines Poststreiks in Kanada nicht brieflich antworten konnte. Statt dessen schickten sie ein Telex an die Firma Unwin, die eine in Bluff auf der Südinsel stationierte Fischereiflotte betrieb. Die Fischerboote waren alle mit Dickinson-Heizungen ausgerüstet, und Unwin hatte eine in Reserve, die innerhalb weniger Tage bei uns eintraf. Der Ofen besteht ganz aus Nirosta, und da er knapp 80 cm hoch und nur 20 cm breit war, berechnete ich den Salontisch so, daß der Ofen darunter in seinen achteren Fuß paßte. Hätte der Tisch aus massivem Mahagoni bestanden wie sonst unsere meisten Möbel, hätte es sich in der Hitze vielleicht geworfen; aber statt dessen hatte ich eine Tischlerplatte verwandt, die sich nicht wirft, und wir hatten uns eine mit besonders hübscher Wirbelmaserung ausgesucht, deren Mahagoniton sehr gut zur Geltung kam. Wie erwartet, war der Ofen sein Geld wert, obwohl der Heizwert mit maximal 2000 Kcal, was angeblich für 28 Kubikmeter reicht, für uns vielleicht etwas niedrig lag. Der einzige Nachteil ist, daß man zum Anzünden etwa 20 Minuten braucht, was in Kanada kein Problem ist, da man die Öfen dort bei Winterbeginn in Betrieb nimmt und erst im Frühling wieder ausgehen läßt. In Neuseeland muß man normalerweise im Winter nur abends und morgens heizen.

Am Kajütausbau arbeiteten die Tischler Bob und Roy, ein gutgelauntes Team und selbst Bootseigner, deshalb hatten sie natürlich ihre eigenen Vorstellungen davon, wie die Sachen auszusehen hatten. Ihre Ideen waren meist vernünftig und praktisch – wie Bobs guter Einfall, in den Sockel des Spülschranks eine kleine Einbuchtung zu fräsen, damit Susan sich beim Abwasch nicht die Zehen anstieß. Oder wie Roys Vorschlag, die Halbschotts in Mahagonisäulen enden zu lassen, die er dann nach eigenem geschmackvollen Muster drechselte. Trotzdem mußten wir ein scharfes Auge auf alles halten, denn hin und wieder war es ihnen wichtiger, daß das Endprodukt ihrem künstlerischen Handwerkssinn gefiel, als daß es sich bei Gebrauch auf hoher See bewährte. So war beispielsweise das Muster der Schlingerleisten, das sie uns zeigten, innen abgeschrägt und außen senkrecht, genau richtig, damit im Seegang jede Tasse, jeder Teller wie auf einer Startrampe davonschießen konnte.

Wenn wir ab und zu die Entdeckung machten, daß eine wichtige Installations- oder Tischlerarbeit nicht so ausgefallen war, wie wir uns das gewünscht hätten, waren wir versucht zu verlangen, daß sie noch einmal ausgeführt wurde. Aber außer in unerläßlichen Fällen mußten wir uns das wegen der hohen Kosten verkneifen, denn wir bezahlten Stundenlohn. Meistens hielten wir es für das beste, uns nicht einzumischen, vor allem in Dinge, die wir nicht restlos durchschauten. Lieber ließen wir die Werft nach gewohnter Weise verfahren, auch wenn das Ergebnis uns mitunter Sorge bereitete.

Ich mißtraute der Auspuffanlage, weil das Kühlwasser darin mit Steigung nach außen gepreßt wurde, denn ich befürchtete, daß bei abgestelltem Motor Seewasser eindringen könnte, so daß er volllief. Deshalb nahm ich mir fest vor, den Hahn am Auspuffrohr sofort nach Abstellen des Motors zu schließen, aber dann riskiert man natürlich, daß man vergißt, ihn vor dem Starten wieder zu öffnen. Wir halfen uns hier, indem wir den Zündschlüssel abzogen und ihn sofort, nachdem der Hahn geschlossen war, woanders aufhängten, als Gedächtnisstütze.

Susan sorgte sich wegen Format und Verankerung der Achterstagpüttings, ich um die Dichtigkeit der Wantenpüttings, weil sie an Deck durchgebolzt, aber nur mit Silikon abgedichtet waren statt mit Kalfatkitt. Eines Abends waren wir beide baß erstaunt, daß ein Paar Kniestücke im Mastbereich nicht am selben Decksbalken angebracht waren.

Unser Freund Noel Barrott war Schiffbaumeister in der Werft. Er war geschickt und tüchtig und hatte als einziger unter der 20köpfigen Belegschaft reichlich Hochsee-Erfahrung. Vor kurzem hatten er und seine Frau in ihrer Yacht MASSIN'A, die ohne Motor auskam und die er als Lehrling in seiner Freizeit selbst gebaut hatte, eine der beherztesten und kompetentesten Weltumsegelungen des Jahrzehnts vollendet. Diese großartige Reise führte über Alaska, Kap Hoorn und die Falklands nach England, wo Noel ein

Jahr für Souters in Cowes arbeitete, dann zum Kap der Guten Hoffnung, zum unbewohnten, vom Eis eingeschlossenen Heard Island auf 53° Süd, und über die vierziger Breitengrade und Tasmanien nach Neuseeland zurück. Soweit ich weiß, wurde dieser großen, nicht gesponsorten Leistung keine Publicity zuteil, aber das war vielleicht gerade ganz in Noels Sinn, denn er ist ein bescheidener Mann. Er arbeitete nicht an unserem Boot, sondern beaufsichtigte den Bau einer großen Herreshoff-Ketsch in der Nachbarhalle, war aber so freundlich, ab und zu vorbeizuschauen und uns einen Rat zu geben. Als wir ihn auf die falsch angebrachten Kniestücke aufmerksam machten, sagte er lachend: »Die sind reine Kosmetik. Die Querschotts sind so stark, daß ihr die gar nicht braucht.«

Für mich sah ein typischer Tag auf der Werft so aus: Gegen 7.30 balanciere ich über die reifglatte Gangway an Land und suche Bob, der unter Aufsicht der schwarz-weißen Katze die komplizierte Pantry einbaut, die er nach meinen Entwürfen getischlert hat. Ich schlage ihm vor, zuerst die Gasleitung zum Kocher zu verlegen. Er nickt und fragt, ob ich einen Plastik- oder einen Kupferschlauch möchte. Kupfer, sage ich, alles in einem Stück. Pfeiferauchend hat Roy probeweise die Niedergangsleiter angepaßt, die er selbst gebaut hat, ein schönes Stück aus massivem Mahagoni; ich werde sie gleich mitnehmen und an einem staubfreien Plätzchen lackieren. Ich bitte ihn um eine kleine Änderung, die mir etwas mehr Raum bei der Motorwartung lassen würde, und er stimmt bereitwillig zu.

Vor ein paar Tagen hat Graham seine Lehrzeit beendet und ist von seinen Arbeitskollegen zur Feier seines neuen Schiffbauerstatus' mit allen Kleidern in den Fluß geworfen worden. Abends gab er für die ganze Belegschaft Bier aus und war auch so vorausschauend, reichlich Fisch und Fritten mitzubringen. Jetzt trifft er Vorbereitungen, um den Handlauf der Teakreling glattzuhobeln, und fragt mich nach meinen Vorstellungen. »Er sieht schon jetzt recht dünn aus, nimm nicht mehr weg, als unbedingt sein muß«, antworte ich. Das Ruder wird wieder einmal angehängt, zum dritten (oder vierten?) Mal nach einer Änderung. Vielleicht liegt es daran, daß die Werft mit außen aufgehängten Rudern nicht genug Erfahrung hat. Ursprünglich hatte ich die Sache für ganz einfach gehalten, aber sein Bau und seine Aufhängung waren frustrierend und zeitraubend, und jetzt fehlt der Zapfen, mit dem es nach traditioneller Weise am Kiel befestigt werden sollte. Ich bitte Graham, ein fünf Pfund schweres Bleigewicht, das wir schon seit Jahren mit herumschleppen, ins Ruderblatt einzulassen, damit sein Auftrieb verringert wird. Später kommt die Anregung, auch eine Ersatzpinne anzufertigen, und ich antworte darauf ziemlich verärgert, daß mit der Pinne alles in Ordnung sei – sie besteht aus massivem, laminiertem Teak und Kauri –, die Schwachstelle sei der Ruderkopf, und sie sollten lieber ein dreiviertelzölliges Loch ins Ruderblatt bohren, damit wir später, wenn der Ruderkopf bricht, Steuerseile aufriggen können.

Als ich an Bord von WANDERER IV zurückkomme, finde ich Susan in Gesellschaft eines netten jungen Mannes von der Firma Cleveco Murray, die uns durch ihn das unerwartete Geschenk von vier schönen Winschen machen läßt. Wir überreden ihn, mit uns zu Mittag zu essen, und dabei erfährt er, daß wir nicht viel von Chrom halten. Die Konsequenz ist, daß er die vier Winschen wieder mitnimmt und verspricht, sie durch bronzene zu ersetzen, was er auch tut.

Als Susan und ich nachmittags in der »Scheune« vorbeischauen, stellen wir fest, daß sich allerhand getan hat. Bob hat die Gasleitung verlegt, allerdings nicht an der vorgesehenen Stelle, weil da ein Treibstofftank im Wege war; er hat auch die Pantry eingebaut und montiert jetzt die Schiebetüren eines Kombüsenschapps. Wollen wir Griffe oder Vertiefungen? Ich erinnere mich, daß wir ein Paar hübsche Aluminiumgriffe an Bord haben, und hole sie.

Roy ist mit der Niedergangsleiter fertig und will jetzt den Geber des Echolots einbauen. Aber sein Kabel ist so kurz, daß er nicht an der Stelle sitzen kann, die der Hersteller empfiehlt, dicht vor dem Kiel. Da das Kabel nicht verlängert werden darf (außer vom Hersteller, und der ist in USA), muß der Geber neben den Kiel, also weiter nach außenbords, wo die Rumpfkrümmung steiler ist. Roy wußte nicht, daß der Geber möglichst waagrecht und keinesfalls um mehr als 20 Grad gekippt eingebaut werden darf. Leider ist das aber jetzt der Fall, also muß er wieder demontiert werden und einen planen Fuß bekommen. Danach entdecken wir, daß der Gewindeteil des Gebergehäuses zu kurz ist, weil die Hersteller offenbar der Meinung sind, daß heute alle Boote aus GFK bestehen.

Bei seinem nachmittäglichen Rundgang bittet uns Roy, die Stellen anzugeben, wo am Kajütaufbau die zwölf Seitenfenster sitzen sollen. Ich weise darauf hin, daß die Seitenwände leicht einfallen und die Fenster deshalb auf Keilrahmen montiert werden müssen, damit sie senkrecht stehen; andernfalls würde sich Wasser in den tiefen Metallrinnen ansammeln und beim Öffnen ins Boot rinnen. Das sieht er ein. Ich erkundige mich, ob es etwas Neues gibt über das Dreifarben-/Blitzlicht für den Masttopp und die Pumpen für Spül- und Waschbecken – alles schon vor sechs Monaten bei einem Schiffsausrüster bestellt. Er schüttelt nur den Kopf, weil das Kreischen einer Bandsäge jedes Wort übertönt. Als der Krach aufhört, sage ich, zur Hölle mit dem Ausrüster, ich bestelle jetzt direkt in Belfast und Kalifornien (es war eine Freude, wenig später mit den freundlichen, tüchtigen Firmenangestellten zu verhandeln und die Bestellung per Luftfracht binnen zweier Wochen zu erhalten).

Die Pfeife hat Feierabend signalisiert, aber keiner hat es offenbar eilig mit dem Heimfahren. Die meisten beenden lieber ihre angefangenen Arbeiten, und Roy möchte mit uns über den kombinierten Handlauf-Tropfwasserfänger sprechen, mit dem er am nächsten Morgen beginnen will. Dann tritt Dan auf den Plan und bringt das Gespräch auf Bug- und Heckkorb. Er ist der Nirokünstler der Werft und fest entschlossen, gleich beim ersten Versuch alles richtig zu machen, inklusive der Stützen. Ein Bugkorb, so betont er, ist heikel zu entwerfen, weil man ihn in drei Dimensionen sehen muß. Er wirft eine Skizze auf ein Stück Sperrholz, um uns zu beweisen, warum die vordere untere Querstrebe entfallen sollte, damit sich der Ankerschaft beim Anbordholen nicht dahinter verhakt. Bis morgen will er darüber nachdenken. Inzwischen ist es schnell dunkel geworden, das Flutlicht wird eingeschaltet, und Susan und ich machen uns daran, den Dreck des Tages wegzuräumen.

Wenn eine in Neuseeland registrierte Yacht ein anderes Land anlaufen will, wird sie vorher jedes Mal einer Inspektion unterzogen und muß eine bestimmte Ausrüstung nachweisen. Susan und ich hielten davon nichts, denn wir waren der Überzeugung, es sei unsere Sache zu entscheiden, ob unser Boot seetüchtig war oder nicht. Außerdem war unser Vertrauen in Yachtinspektoren erschüttert, seit ein Vertreter dieses Berufsstandes unser Ruder aufgehängt und es dadurch geschwächt hatte, daß er ganze Stücke für die Fingerlinge herausgeschnitten und eines der Seeventile so eingepaßt hatte, daß es sich nicht mehr völlig schließen ließ. Außerdem glaubten wir, daß die Forderung nach Rettungsinsel, Ukw-Funk, Notraketen, Flackerfeuer, Markierungs- und Blitzlichtboje das Gewicht nicht auf Sicherheit, sondern auf Rettung legte, ein Prinzip, das uns gründlich gegen den Strich ging. Statt ein Crewmitglied retten zu müssen, halten wir es für sehr viel richtiger, von vornherein sein Überbordgehen zu verhindern, beispielsweise durch eine mindestens 75 cm hohe Reling statt der in Neuseeland erlaubten sehr viel niedrigeren. Wir investieren unser Geld lieber in ein gutes Rigg, erstklassige Segel und in ein zuverlässiges Ankergeschirr, und sollten wir wirklich jemals in eine Notlage geraten, werden wir uns hoffentlich aus eigener Kraft helfen können, statt nach Hilfe zu schreien.

Diese Vorschrift konnten wir am besten dadurch umgehen, daß wir unsere neue Yacht nicht in Neuseeland, sondern in England registrieren ließen, denn als britisches Fahrzeug war sie der neuseeländischen Bürokratie nicht unterworfen. Dazu mußten wir uns aber für einen Heimathafen entscheiden, und da ich in Southampton geboren bin und alle anderen bisherigen Schiffe dort registriert worden waren, fiel unsere Wahl auf diese Stadt. Wir beantragten Genehmigung für den Namen WANDERER V und gaben dafür folgende Gründe an: Seit 40 Jahren führten unsere Yachten den Namen WANDERER (I, II, III und IV), sie spielten eine wichtige Rolle in unseren Büchern, in vielen Gesprächen, in Filmen und im Fernsehen, und der Kontinuität halber, aber auch aus Gefühlsgründen, war es natürlich unser Wunsch, diesen Namen weiterleben zu lassen. Der Registrator jedoch verweigerte uns die Genehmigung dafür, es sei denn, wir verkauften WANDERER IV an einen Ausländer (Stuart und Pam Clay, die neuen Eigner, waren als Neuseeländer keine Ausländer), wodurch sie automatisch aus dem Register gestrichen würde; oder wir mußten sie umtaufen. Das wollten wir auf keinen Fall, denn wir glauben, daß ein Schiff ein Recht darauf hat, seinen Namen zu behalten (wie ja auch alle unsere früheren WANDERER), vor allem dann, wenn es dazu beigetragen hat, daß dieser Name bekannt wurde. Auch Stuart und Pam wollten keine Namensänderung. Aus Southampton kam die Erwiderung, daß mehrere Schiffe gleichen Namens nicht ins Register aufgenommen werden dürften. Also wandten wir uns an die vorgesetzte Behörde in Cardiff. Von dort bekamen wir die Erlaubnis unter der Voraussetzung, daß WANDERER IV von England nach Neuseeland ausgebürgert wurde. Dagegen hatten die Clays keine Einwände, also war das erledigt.

Wir mußten weiterhin viele Schritte unternehmen und viele Formulare ausfüllen, aber wie ich höre, soll dieses zeitaufwendige Verfahren jetzt vereinfacht werden. Die Kosten waren beträchtlich. Zum Beispiel mußten wir in Southampton einen Gutachter beantragen, der die entsprechende Vermessung vornehmen sollte. Sie nannten uns Mac MacGuire, zu der Zeit Skipper des BOUNTY-Nachbaus, der in Whangarei für den jüngsten Captain-Bligh-Film entstanden war. Die neue BOUNTY lag eine Viertelmeile von unserer Werft entfernt, und Mac brauchte wahrscheinlich nicht mehr als eine knappe halbe Stunde, um bei uns vorbeizukommen, die drei erforderlichen Maße zu nehmen – Länge, Breite, Tiefgang –, und danach wieder auf sein Schiff zurückzukehren; dennoch war die Gebühr dafür, zahlbar an Lloyd's in Southampton, £ 175 (DM 665,- nach Tageskurs). Und ich nehme nicht an, daß Mac viel davon bekam. Insgesamt kostete uns der Papierkram £ 350 (DM 1330,-).

Wir wünschten uns einen geschnitzten Namenszug. Nötig war eine dreifache Ausfertigung, je eine für die beiden Bugseiten und eine fürs Heck. Als WANDERER IV in Holland gebaut worden war, hatten wir eine maßstabgerechte Zeichnung des Schriftzugs angefertigt, mit klaren Antiquabuchstaben, die Susan und mir am besten gefallen, und der Werft war die Schnitzarbeit hervorragend gelungen. Da dieselbe Größe (8 cm) und Schrifttype auch zu unserem Neubau paßte, rieben wir den Namen ab (wobei nur das I in der Zahl IV entfiel), und Graham schnitzte ihn meisterlich in drei Kauribretter. Ray, der aus Tradition jedem in seiner Werft gebauten Boot etwas stiftet, zahlte für Grahams Arbeitszeit, und außerdem schenkte er uns eine Plichtgräting aus Teakholz.

Susan malte die Namensbretter am Bug grün, passend zum grünen Streifen, und da wir kein Blattgold auftreiben konnten, mischte sie Gelb und Orange, bis sie eine goldgelbe Farbe hatte, und hob damit die Buchstaben hervor. Das Namensschild am Heck malte sie weiß, mit grünen Buchstaben. Zum Glück war die Vorschrift entfallen, daß auch der Hafen angezeigt werden mußte, in dem das Boot registriert war, denn das hätte uns einige Verlegenheit bereitet. Mit »Southampton« am Heck im Südwestpazifik hätten uns die Leute gewiß gefragt, wann wir denn von England aufgebrochen wären. Das hatten wir zwar viermal bei früheren Gelegenheiten getan, aber nicht in diesem Schiff.

Mit dem Namensschild am Heck gab es allerdings noch ein spezielles Problem. Graham brachte es ganz korrekt an, und keinem von uns fiel daran etwas auf – bis das Boot schwamm. Dann nämlich hatte der Name eine seltsame Neigung, so als blicke er ins Wasser. Die Ursache war natürlich der schräge Heckspiegel. Die Wirkung war so befremdlich, daß wir das Bord entfernten, in der Absicht, es durch ein neues mit abgeschrägter Rückseite zu ersetzen. Aber dies anzufertigen, überstieg unsere handwerklichen Fähigkeiten, und am Ende schraubten wir das alte Namensschild an das achtere Cockpitsüll; dort allerdings wurde es von der Heckreling und dem Ruderschaft teilweise verdeckt.

»Ich taufe dieses Schiff auf den Namen WANDERER V.« Klar und knapp schallten Susans Worte über das Werftgelände. »Möge Gott es segnen und alle, die darin segeln.«

Die Flasche zerschellte am Vorsteven, heller Wein netzte den Bug, und dann glitt unser neues schwimmendes Heim elf Monate nach Baubeginn und sechs Wochen vor dem Zeitplan die Ablaufbahn hinunter. Als WANDERER V das Wasser erreichte und die Ruderhacke vom Wagen rutschte, dippte der Bug kurz, so daß es aussah, als mache sie eine kleine Verbeugung vor den versammelten Gästen, die trotz eines Südwest-Sturms und starken Regens in stattlicher Zahl erschienen waren. Auch die kleine schwarz-weiße Katze schaute zu, die ihr Domizil aus der »Scheune« auf die große Herreshoff-Ketsch neben uns verlegt hatte, wohl weil die dort abfallenden Happen größer und schmackhafter waren.

Bei der Rückschau auf die elf Monate Bauzeit mit ihren unzähligen Entscheidungen, Kompromissen, Modifikationen, auf den langwierigen Prozeß, mit dem hier eine elegante Yacht aus ganzen Stapeln aromatischen Holzes und vielen Litern Leim allmählich Gestalt angenommen hatte, wurde mir klar, daß diese Periode zur glücklichsten Zeit meines Lebens gehörte. Ich mußte daran denken, welch intensives Erleben, wieviel freudige Erregung und schließlich Befriedigung denen entgeht, die ihr Schiff »von der Stange« kaufen. Aber für Susan, welche die finanzielle Abwicklung des Ganzen übernommen hatte, war es nicht so vergnüglich gewesen. Bereitwillig hatte sie ihre Arbeit immer dann aus der Hand gelegt, wenn ich mit ihr ein Problem besprechen wollte, das mich beschäftigte. Unser Verhältnis zur Werft war gut gewesen, und wenn ich jemals eine Empfehlung brauche, werde ich Rays Erklärung vor der Presse zitieren.

Er sagte in einem Interview: »Ich kann mir nicht denken, daß es viele Eigner gibt, die sechs Monate lang auf der Werft wohnen, während ihr Schiff gebaut wird, und mit denen man danach immer noch befreundet ist. Und Eric erschien jeden Morgen um 7.30 Uhr in meinem Büro. Zwischen uns besteht zwar ein großer Altersunterschied - ich bin 35, und Eric ist über 70 -, doch der machte sich nie bemerkbar.«

Von meinem Logenplatz an Bord einer aufgeslippten Motoryacht sah ich zu, wie die Werftcrew die Maschine anließ, ein paar Kreise drehte und dann in der Marina nebenan festmachte. Zu meiner Erleichterung war das Schiff nicht, wie ich in meinen depressiveren Momenten befürchtet hatte, buglastig, sondern schwamm brav auf seiner Wasserlinie. Mit seinem flotten Sprung, dem breiten grünen Schmuckstreifen unterm Schandeck und den weißen Spieren war es eine Augenweide. Als es mir das Heck zuwandte, hatte ich wieder den Eindruck, wie übrigens schon die ganze Zeit, daß seine Linien ungewöhnlich waren, seltsam, aber nicht abstoßend (manche Leute nannten sie exotisch), was an dem breiten, geschwungenen, stark geneigten Spiegel lag, dessen oberen Abschluß die Fußreling aus Teak bildete.

Wind und Regen zausten die Flaggengala des neuen Schiffs. Jedesmal, wenn die Flaggleine wieder einmal brach, wurden die Signalflaggen mit einem anderen Fall erneut gehißt, so daß ich abends, als ich an Bord ging, um die Nationale einzuholen, die Tampen aller drei Fallen im Masttopp vorfand. Erst am nächsten Morgen konnte ich mit der Dirk aufentern, sie herunterholen und die nasse, flatternde Wuling klarieren.

Mittlerweile war die Party mit Bier und Grillwürstchen, die Ray und Barbara in der »Scheune« vorbereitet hatten, in vollem Gange. Viele Gäste kannte ich nicht einmal, und als ich Ray fragte, wer sie seien, wußte auch er das nicht. Natürlich waren alle Betriebsangehörigen der Werft mit ihren Familien eingeladen worden, aber sie allein hätten noch nicht eine solche Menschenmenge ergeben. Anscheinend schaute jeder herein, der vorbeikam und den Partylärm hörte, ein Lärm, der mit den Strömen von Bier und Wein immer mehr anschwoll. Das Fest dauerte bis weit in die Nacht.

Eine Woche lang lagen WANDERER IV und WANDERER V Seite an Seite in der Marina, so daß wir unsere Habe bequem umstauen konnten. Während des Umzugs sah man deutlich, daß das große Schiff auf seiner Wasserlinie immer höher aufschwamm, doch sackte die Wasserlinie des kleinen nicht so weit ab, wie wir erwartet hatten – offenbar konnte es gut Gewicht vertragen. Mit Wehmut schliefen wir zum letzten Mal im »Herrenhaus«, ehe es in Stuarts und Pams Besitz überging, und zogen danach in die »Häuslerkate«, zugegebenermaßen eine sehr hübsche Kate. Es war ein Glück, daß wir das alte Schiff an Leute weitergeben konnten, die wir mochten und respektierten. Zum letzten Mal sehen wir WANDERER IV, als wir uns, beide unter Segeln, zufällig in der Bay of Islands begegneten. Sie sah prächtig aus, wie sie so seewärts lief, mit Vila in Vanuatu als erstem Stopp auf dem langen Trail nach Südafrika und noch weiter.

Bei günstiger Tide machten wir mit unserem neuen Schiff die erste Probefahrt unter Motor. Es klappte ganz gut, was eigentlich ein Wunder war, denn erst hinterher entdeckten wir, daß Chin beim Aufbringen des zweiten Antifouling-Anstrichs einen fest zusammengerollten Fetzen in den Auspuff gestopft hatte, damit er nicht tropfte, und ihn darin vergessen hatte. Natürlich wurde durch diesen Stopfen die Schwachstelle der Auspuffanlage offenbar, aber dieser Mangel war schnell behoben.

Andere Dinge machten uns schon mehr Sorgen. Als wir zum ersten Mal Frischwasser bunkerten, knallte es in jedem Tank beunruhigend, fast so laut wie ein Überschallknall. Also weg mit dem Kajütboden, damit Abdeckbretter auf die Tankoberflächen montiert werden konnten - eine von vielen Bootsbauern übersehene Vorsichtsmaßnahme: Sie scheinen der Ansicht zu sein, daß ein Tank nur unten und an den Seiten abgestützt werden muß. Und die viel zu dünnen Belüftungsrohre, die dummerweise untereinander verbunden worden waren, mußten getrennt werden, damit jeder Tank seine eigene Belüftung bekam. Trotzdem blieb es bei dem gelegentlichen Knall, wenn die Tanks sich wie Dieselkanister benahmen, und das beunruhigte uns vor allem, nachdem ein Freund uns aus Portugal schrieb, daß auf seiner Yacht, die er in England nach den Bestimmungen von Lloyd's hatte bauen lassen, alle Nirotanks an den Schweißnähten gerissen waren.

Nach starkem Regen sammelte sich hartnäckig eine Wasserpfütze auf unserem Salontisch, und als wir die Fassung der elektrischen Deckenlampe darüber entfernten, fanden wir die Kugel halb voll Wasser. Es mußte durch die Nut in der Fischung eindringen, wo mehrere Kabel verlegt waren, auch die für das Topplicht im Mast. Das Kajütdach selbst konnte unmöglich lecken, denn es war in Sandwichbauweise aus mehreren überlappenden Sperrholzlagen geleimt und mit Epoxy und Dynel beschichtet. Deshalb konnte das Wasser nur am Mastfuß eingetreten sein. Nun mußte der Mast von einem Kran gezogen werden, alle Beteiligten versammelten sich um den Mastfuß wie Chirurgen um den Operationstisch, und prompt stellte sich heraus, daß das Loch im Mastfuß, durch das die Kabel geführt wurden, nicht versiegelt worden war, weshalb Regenwasser in den Mastfuß sickern und an den Kabeln entlang weiterlaufen konnte. Die Kabel und die Nut konnten wir nicht mehr trocknen, aber wir nutzten doch die Gelegenheit und entfernten aus dem Mastfuß das Sammelsurium an Aluminiumspänen, Abschnitten und Schweißabfällen, das darin liegengeblieben war, und konnten so eine bisher rätselhafte Geräuschquelle beseitigen.

Bei einem Metallmast, der unten keine Kappe hat, läßt sich nur schwer ein Platz für die Sovereign-Münze finden, die jedem guten Schiff nach altem Brauch unter den Mast gelegt werden muß. Ich weiß nicht, warum wir sie nicht mitten in den Mastfuß klebten, wo sie bei jedem Mastlegen wenigstens sichtbar, obschon exponiert, gewesen wäre; aber unsere Goldmünze landete schließlich außer Sicht unter dem Mastfuß, wo sie auch im Falle äußerster Not – sie muß seither beträchtlich an Wert gewonnen haben – nicht entfernt werden kann, es sei denn, der ganze Mastfuß würde ausgebaut.

Nach einigen Flautentagen kam wieder Wind auf, wir nahmen Segelmacher und Takelmeister an Bord und setzten zum ersten Mal die Segel. Nach unseren ketschgeprägten Maßstäben fanden wir, daß unsere neue Slup höher an den Wind ging, und bei Leichtwetter segelte sie überraschend schnell, hielt gut Kurs, wenn der Wind vorübergehend aussetzte, und kreuzte selbstsicher auch dann, wenn sie in der Wende einen Aufschießer fuhr. Später sollten wir noch eine andere Stärke an ihr entdecken: Sie konnte sich auch unter Fock allein nach Luv arbeiten und aufkreuzen, was uns bei der Annäherung an einen kleinen Hafen oder eine überfüllte Reede gut zupaß kam, denn so konnten wir das Großsegel vorher wegnehmen, nur unter Fock den Liegeplatz ansteuern und zuletzt die Fock schnell aufrollen.

Soweit waren wir sehr zufrieden mit ihr, doch als es nachmittags auffrischte und sie fünf Knoten und mehr machte, wurde das

Ruderlegen schwierig. Wenn sie vor dem Wind lief, war das Abfallen fast ebenso schwer wie das Anluven, und wenn sie sich bei Halbwind in einer starken Bö weglegte, wurde sie so hart auf dem Ruder, daß sie fast nicht mehr steuerbar war.

Wir hatten sofort den Eindruck, daß unser schönes neues Schiff, an dessen Planung wir soviel Zeit und Überlegung, an dessen Bau wir soviel Sorgfalt gewandt hatten, einen unausgewogenen Rumpf besaß - das volle Heck und der relativ schlanke Bug? -, ein Konstruktionsfehler, der früher häufig genug vorkam, heutzutage aber selten ist. Bei Krängung bringt ein solcher Rumpf auf der Leeseite achtern mehr Volumen ins Wasser als vorn und wird dadurch buglastig und luvgierig. Ob unser Schiff nun unausgewogen war oder nicht, auf jeden Fall mußte etwas geschehen, damit es besser auf dem Ruder lag. Alle Betroffenen steuerten ihre Lösungsvorschläge bei, und die meisten stimmten darin überein, daß der Segeldruckpunkt weiter nach vorn verlagert werden sollte. Dazu boten sich verschiedene Methoden an: Das Großsegel konnte flacher getrimmt, der Mastfall reduziert werden, der Mast konnte nach vorn versetzt oder ein Bugspriet angebaut werden.

Alan, der Konstrukteur, war für ein Versetzen des Mastes, aber das konnte ich nicht genehmigen. Er stand bereits weit genug vorne, und falls er noch weiter vorwanderte, mochte er WANDERERS Neigung zur Buglastigkeit noch verstärken. Es konnte auch die Fähigkeit des Schiffes beeinträchtigen, bei hartem Wetter beigedreht oder vor Topp und Takel zu liegen. Außerdem war der Rumpf natürlich durch Spanten, Schotts, Böden und Knie versteift und verstärkt, alle der jetzigen Mastposition entsprechend plaziert, und wenn dieser umgesetzt wurde, befanden sich die Bauelemente an der falschen Stelle. Ebenso lehnte ich auch einen Bugspriet ab, so lange wir nicht die Slup- gegen eine Kuttertakelung austauschen wollten, denn in meinen Augen sollte ein Mast nicht mit seiner ganzen vorderen Abstützung auf ein Stag angewiesen sein, das auf einem Rumpfvorsprung verankert war. Wenn wir umriggten, mußten Mast und stehendes Gut modifiziert werden, und zwei neue Vorsegel - Fock und Klüver - wurden erforderlich, mit anderer Schotführung.

Deshalb akzeptierten wir die ersten beiden Versionen. Fast mit Tränen nahm Neale das Großsegel wieder mit, um sein Achterliek zu begradigen, und der Takelmeister und ich korrigierten den Mastfall, indem wir dem Achterstag mehr Lose gaben und das Vorstag stärker durchsetzten.

Anschließend liefen Susan und ich allein zu einer kurzen Probefahrt aus, und dabei wurde uns bald klar, daß die leichten Änderungen an Mast und Segel keine merkliche Verbesserung gebracht hatten. Das Schiff lag noch genauso hart auf dem Ruder wie zuvor, und die Aries-Windfahnensteuerung, die WANDERER IV so zuverlässig auf Kurs gehalten hatte und die wir deshalb behalten und auf dem Neubau installiert hatten, wurde dem Boot nicht Herr, außer bei leichtem, vorlicher als querab einkommendem Wind.

Da nicht nur das Anluven, sondern das Ruderlegen in beiden Richtungen so viel Anstrengung erforderte, kamen Susan und ich schließlich zu der Überzeugung, daß der Grund dafür in der starken Schrägung von Heckspiegel und Rudersteven lag, weil ein Großteil der auf die Pinne gebrachten Kraft nicht zum Steuern dienen konnte sondern dazu, den Achtersteven überhaupt erst ins Wasser zu drücken. Natürlich gibt es viele Yachten mit ebenso schrägem, konventionellem Heck und Ruder wie unsere – Folkeboote, Tumlaren, H 28 –, aber ihre Rümpfe haben kein so extrem breites Heck, wie wir es hatten, das wahrscheinlich dazu tendiert, das abfließende Wasser in der Lücke zwischen Achtersteven und Ruderblatt zu verwirbeln. Niemand stimmte darin mit uns überein, aber wir waren von der Richtigkeit unserer Diagnose überzeugt und entschlossen, den Neigungswinkel des Heckspiegels zu modifizieren.

Zu diesem Zweck brachten wir das Schiff in die Werft zurück und ließen es mit dem Heck voraus so aufslippen, daß der Mast nicht gelegt werden mußte und das Achterschiff in einem offenen Schuppen wettergeschützt stand. Obwohl der Fehler keineswegs auf Rays Konto ging, behandelte er uns großzügig, berechnete uns nichts für das Aufslippen und ließ Graham Johnson für uns arbeiten, ohne bei seinem Lohn den Werftanteil zu berechnen. Wir baten Graham, den Kiel um einen Meter zu verlängern und einen neuen Achtersteven mit einem Neigungswinkel von nur 10 Grad (statt 40) zu bauen und die Lücke mit Totholz zu schließen. Unvermeidbar, daß die benetzte Fläche damit um rund 1,4 m^2 vergrößert wurde. Da das ursprüngliche Ruder jetzt zu lang und schmal war, wurde es verschrottet und ein neues gebaut. Sein Schaft konnte nun nicht außerhalb des Spiegels liegen, sondern wurde statt dessen durch einen Koker geführt, der einen Meter weiter vorn an Deck lag: Die Pinne schwang nun quer durchs Cockpit, und obwohl ich sie schon bis zum äußersten gekürzt hatte, war das sehr lästig. Radsteuerung hätte das Problem beseitigt, aber wir scheuten uns, noch mehr Geld für Änderungen auszugeben. Das neue Heck ist auf dem Segelplan in Zeichnung I gestrichelt markiert.

Unser Nachbar im Schuppen war ein altes Rettungsboot, dem sein Eigner Deck und Ruderhaus nach Art eines Fischkutters einbaute, um die offene See östlich des Großen Barriere-Riffs befahren zu können. Sein Lieblingswerkzeug war ein Winkelschleifer, den er sogar einer Säge vorzog, wenn er Sperrholzplatten schneiden mußte, und der Krach war manchmal so betäubend, daß wir uns - weiterhin an Bord wohnend - nicht einmal untereinander verständigen konnten. Aber beschweren konnten wir uns auch nicht, denn wer aus freien Stücken auf einer Werft wohnt, darf sich über Lärm und Dreck nicht wundern. Außerdem war der Fischer in spe ein netter Kerl; wir waren ihm schon vor einigen Jahren bei einem Törn zur Südinsel begegnet, wo er als Buschpilot arbeitete, und er hatte sich uns gegenüber freundlich und hilfsbereit gezeigt.

Nach drei Wochen war die Arbeit geschafft, wir wurden wieder zu Wasser gelassen, und sofort, als wir unter Motor den schmalen Fluß hinunterfuhren, fiel uns eine Eigenheit auf: Die rechtsdrehende Schraube (bei Draufsicht von achtern im Uhrzeigersinn) hätte den Bug bei Vorausfahrt natürlich nach Backbord drücken müssen, was sie zuvor auch getan hatte, aber nun drängte der Bug in die andere Richtung, und nur ständiges Ruderlegen konnte das Schiff daran hindern, nach Steuerbord auszubrechen. Wir stellten fest, daß dieser Rechtsdrall auch unter Segeln genauso stark ausgeprägt war. Ließ man die Pinne los, kurvte das Schiff nach Steuerbord und beschrieb so lange einen Vollkreis, bis der Rudergänger wieder zur Pinne griff. Andererseits stellten wir zu unserer großen Erleichterung fest, daß der aufwendige und teure Umbau des Hecks den erhofften Erfolg gebracht hatte. Sie lag jetzt sehr viel leichter auf dem Ruder, hielt vor dem Wind besser Kurs und konnte in einem größeren Windrichtungssektor unter Selbststeuerung laufen. Zwar war der Ruderdruck nach wie vor stark, wenn sie bei steifer Brise krängte, aber damit mußten wir uns eben abfinden; wir merkten auch, daß wir bei auffrischendem Wind das Großsegel lange vor der Fock reffen mußten.

In unserer Frühzeit auf WANDERER IV hatten wir mit dem Ruder ähnliche Probleme gehabt, deren Ursache eine unterschiedliche Krümmung der beiden Ruderblattseiten war; so gering war die Differenz, daß sie erst mit einem Abtaster entdeckt werden konnte. Zur Korrektur kam ein kleines Trimmgewicht an die Achterkante des Ruderblatts. Nun vermuteten wir ähnliche Gründe für unsere Schwierigkeiten mit der Steuerung und wollten es später mit einem Trimmgewicht versuchen. Jedenfalls dachten wir nicht daran, abermals in die Werft zurückzukehren und uns aufslippen zu lassen, denn die Zeit wurde knapp, wenn wir Neuseeland wie geplant zu unserer Jungfernreise hinter uns lassen wollten, ehe gegen Ende April der Winter anbrach.

TEIL III

JUNGFERNFAHRT

Als Cape Brett, wo wir uns von Neuseeland verabschiedet hatten, achteraus zurückblieb, frischte der Wind auf, und es wurde ein so wunderbarer Tag, wie man ihn sich für den Beginn einer Reise nur wünschen kann. Die See dehnte sich tiefblau, mit weißen Gischtkrönchen, unter dem wolkenlosen Himmel. Der Schwell aus Ost war sanft, wenn auch im Trog hoch genug, um das Land zu verdecken, und der Wind mäßig. Eine Vielzahl von Seevögeln kreiste, schwebte, tauchte oder schwamm rund um das Schiff, denn die Gewässer hier waren reich an Leben. Schimmernd und glänzend zog unser neues Schiff unter lohfarbenen Segeln, mit langem, sauberem Kielwasser, schnell dahin. Zum ersten Mal konnten Susan und ich sein Hochseelied hören. In der Tagelage dominierte das schrille Pfeifen der geschlitzten Schamfieling-Schutzröhren an den Wanten und das befremdliche Klappern irgendwelcher Metallteile an den Aluspieren. Die Holzspieren unserer früheren Schiffe waren dagegen angenehm lautlos gewesen. Dennoch konnten diese Geräusche nicht das Murmeln der Bugwelle, das Zischen des Kielwassers und das Gurgeln der Lenzlöcher übertönen. Beim Rollen drang vom Fuß der Niedergangstreppe das Knirschen von Holz auf Holz herauf, aber das stellte ich schnell mit einigen Streifen selbstklebendem Dichtungsband ab. Am schönsten waren die kleinen zufriedenen Gluckser, mit denen das Wasser am glatten Holzrumpf abfloß.

Wir hatten uns versuchsweise Tahiti als Ziel vorgenommen, aber da die Insel mehr als 2000 Meilen entfernt in Ostnordost lag und Gegenwind zu erwarten war, konnte sich dieses Vorhaben für unser neues, unerprobtes Boot als zu anspruchsvoll erweisen.

Ein bißchen Nervosität trübte unsere freudige Erregung, denn wir hatten ja noch keine Ahnung, wie sich WANDERER V oder ihre Ausrüstung in schwerem Wetter bewähren würden. Würde sie gut beigedreht liegen oder vor dem Sturm lenzen? Wie würde sie sich beim Ablaufen vor dem Sturm benehmen oder in steilem, achterlichem Seegang? Hatte sie dann ruhige oder heftige Bewegungen? War ihre Ausrüstung der ständigen Bewegung und Feuchtigkeit eines Hochseetörns gewachsen, würde sich nichts abnützen oder schamfielen? Natürlich hätten wir sie vor dem Aufbruch erst noch genauer studieren sollen, aber wir waren mit den Reisevorbereitungen und notwendigen Modifikationen so stark eingespannt gewesen, daß es nur zu Küstentörns bei ruhigem Wetter und glatter See gereicht hatte, nicht einmal zu einer an Bord verbrachten Nacht.

Doch sollten wir bald Antwort auf einige unserer bangen Fragen bekommen, denn noch am selben Abend, kaum daß das Land hinter der Kimm versunken war, wuchs schnell eine Wolkenbank empor, überzog den ganzen Himmel und ließ den Wind kräftig auffrischen. Im letzten Tageslicht banden wir gemeinsam das erste Reff ins Groß und rollten die Fock ein. Dann setzten wir das kleine Stagsegel und stellten sofort fest, daß die dreipartige Talje, die ich für das Aufriggen des Babystags entworfen hatte, nicht ausreichte; die Sturmfock hing nach Lee durch wie ein Sack. Mittlerweile fiel das Barometer immer weiter, und um 18.30 Uhr empfingen wir eine Sturmwarnung.

Einige Zeit nach Einbruch der Dunkelheit verlangte der auffrischende Wind ein zweites Reff im Groß, doch diesmal konnte mir Susan dabei nicht helfen, denn die Windfahnensteuerung war überfordert, und sie mußte selbst an der Pinne bleiben. Ich kämpfte mit dem schlagenden Tuch und fragte mich, wie ich nur jemals so dumm hatte sein können und statt des schnellen, einfachen und mir wohlvertrauten Rollreffs dieses altmodische Bindereff mit all seinen Komplikationen einbauen lassen. Natürlich hatte ich es ausprobiert, aber nur auf glattem Wasser und bei einem Wind ohne viel Kraft; erst jetzt, im Ernstfall bei rauhen Bedingungen und Dunkelheit, entdeckte ich einige seiner Mängel.

Beim Niederholen des Segels wurden die Rutscher von einem kleinen drehbaren Zapfen mit Schlitz in der Mastnut gehalten. Ihn herauszuziehen und die gewünschte Anzahl Rutscher herauszuholen war einfach, aber es brauchte mehrere frustrierende Minuten, ihn im Dunkeln tastend wieder richtig einrasten zu lassen – ein einfacher Drehknopf wäre viel zweckmäßiger gewesen. Später befestigte ich die Rutscher mit einer Reihleine in den Segelgatchen und mußte sie dadurch nicht mehr aus der Nut schieben. Als die Reffkausch zum Baum niedergeholt war, sicherte ich sie in dem T-Haken am Lümmelbeschlag. Auch das war einfach, aber das Ganze festzuhalten, während das Vorliek wieder über die Fallwinsch durchgesetzt wurde, was zwei Hände benötigte, überstieg fast meine Fähigkeiten. Seither haben mir verschiedene Leute ihre Tricks verraten, wie sie die Reffkausch mit Plastik- oder Gummibändseln im T-Haken festhalten, aber ich glaube, ein kurzes Ende, das durch die Reffkausch geführt und an einer Klampe am Baum belegt wird, wäre einfacher.

Die Reffleine lief nach traditioneller Weise vom Baum hinauf zur Reffkausch am Achterliek, dann hinunter durch ein Scheibengatt an der Baumseite und nach vorn zu einer Winsch; jede Reffstufe hatte ihre eigene Winsch. Diesmal war die Winsch zufällig in Lee, und als ich versuchte, mit einer Hand die Kurbel zu drehen und mit der anderen den Steert zu halten, drängte mich das windgefüllte Segel immer wieder ab, so daß ich fast den Halt verlor. Es war ein harter Kampf, diese Kausch auf den Baum niederzuholen, und die Tatsache, daß das Segel zwischen den beiden Parten der Reffleine eingeklemmt wurde, machte es mir nicht gerade leichter. Dann mußte der Baum binnenbords geholt werden, damit ich die Reffbändsel erreichen und schließen konnte, denn wir gehören nicht zu den Leuten, die gern mit einem Riesensack Tuch unterm Großbaum segeln, der sich mit Regen oder Gischt füllt. Ich erinnere mich, daß diese Arbeit zur Zeit des Hanf- und Manilatauwerks nicht ganz so schwierig war, aber Synthetik ist für diesen Zweck zu schlüpfrig. Später entfernten wir die Reffbändsel und nahmen statt ihrer eine Reihleine, was einfacher war, als Knoten zu binden, aber diese mußten wir zu zweit bedienen, einer in Luv, einer in Lee. Schließlich laschte ich die Kausch vorsichtshalber am Baum fest, zum Glück, denn wir mußten das zweite Reff noch tagelang drin lassen, und als wir es endlich ausschütteln konnten, zeigte sich, daß die Reffleine an der scharfen Kante des Scheibengatts fast durchgescheuert war und ohne die Lasching mit Sicherheit gebrochen wäre.

Ich hatte im Katalog eines Schiffsausrüsters gelesen, daß ein »Jiffy«-Reff, wie es genannt wird, als wäre es eine Neuerfindung, innerhalb von 30 Sekunden eingebunden werden kann. Schade, daß der Schreiber dieses Werbetextes damals in der Nacht nicht bei uns an Bord war, denn ich hätte ihm bewiesen, daß man über eine halbe Stunde dazu braucht. Sicher, wenn ich zwei oder drei Helfer gehabt hätte wie auf einer Regattayacht, wäre es schneller gegangen. Ich weiß, manche Segler führen das Fall und die Reffleinen achtern über Winschen, damit sie das sichere Cockpit nicht verlassen müssen; aber ich halte nichts von solchen Komplikationen, und die Reffbändsel müßte ich immer noch binden. Auch wenn das Groß mit einem Drehreff vielleicht nicht so gut steht, wäre das für uns doch ein kleiner Nachteil gewesen, den wir für die Einfachheit und Schnelligkeit dieser Reffmethode gern in Kauf genommen hätten.

Als ich endlich wieder in der Plicht stand, war ich durchnäßt, müde und wütend auf mich, daß ich mir ein so unhandliches und untaugliches System hatte einreden lassen, und Susan gab mir völlig recht, als ich sagte, daß wir so bald wie möglich wieder ein Drehreff einbauen lassen mußten.

Aber die Arbeit an Deck war für uns noch nicht vorbei, denn der Sturm legte noch zu, der Seegang ebenfalls. Ein gelegentliches metallisches Klappern, so laut, daß es alle anderen Geräusche übertönte, beunruhigte uns, bis wir entdeckten, daß es von der Großbaumstütze kam, einem stabilen Galgen, der aus zwei ans Kajütdach geschraubten Nirorohren bestand und sich umklappen ließ und an dessen oberen Enden ein kräftiges Querholz den Großbaum aufnehmen konnte. Die Stütze lag auf dem Kajütdach, wie immer, es sei denn, das Großsegel wurde niedergeholt, und wenn das Schiff in ein Wellental sackte, ging das manchmal so schnell, daß der Galgen noch halb in der Luft hängenblieb und einen Sekundenbruchteil später mit lautem Knall zurückschlug. Wir laschten ihn fest.

Gegen Mitternacht machten wir so hohe Fahrt, daß es unsere Gemütsruhe und unser Wohlbefinden beeinträchtigte, und da der Wind von Backbord querab einkam, verstärkte er noch den verrückten Drang unseres Schiffes nach Steuerbord. Wieder kapitulierte die Selbststeueranlage, und das Rudergehen von Hand war anstrengend. Deshalb nahmen wir das Groß ganz weg und liefen mit etwas langsamerer Fahrt nur unter Sturmfock ab. Das Segelbergen hätte einfach sein sollen, denn das Groß war schon auf die Hälfte seiner ursprünglichen Fläche heruntergerefft. Trotzdem dauerte es viel zu lange – teilweise deshalb, weil die Bootsbewegungen ohne Groß heftiger wurden, was es uns erschwerte, die Zeisings anzubringen und uns gleichzeitig festzuhalten –, teilweise aber auch deshalb, weil ich den albernen kleinen Rutscherstopper nicht richtig einrasten ließ, so daß uns die ganze Chose entgegenkam. Wir klappten die Baumstütze hoch, auf der der Baum sicher ruhte, und da die Windfahne uns nun allein steuern konnte, gingen wir unter Deck. Aber Schlaf fanden wir keinen, wegen des Lärms, der starken Bewegungen und einer unguten Vorahnung. Wehmütig dachte ich an den Ankerplatz der letzten Nacht, auf glattem, von Hügeln geschütztem Wasser, und wünschte uns, wir wären noch dort statt in diesem Inferno.

Die Wettervorhersage war ungünstig. Die Barographenkurve fiel steil ab – später wurden es 35 mb in 36 Stunden – und in den Rundfunknachrichten aus Neuseeland hörten wir, daß ein umfangreiches Tief mit Wind von Sturmstärke sogar die großen Fähren über die Cook-Straße zwei Tage lang im Hafen festgehalten hatte. Wie es hieß, zog die Depression nach Nordost. Daß dies stimmte, merkten wir kurz darauf, als wir den Segen voll abbekamen. Nachdem wir zwei Tage nur unter Sturmfock abgelaufen waren, mußten wir nun auch dieses kleine Segel wegnehmen und bei Windstärke 9 vor Topp und Takel lenzen. Irgendwann während der dritten Sturmnacht wurde die Markierungsboje mitsamt ihrem Blitzlicht aus ihrer Halterung an der Reling gerissen und ging verloren – zum Glück stand unser Name nicht darauf; zurück blieb nur der kleine Stoffbeutel, in dem die Lampe gesteckt hatte.

Unser Schiff zeigte genügend Reserveauftrieb, obwohl es so schwer beladen war. Es schwamm schnell und bereitwillig auf, wenn die Seen darunter durchrollten, und gab uns auch bei diesen Bedingungen ein sicheres Gefühl. Aber der Sturm, der starke Dauerregen und die überkommenden Seen zeigten uns einige seiner Schwachstellen.

Das Oberlicht in der Pantry leckte so stark, daß Susan immer wieder pitschnaß wurde, wenn sie tapfer versuchte, uns mit einfachem, aber warmem Essen zu versorgen. Der Fehler war nicht schlechte Handwerksarbeit, sondern ein zu niedriger Rahmen, und es dauerte über eine Woche, bevor er trocken genug war, damit ich ihn mit Klebeband abdichten konnte. Die Schoten des Babystagsegels hatten an den Leitösen böse schamfilt, weil letztere nach dem Ausdrehen nicht ausreichend entgratet worden waren. Beim nächsten Mal drehten wir die Schoten um und knoteten sie an den aufgescheuerten Stellen. Die Spritzpersenning zu beiden Seiten der Plicht war etwas zu groß ausgefallen, deshalb konnten wir sie nicht straff durchsetzen, und nun schlugen ihre Messinggatchen mit MG-Geknatter gegen Relingstützen und Handlauf. Tag und Nacht malträtierten sie uns erbarmungslos, und auch eine durchgezogene Reihleine half nichts, sie schamfilte und mußte erneuert werden, worauf einige der Gatchen schon ausrissen.

Als wir schließlich 300 Meilen gesegelt waren und irgendwo südlich der Kermadecs standen - genau kannten wir unsere Position nicht, denn Astronavigation war nicht möglich gewesen -, krimpte der Wind, der ein bißchen nachgelassen, aber immer noch Sturmstärke hatte, vier Stunden lang stetig, bis er aus Ost, für uns also genau von vorn kam. Der Wetterbericht, der immer schwächer zu hören war (wir hatten die Kurzwellenstation nicht finden können, weil wir ihre Frequenz nicht kannten) machte uns keine Hoffnung auf baldige Besserung. Wir waren eindeutig nicht in so guter Verfassung, daß wir bei diesem Schlechtwetter ein langes Aufkreuzen nach Luv hätten versuchen können. Deshalb fielen wir ab - widerwillig, denn wir geben ein einmal begonnenes Unternehmen nur ungern auf - und nahmen Kurs auf das viel nähere Fiji, das zu diesem Zeitpunkt nur 1000 Meilen entfernt war (Karte B). Es zeigte sich, daß wir den Großteil der Strecke unter zweifach gerefftem Groß und Sturmfock segeln mußten, manchmal sogar nur unter Fock. Die große Fock konnten wir an den kommenden Tagen nur 12 Stunden lang fahren.

Es gab noch mehr Probleme. Die scharfen Gehäuse der Scheibengatts für die Reffleinen scheuerten mehrere Löcher ins Großsegel. Wo die oberste Lattentasche gegen ein Want drückte, wurde das Tuch wie mit dem Messer glatt durchgeschnitten, weil (wie wir später feststellten) die Plastiklatte auf voller Länge eine scharfe Kante hatte. In unseren 30 Jahren auf See war es das erste Mal, daß eines unserer Segel ernsthaften Schaden durch Schamfilen nahm. Eines Nachmittags, als wir beide in einem der seltenen ruhigeren Augenblicke unter Deck waren, hörten wir ein scharfes Klicken auf dem Kajütdach. Wir kletterten hinaus und stellten fest, daß eine der acht Schrauben, die den Lümmelbeschlag am Mast hielten, herausgefallen war. Zwei andere waren schon verloren und alle anderen lose. Vielleicht war gerade das Pfeifsignal für die Rauchpause ertönt, als sie jemand festziehen wollte. Wie durch ein Wunder war keine der Schrauben über Bord gegangen, wir fanden alle wieder, eine im Wasserabscheider des Lüfters neben dem Mast. Ich hätte sie mit Klebeband gesichert, aber Regen und Spritzwasser ließen dies nicht zu, deshalb gewöhnten wir es uns an, alle paar Stunden mit dem Schraubenzieher die Runde zu machen, um diese und andere Schrauben anzuziehen. Wir trugen außerdem ständig Schraubenschlüssel in der Tasche, beispielsweise für die Bolzen, die die Pinne am Ruderkopf hielten, oder für die Muttern der Kuchenbude; alle arbeiteten bei der ständigen Bewegung und kamen regelmäßig lose.

Auch einige Kleinigkeiten forderten unsere Aufmerksamkeit: in der Feuchtigkeit gequollene Schubladen klemmten, Tür-Riegel aus Plastik versagten bei 20 Grad Krängung, undicht befestigte Püttings leckten in den Kleiderschrank und die Schapps, in denen unsere Fotoausrüstung verstaut war; dieses letztere Manko konnte ich aber erst beheben, wenn wir im Hafen waren.

Der schlimmste Zwischenfall ereignete sich jedoch eines nachts, als das Schiff nur unter Sturmfock selbststeuernd lief und die Windfahne ausgekuppelt war. Eine See zerschlug das Gußgehäuse, und das Servoblatt flog davon und ging verloren. Das war für uns fast eine Katastrophe, denn wir waren körperlich nicht mehr dazu in der Lage, Wache um Wache zu gehen und von Hand zu steuern. Eine Zeitlang überlegten wir, ob wir nach Neuseeland zurückkehren sollten. Da wir uns die Weiterfahrt aber auch nicht schwieriger

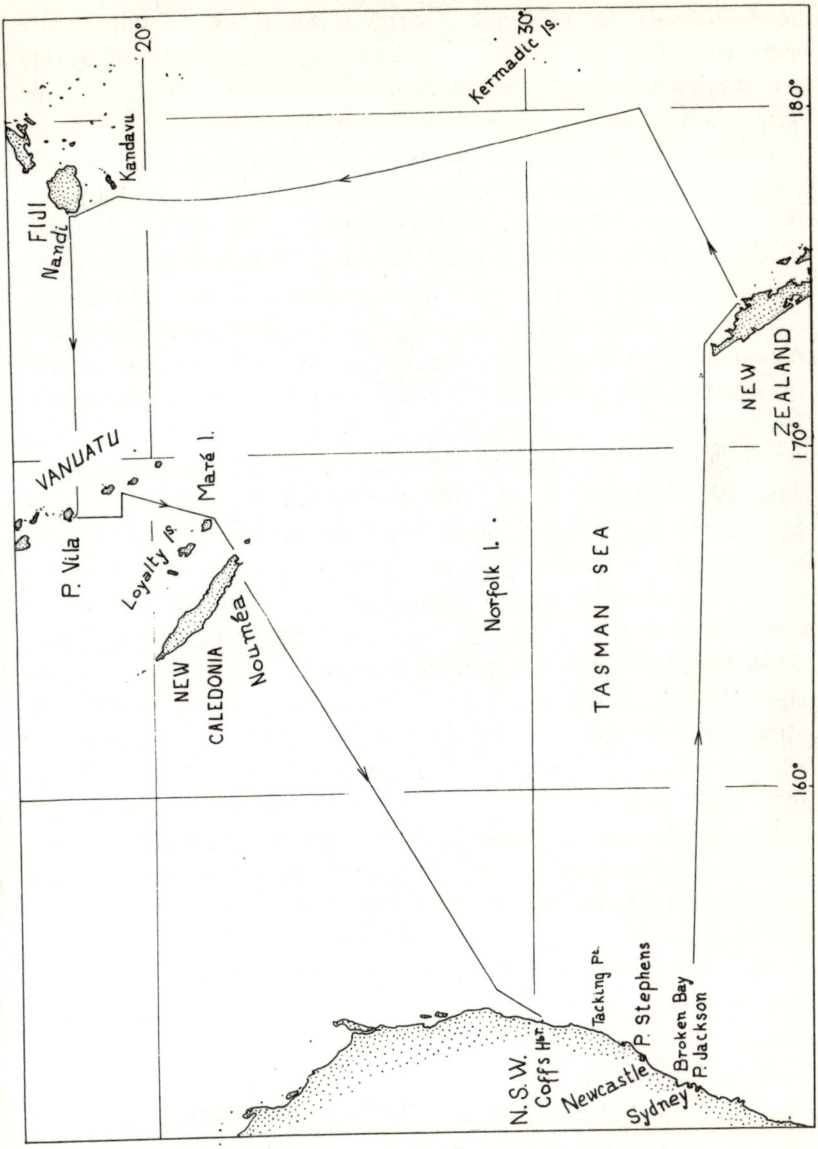
FIJI
Nandi
Kandavu
Kermadic Is.
20°
30°
180°
170°
160°
VANUATU
P. Vila
Maré I.
Loyalty Is.
NEW CALEDONIA
Nouméa
Norfolk I.
TASMAN SEA
NEW ZEALAND
N. S. W.
Coffs Hbr.
Tacking Pt.
P. Stephens
Newcastle
Broken Bay
P. Jackson
Sydney

KARTE B

vorstellten als eine Rückkehr – denn in beiden Fällen würden wir die meiste Zeit von Hand steuern müssen –, entschlossen wir uns durchzuhalten. Außerdem rechneten wir damit, daß das Wetter allmählich besser wurde, je weiter wir in den Tropen nach Norden vorstießen. Doch das war ein Irrtum. Der Wind war selten schwächer als 6, blieb meist bei 7 oder 8, und Tag für Tag hatten wir eine niedrige, nasse Wolkendecke oder Regen.

Als der Wind zuletzt immer weiter auf Nord drehte und uns damit vom direkten Kurs nach Westen abzudrängen begann, fragten wir uns allmählich, ob wir Fiji ganz verpassen und uns statt dessen in Neukaledonien wiederfinden würden; aber dann schafften wir es doch, uns Meile für Meile nach Norden voranzukämpfen.

Wir mußten uns weitgehend mit Koppelnavigation begnügen, denn die Sonne kam nur gelegentlich hervor, zeigte ihre verschwommene Scheibe nur kurz hinter den rasenden Wolken. Deshalb schätzte ich mich glücklich, daß ich am Tag vor unserem erwarteten Landfall an der Westküste von Kandavu, der westlichen Insel der Fijis, zwei Sonnenbeobachtungen machen konnte.

Nachdem wir bei unserem letzten Besuch von britenfeindlichen Hafenbeamten so schikaniert worden waren, hatten wir uns vorgenommen, Suva nie wieder anzulaufen, deshalb entschieden wir uns für Lautoka an der Westküste von Viti Levu, Fijis größter Insel. Dort wollten wir einklarieren, und als wir am nächsten Nachmittag Kandavu querab hatten, betrug die Distanz noch 70 Meilen. Da eine niedrige Insel nur wenige Meilen östlich unseres direkten Kurses lag, die wir bei Dunkelheit nicht passieren wollten, weil das Feuer dort nur den nördlichen Sektor ausleuchtete, drehten wir auf dem seewärts gerichten Bug bei, bevor wir uns der Insel näherten, und schliefen uns sieben Stunden lang herrlich aus.

Im ersten Tageslicht nahmen wir die Schoten dicht, passierten am Vormittag die niedrige Insel und hatten zu Mittag Viti Levu voraus. Immer noch hingen tiefe, regenschwangere Wolken über uns, und der Wind, der jetzt fast von achtern einkam, frischte abermals auf. Zum ersten Mal seit zwei Wochen hatten wir das schwer beschädigte Großsegel ganz gesetzt; wir hatten es eilig, denn wir wollten die Ansteuerung von Nandi Waters und damit unseren Ankerplatz vor Lautoka noch vor Einbruch der Dunkelheit finden. Wir liefen schneller, als ich jemals in einer Segelyacht unter 35 Fuß (11 m) meines Wissens nach gelaufen war, denn bei den richtigen Bedingungen konnte unser neues Schiff sehr wohl ein hohes Tempo vorlegen.

Auf dieser Seite der Insel liegt ein Saumriff eine viertel bis eineinviertel Meile vor der Küste. Darauf brach sich die Brandung in einem grünweißen Getöse, das uns bedrohlich laut und nahe klang. Manchmal standen die Brecher direkt vor unserem Bug, wenn ein Ausläufer des Riffs in die See hinaus ragte, und wir mußten sorgfältig und konzentriert steuern, um uns freizuhalten, was der Rechtsdrall unseres Schiffes noch erschwerte, da er uns ständig auf die gefürchtete Brandung zuschob.

Im Rigg pfiff der Wind, vorn brauste die Bugwelle, so ausgezeichnet lief WANDERER V, und schließlich schossen wir zwei Stunden vor Sonnenuntergang, immer noch auf demselben Bug wie während der ganzen Reise, durch die Navula-Passage (die beste Durchfahrt in die Nandi-Bucht, denn sie ist breit und gerade) und segelten plötzlich auf glattem, dunkelgrünem Wasser unter einem klaren blauen Himmel. Immer noch mit Höchstfahrt zischten wir an einem niedrigen, runden Vorland vorbei, auf dessen vorgelagertem Riff einige Leute herumstöberten, tasteten uns mit dem Handblei - denn unser Mariner-Echolot lag mit sich im elektronischen Zwiespalt, ob wir zwei oder zwanzig Faden Wassertiefe hatten - in eine weite Bucht und ließen den Anker auf sechs Faden in den Schlick fallen.

Als die Sonne hinter dem Saumriff unter die Kimm sank, flaute der Wind zum ersten Mal seit 16 Tagen ab, und eine schwache Landbrise trug uns den Durft von Holzrauch und sonnengedörrtem Zuckerrohr zu.

Früher ankerte eine durchreisende Yacht im Einklarierungshafen eines fremden Landes mit der gelben Flagge »Q« des internationalen Flaggenalphabets im Rigg und wartete, bis die Hafenbeamten an Bord kamen und den nötigen Papierkram erledigten. Heute jedoch weiß man selten, welches Verhalten von einem erwartet wird, denn dies kann sich von Land zu Land - oder im selben Land von Zeit zu Zeit - völlig ändern. In vielen Häfen haben die Beamten weder Boot noch Funk und halten auch nicht Ausschau, deshalb könnte man mehrere Tage auf Reede warten, ohne daß sich etwas rührt. Manchmal wird erwartet, daß man an Land geht und die Hafenbeamten sucht, anderswo erregt man damit jedoch nur den Ärger der Offiziellen. Deshalb erkundigen wir uns jetzt bei der Ankunft erst mal auf einer schon daliegenden Yacht nach der richtigen Prozedur und hatten damit auch diesmal Erfolg.

»Ankert und fahrt mit Beiboot an Land«, sagte man uns. Aber dem indischen Zollbeamten dort war das auch nicht recht. Er sagte, wir hätten ohne Erlaubnis nicht anlanden dürfen, und als ich fragte, wie wir denn diese Erlaubnis hätten anders einholen sollen, schüttelte er nur den Kopf und befahl uns, draußen neben dem Dingi auf den Mann von der Gesundheitsbehörde zu warten, der aus irgendeinem weit entfernten Amt telefonisch herbeigerufen werden sollte. Eine halbe Stunde später erschien der Beamte und sagte, er müsse bei uns an Bord gehen; also nahmen Susan und ich je einen Riemen und ruderten ihn hinaus. Er stieg unter Deck, sah sich nichts an, fragte nichts, füllte das *certificate of pratique* auf dem Salontisch aus und ließ sich wieder an Land rudern. Anschließend mußten wir die ganze Prozedur mit dem Zollbeamten wiederholen. Er wenigstens wurde offiziell tätig und versiegelte die wenigen Flaschen Wein, die wir mitführten. Ich glaube, er genoß es einfach, sich im Heck des Beiboots zu räkeln und sich von zwei Alten in der Hitze hin und her rudern zu lassen, auch wenn er das nicht aussprach. Er sprach überhaupt kaum, erwähnte nur, daß er in Mba wohnte, 21 Jahre alt sei und zwei Kinder habe.

Wir sollten ihn noch oft sehen, denn jedesmal, wenn wir Lautoka verließen, um irgendwo in der Nähe zu ankern, und sei es nur ein paar Meilen entfernt, bestand er darauf, daß wir ausklarierten wie vor einer Auslandsreise, und wenn wir zurückkehrten, mußten wir einklarieren, als kämen wir aus einem anderen Land. Als wir Fiji schließlich wieder verließen, hatte er einen ganzen Stapel von uns unterschriebener Formulare auf seinem Schreibtisch.

Lautoka lebt vom Zuckerrohr. Die Fabrik am Hafen besitzt einen eigenen Kai, wo die Schüttgutfrachter beladen werden, und erhält das Zuckerrohr von den Plantagen des Hinterlandes über ein ganzes Netz von Schmalspurbahnen. Mitten auf Lautokas Hauptstraße, einer herrlichen Palmenallee, verläuft solch ein blankes Schmalspurgeleise, und wenn so ein Zug mit seinen hundert kleinen Waggons und wichtigtuerisch pfeifender Lokomotive langsam daherkommt, steht fast der ganze Autoverkehr still.

Abgesehen davon bot uns Lautokas Hauptstraße mit ihren Touristenläden, in denen Radios, Uhren, Parfüm und anderes verkauft wurden, wenig Interessantes. Aber in einer Parallelstraße fanden wir nützliche Geschäfte mit Dingen, die wir brauchten, und außerdem führte sie zu einem gut beschickten Markt. In Läden und Marktständen waren die Verkäufer meist Inder, die sich nur selten ein Lächeln abrangen, aber die weniger Fijianer, mit denen wir ins Gespräch kamen, besonders die älteren, zeichneten sich noch durch Fijis traditionelle Höflichkeit und Würde aus, waren freundlich und hilfsbereit. Manche äußerten die Ansicht, daß Lautoka durch den Verkehr verdorben worden sei: »Eine so kleine Stadt braucht nicht so viele Autos. Die Leute sollten zu Fuß gehen.«

Da die sieben Schornsteine der Zuckerfabrik Ruß und Asche über die Reede von Lautoka spuckten, die außerdem keinen guten Landeplatz für das Beiboot aufwies, sahen wir uns in der vier Meilen entfernten Sawene Bay um, wo es uns besser gefiel. Ab und zu mußten wir nach Lautoka zum Einkaufen und um unsere Post abzuholen, vor allem auch das neue Servoblatt für die Windfahnensteuerung, das per Luftfracht aus England kam. Aber wir konnten mit dem Bus hinfahren und auf diese Art das zeitraubende Ein- und Ausklarieren sparen.

Wir motorten zur Bucht, denn an diesem Tag war es windstill und die Küste außerdem tückisch, weil Schlamm das Wasser so stark trübte, daß man die Riffe nicht sehen konnte, selbst wenn sie nur wenige Zoll unter Wasser lagen. Da wir es jedoch so eingerichtet hatten, daß wir bei Niedrigwasser eintrafen, ragten die beiden die Einfahrt flankierenden Riffe gerade heraus, also schlichen wir zwischen ihnen durch und ließen den Anker auf zwei Faden Wassertiefe fallen. Aber auf Dauer konnten wir hier nicht bleiben, wenn die Ein- oder Ausfahrt nur bei Niedrigwasser ungefährdet möglich war – es gab einfach keine passende Landmarke, um bei Hochwasser mit einer Kompaßpeilung hereinzukommen –, außerdem öffnete sich die Bucht nach Norden, und wir wußten, daß es aus dieser Richtung manchmal ganz schön kachelte.

Deshalb verbrachten wir dort nur eine Nacht und segelten dann 20 Meilen nach Südwesten zur Insel Malolo Lailai. Wir hatten sie schon vor neun Jahren besucht und wußten, daß sie einen der besten Ankerplätze in Nandi Waters besaß. So wie wir die Hauptinsel achteraus zurückließen, wurde das Wasser klarer, und die Riffe der verschiedenen Inselchen, die wir passierten, waren gut zu erkennen, ebenso die Einfahrt zum Ankerplatz. Das war ein Glück, denn der letzte Hurrikan hatte mehrere Leuchttonnen zerstört, die hier früher das Fahrwasser kennzeichneten. So aber konnte uns Susan, des besseren Ausblicks halber auf dem Großbaum stehend, ohne Probleme hineinlotsen.

Als wir morgens den Anker aufholten, hatte es Probleme mit dem Spill gegeben, dessen Kettenstopper klemmte. Deshalb legten wir uns einstweilen vor Warpanker, während ich mir das Spill vornahm. Beim Bau der Yacht hatten wir das gewünschte Ankergeschirr genau spezifiziert und eigentlich gedacht, daß es leicht zu beschaffen sein müßte, dennoch gab es Schwierigkeiten. Zwar bekamen wir ohne weiteres zwei Original-CQR-Anker, einen von 60 Pfund für den Bug, einen von 45 Pfund für den Warpanker achtern. Wir wollten 40 Faden 11-mm-Kette haben, doch in Neuseeland gab es nur Stärken von 10 mm oder 13 mm. Erstere war uns etwas zu leicht, die andere, die 300 Pfund mehr Gewicht bedeutet hätte, zu schwer für den Bug, wo wir sie direkt unter dem Ankerspill fahren mußten. Deshalb nahmen wir die 10-mm-Kette und bereuten es prompt, denn in böigem Wetter schwojte WANDERER V beträchtlich, was eine ziemliche Beanspruchung des Ankergeschirrs bedeutete; eine etwas schwerere Kette hätte das Übel gemindert.

Die einzig verfügbare elektrische Ankerwinde machte einen guten Eindruck, hatte eine Kettennuß an Steuerbord und eine Leinenwinsch an Backbord. Bei Stromausfall konnte man auf ein starkes, aber sehr langsames Handverfahren zurückgreifen, auch wenn der Anker sich zu sehr eingegraben hatte und ausgebrochen werden mußte. Überraschenderweise paßte die beigegebene Handkurbel weder auf die Achse für Handbetrieb noch auf die entsprechende für Bremse und Kupplung, und wir mußten uns eine nach Maß anfertigen lassen. Der Schalter saß plan im Deck und mußte mit dem Fuß niedergehalten werden, damit die Winde lief. Das war eine Fehlkonstruktion, denn wenn der Fußschalter so weit vorn installiert wurde, daß man gleichzeitig darauf stehen und die einkommende Kette waschen konnte, dann war er außer Reichweite, wenn man die Leinenwinsch benutzen wollte. Deshalb ließen wir auf der Winde selbst einen Kippschalter anbringen, und dazu mußte unter Deck wieder ein Kabel verlegt werden. Als wir den Anker zum ersten Mal lichteten, holte die Winde die Kette viel zu schnell ein, so daß man sie nicht ordentlich säubern konnte. Außerdem nahm die Yacht kräftig Fahrt auf, überlief den Anker und konnte Nachbarboote gefährden - es sei denn, man ließ die Winde nur kurz und stoßweise laufen. Deshalb mußten wir sie an den Hersteller zurückgeben und auf unsere Kosten ein anderes Getriebe einbauen lassen.

Der nach meinem Entwurf angefertigte Bugbeschlag hatte zwei Nylonrollen von sechs Zoll (12,5 cm) Durchmesser - ich hatte ihn so groß dimensioniert, um den Kraftaufwand zu reduzieren -, und der Buganker wurde auf der Steuerbordrolle gefahren, den Schaft binnenbords. Die Backbordrolle war für den Warpanker bestimmt. Eine vom Motor getriebene Jabsco-Pumpe versorgte bei Bedarf eine Zapfstelle an Deck mit Seewasser, an die ein Schlauch zum Abspülen des Ankergeschirrs angeschlossen werden konnte. Trotzdem konnte noch Mud unter Deck gelangen, und damit dieser nicht in die Bilge lief und die Pumpe dort verstopfte, fuhren wir die Ankerkette in einem wasserdichten, nach oben zu öffnenden Kasten. Gelegentlich ließen wir sie ganz auslaufen und wuschen und trockneten den Kettenkasten mit einem Schwabber.

Dieses einfach zu bedienende Ankergeschirr, das keine körperliche Anstrengung erforderte, war für uns ein Segen, aber natürlich bedeutete die Elektrowinde eine starke Beanspruchung der Batterien. Deshalb ließen wir beim Ankerlichten meistens den Motor als Stromerzeuger laufen, auch um Pumpenwasser fürs Säubern der Kette zu haben.

Ich hatte den Kettenstopper an der Winde bald wieder klariert, und wir legten uns ordentlich vor Buganker und Kette. Aber ich fragte mich doch, und das nicht zum ersten Mal, warum in Neuseeland, wo mit viel Können und Liebe ausgezeichnete Boote gebaut werden, die im Inland hergestellte Ausrüstung dafür so oft schlecht konstruiert oder fehlerhaft produziert wird. Und ich erinnerte mich wieder daran, daß wir drei Blei/Säurebatterien hatten zurückgeben müssen, weil die Säuredichte von Zelle zu Zelle differierte, ehe wir endlich ein fehlerfreies Paar bekamen.

Malolo Lailai - so klein, daß man es, auf seinem Sandstrand barfuß laufend, in einer Stunde umwandern konnte, war 1966 von dem Australier Dick Smith gekauft worden. Er hatte zwei der üblichen Feriendörfer im Fiji-Stil darauf errichtet, jedes mit einer Reihe palmwedelgedeckter *bures*, in denen die Touristen wohnten. Es gab einen Lebensmittel-Laden für Selbstversorger, aber auch ein zentrales Restaurant mit Menus für den Gourmet. Das erste Feriendorf hieß Plantation Village, das neuere, von Dick und seiner Frau geleitet, war als »Dick's Place« bekannt. Zwischen den beiden lag eine Landebahn für das kleine Flugzeug, das täglich Proviant, Gäste und Post auf die Insel brachte. Sie war ganz mit Palmen bestanden, doch wir hatten von unserem Ankerplatz aus durch den gerodeten Landestreifen einen freien Blick auf Viti Levu.

Bei unserem letzten Besuch hatten wir uns den Ankerplatz mit nur einer anderen Yacht geteilt. Diesmal hatten wir selten weniger als zehn und manchmal über zwanzig Nachbarn - es war wie ein schwimmendes Dorf. Dieser Anstieg war natürlich vor allem auf die wachsende Beliebtheit des Fahrtensegelns zurückzuführen, aber es hatte sich auch herumgesprochen, daß Dick Yachten mochte und zu ihren Crews großzügig und gastfreundlich war. Er ließ sie nicht nur auf der ganzen Insel nach Belieben herumwandern, sondern ermutigte sie auch dazu, an Land ihre Wäsche mit seinem Wasser zu waschen. Wenn im Erdofen gebackenes Spanferkel auf der Speisekarte stand, lud er die Segler oft ein, seine Gäste zu sein.

Die Ankerbucht war eine Rarität, geschützt, mit gutem Ankergrund und ohne jede Muringboje. Aber das Gerücht ging um, daß mindestens ein »Yachtie« zu seiner Bequemlichkeit einen eigenen Muringklotz zu verlegen gedachte. Leider zieht eine Muringboje immer andere nach sich, wie wir oft erlebt hatten, so daß ein favorisierter Ankerplatz binnen kurzem von Yachties, die niemand eingeladen hat, mit Muringgeschirr zugewebt werden kann. Und der Möchtegern-Besucher muß sich anderswo nach einem freien, geschützten Platz für seinen Haken umsehen.

Unsere Nachbarn kamen meist aus Australien, Neuseeland und USA, doch wir sahen ebenso kanadische und deutsche Flaggen, und zweifellos würden sich bald auch andere Nationalitäten einfinden, wenn die alljährliche, nach dem Nationalfeiertag (14. Juli) in Tahiti mit Westkurs auslaufende Freizeitflotte ihren Weg über den Südpazifik gefunden hatte. Manche blieben nur ein bis zwei Nächte, andere - wie wir - bis zu einem Monat und länger, und es gab sogar fast Dauerlieger - wenn man bei den Seezigeunern dieser reisefreudigen Epoche überhaupt von Dauer sprechen kann -, die es sich zur Gewohnheit machten, sechs Monate (die längste erlaubte Frist) auf Malolo Lailai einzufallen, dann vor der Hurrikansaison nach Süden auszuweichen und wieder zurückzukehren, wenn diese Gefahr vorbei war.

In unserer Nähe lag die Stahlkutteryacht SI TI SI III. Wir hatten ihre Eigner John und Mary Lavery zum ersten Mal im Roten Meer getroffen, als sie in einem früheren Boot um die Welt segelten. Einige Jahre später begegneten wir uns wieder in Hawaii, wo sie mit Häuserbauen Geld verdienten, und danach hatten sie ihr jetziges Schiff in Tasmanien bauen lassen. Damit machten sie einige beachtliche Reisen im Westpazifik, hatten aber im Jahr zuvor das Pech gehabt, nachts in den Salomonen an der Luvseite eines Riffs zu stranden, das steil aus tiefem Wasser aufragte. Da sie nicht auf demselben Weg freikommen konnten, wie sie aufgelaufen waren, lag ihre einzige Überlebenschance darin, ihr Schiff über die Korallenfelsen in die Lagune dahinter zu ziehen. Damit plagten sie sich mehrere Tage, brachten bei Niedrigwasser von Hand Anker aus und warpten das Schiff bei Hochwasser an den Ketten übers Riff. Zoll für Zoll bewegten sie SI TI SI so mühsam weiter, bis ihre mutige Entschlossenheit schließlich belohnt wurde. Für die Reparatur segelten sie nach Neuseeland, wo wir uns abermals begegneten, und nun lagen sie hier, unauffällig und bescheiden wie eh und je. Ihr nächster Zielhafen? Honiara in den Salomonen. Anscheinend konnten sie trotz ihres schrecklichen Erlebnisses der Herausforderung nicht widerstehen, die korallenverseuchte Gewässer für den Skipper bedeuten, und im Gegensatz zu vielen Seglern von heute waren sie weder mit Funk noch mit Satellitennavigation ausgerüstet.

Kurz nach uns traf auch die australische Slup CERA ein, deren Eigner Michael und Norma Henderson sich als Freunde uns befreundeter Segler vorstellten. Sie waren von Sydney zu einer auf sieben Jahre angesetzten Reise aufgebrochen, die zum Teil lange Gegenwindstrecken einschloß, aber das konnte sie nicht abschrekken, denn ihr Schiff war für Am-Wind-Kurse konstruiert, gebaut und geriggt. Zum Beispiel führten CERAS Wanten nicht wie bei uns zu den Deckskanten, sondern zur Außenkante des Kajütaufbaus, der mit Stahlbügeln entsprechend verstärkt worden war; dadurch konnte das Vorsegel weit innen geschotet werden, denn die beiden Salingspaare waren zu demselben Zweck besonders kurz gehalten worden. Michael war Arzt, kannte sich aber mit Metallarbeiten gut aus, führte auch das nötige Werkzeug mit und war so freundlich, die Scheibengatts unserer Reffleinen am Großbaum an eine effektivere Position zu versetzen, wo sie auch das Großsegel weniger beschädigen konnten. Und Norma – wir hörten es mit Entzücken – war früher Segelmacherin von Beruf gewesen. Sie nahm unser zerrissenes Groß mit, reparierte es erstklassig und brachte sogar einige Verbesserungen an. Zuletzt faltete sie es, was an Bord einer Yacht keine leichte Aufgabe ist. Und um das Maß ihrer Freundlichkeit voll zu machen, luden sie uns zum

Abendessen in ihren perfekt eingerichteten, von gemütlichen Lampen beleuchteten Salon ein, der wie die ganze Wohneinrichtung an Bord von Michael selbst gebaut worden war.

In Korallengewässern ist es ratsam, für die Navigation nach Sicht eine Möglichkeit zum leichten Aufentern zu schaffen, und die Altmodischeren von uns weben dazu die Unterwanten aus. Aber Webeleinen sind eine Folter für bloße Füße und führen außerdem nur bis zur Saling. Deshalb kamen Mast-Stufen auf, kleine Sprossen aus Metall, die an einen Holzmast geschraubt und an einen aus Metall genietet werden. Sie sind bequemer, haben aber den Nachteil, zusätzlich permanentes Gewicht und Windwiderstand nach oben zu bringen, außerdem beeinträchtigen sie manchmal das laufende Gut. Deshalb hatten die Hendersons für ihre CERA eine Jakobsleiter gebaut, die bei Bedarf unten vor dem Mast an Decksbeschlägen befestigt und mit Fall und Winsch hochgezogen und durchgesetzt wurde.

Ein Dauergast unseres schwimmenden Dorfes war der Kutter MOIRA. Sein Eigner Richard war Meeresbiologe, und er beschäftigte sich während seines Aufenthalts auf Malolo unter anderem mit Farbaufnahmen einer seltenen Korallenart in einem nahegelegenen Riff. Täglich schwamm er zu seinen Hauptdarstellern und machte eine Blitzlichtaufnahme für seine Bilderserie, die das Wachstum dieser Korallenart veranschaulichen sollte. Er selbst war Amerikaner, seine bezaubernde Freundin Freddie eine Franko-Marokkanerin. Auch sie verstand sich zu beschäftigen, und eines ihrer Talente war das Bedrucken von T-Shirts. Richard und sie waren engagierte Umweltschützer und empört über die Ausrottung der Meeressäuger, und so lautete einer ihrer T-Shirt-Slogans *Save a whale, eat a Jap* – »Rette einen Wal, friß einen Japsen«. Von ihren Einkaufsfahrten nach Lautoka brachte uns Freddie immer irgendeine Kleinigkeit mit, etwa eine Ananas, Bananen oder einen Kohlkopf.

Auch an Bord der Slup DRAGON wohnte ein fleißiges und künstlerisch talentiertes Pärchen. Louis fertigte Schnitzereien aus poliertem Walbein an (wir fragten uns, was Richard und Freddie wohl davon hielten), und seine Frau George (ungewöhnlich, gleich zwei

Frauen mit Männernamen in unserer Bucht), war eine professionelle Porträtmalerin; außerdem verstand sie sich auf die exotische Küche. In der Tat war das Abendessen, zu dem wir auf die DRAGON eingeladen wurden, so großartig und vielfältig, daß wir danach nicht mehr den Mut aufbrachten, Louis und George mit unserem einfachen Essen aus ungekühlten Zutaten zu bewirten.

Während WANDERER in der Orams-Marina gebaut worden war, hatten wir den schon älteren hölzernen Kutter FLEETWOOD kennengelernt. Die Eigner Randy und Jamie Brown waren darin von San Diego herüber gesegelt und ließen dem schönen alten Schiff hier eine liebevolle Überholung angedeihen. Nun lagen sie in unserer Nähe, und wir bewunderten sehr, was sie geleistet hatten. Das lackierte Holz beispielsweise hatte die warme, glatte Patina von poliertem Holz, so daß wir uns fast unserer vergleichsweise groben Bemühungen schämten. Einige Tage später klarierten die Browns für Vila aus, fanden aber draußen 40 Knoten Wind und eine so rauhe See, daß sie klugerweise umkehrten und auf besseres Wetter warteten. Susan und ich wären an ihrer Stelle jetzt wahrscheinlich gereizt und unruhig gewesen, um so mehr, als es verboten ist, nach dem Ausklarieren von Fiji eine vorgelagerte Insel anzulaufen. Doch als die Sonne abends mit einem drohenden roten Feuerschein unterging und der Wind zum ersten Mal seit vielen Tagen einschlief, war es eine Freude, Randy und Jamie zuzusehen, wie sie sich in ihren Decksstühlen auf FLEETWOOD entspannten, jeder auf einer Seite des Großbaums, mit einem Drink in der Hand.

Die Amerikaner waren Meister im Arrangieren von Grillparties auf dem verlassenen Strand im Norden der Insel und luden uns jedes Mal dazu ein. Aber ich habe mir noch nie viel aus Picknicks mit sandigen Sandwiches gemacht, und nachdem ich an einer dieser Strandparties teilgenommen hatte, sagte ich für die anderen ab. Es schien mir ein schlechter Tausch, in fast rabenschwarzer Nacht auf einer umgestürzten Palme zu balancieren und sich von Moskitos anzapfen zu lassen, während man außen verbranntes, innen noch rohes Fleisch kaute, statt – wie auf CERA – an einem sauberen Tisch, bei freundlicher Beleuchtung und ohne jede Insektenplage eine ordentlich zubereitete Mahlzeit zu genießen. Ich kann nur hoffen, daß ich niemals schiffbrüchig werde.

Doch unsere Zeit auf Malolo war insgesamt angenehm und arbeitsam. Wir hatten genug Holz und anderes Material an Bord, auch die meisten notwendigen Werkzeuge, und konnten an unserem neuen Schiff deshalb vieles verbessern, neu einbauen oder Mängel beheben, die auf dieser ersten Reise ans Licht gekommen waren. Susan fertigte einiges neu an, darunter einen Windschutz, eine Plichtpersenning und einen Bezug für die Ankerwinde; sie reparierte die Segelpersennings und änderte sie dabei gleich so, daß sie besser paßten, und wenn das Wetter es zuließ, polierte und lackierte sie alle Messingbeschläge. Mit ein paar dicht aufgeschraubten Latten verwandelte ich den größten Teil des Kajütdachs in eine Regen-Auffanganlage. In diesem Winter regnete es so oft und stark, daß wir vier Monate lang kein Süßwasser von Land bunkern mußten. Ich konnte das Pantry-Skylight wasserdicht machen und beseitigte (leider nur vorübergehend, wie ich später feststellte) die lästigen Leckagen an den Püttings. Ursprünglich saß auf dem Kajütaufbau eine Winsch für die Reffleine der Rollfock, aber da wir merkten, daß ihre Bedienung von Hand genauso leicht und sehr viel schneller ging, setzte ich die Winsch auf das Vordeck um, so daß ich das Babystag über sie durchsetzen konnte. Ich tischlerte eine stabile Holzkonsole für den Kompaß und baute ihn am Brückendeck, wo er ständig im Weg gewesen war, aus, in das Querschott ein und ... Doch jeder Eigner oder Skipper einer neuen One-off-Fahrtenyacht weiß, wieviel es für uns zu tun gab. Auch heute noch, ein Jahr danach, sind wir nicht fertig damit, und eben darin liegt zum großen Teil die Faszination unseres Lebensstils.

Fast täglich ruderten wir an Land und gingen auf der Insel spazieren, wir badeten und genossen das klare warme Wasser wie eine Liebkosung. Unser Schlaf war tief und fest, sobald wir uns erst einmal an den regelmäßigen Gebrauch der Mückengitter gewöhnt hatten, denn die Moskitos waren abends selbst noch draußen auf der Reede eine Plage. Ich hatte aus Hartlötdraht für alle Bordöffnungen Rahmen gemacht, die Susan mit Netzstoff bezog. Sie waren leicht, billig, schnell hergestellt und benötigten wenig Stauraum.

Bei Ausflügen nach Lautoka holten wir das neue Servoruder für die Windfahnen-Steueranlage ab oder erledigten unsere größeren Lebensmitteleinkäufe, denn in Dicks kleinem Laden gab es nicht alles; jedes Mal kehrten wir mit Freude und einem Seufzer der Erleichterung auf die Insel zurück. Doch wie alle anderen mußten auch wir schießlich weitersegeln. Wehmütig fragten wir uns, ob wir unsere Freunde aus dem schwimmenden Dorf von Malolo jemals wiedersehen würden und wenn ja, wo. Natürlich wurden unsere Plätze von Neuankömmlingen eingenommen, die alle eine Zeitlang die Annehmlichkeiten und den Komfort dieser schönen Lagune genießen und sich mit ihren Nachbarn anfreunden würden – bis auch sie wieder weiterzogen.

Unter dem niedrigen grauen Himmel war die Luft feucht und salzhaltig. Das Stakkato des Regens und das sonore Heulen des Starkwinds im Rigg wurden übertönt vom hohlen Dröhnen der Brandung an den dicken Mauern, die uns schützten. Immer wieder brachen Spritzwasserflagen über die Mauerkrone und prasselten zischend auf den Hafen und unser Deck nieder.

Viele Jahre lang hatte hier eine lange hölzerne Pier für den Holzhandel gestanden, aber sie war zu ungeschützt, deshalb hatte das Australian Public Works Department 1919 Coffs Harbour darum herumgebaut: Molen aus Fels und Beton wurden zwischen zwei kleinen Inseln und dem Festland errichtet, aber klugerweise der Sandstrand freigelassen, damit sich die Brecher daran totlaufen konnten. Leider hatte die Stauergewerkschaft den Holzhandel hier abgewürgt, deshalb blieb die Pier leer und verfiel, und der Hafen selbst wurde nur von Fischerbooten und Yachten angelaufen. Innenmolen mit engem Durchlaß schützten sie zusätzlich vor dem Schwell und boten einer Marina mit rund hundert Liegeplätzen Raum. Sie war in mancher Hinsicht atypisch: Es gab weder Wasser- noch Stromleitungen, auch keine Beleuchtung, und die Zufahrt bestand nur aus einem einspurigen Weg auf der Mauerkrone, der bei Schlechtwetter wegen der darüberbrechenden Seen nicht benutzt werden konnte. Da der Hafen von der Küste in den Pazifik hineinragte, war man hier den Naturgewalten fast so direkt ausgesetzt wie auf offener See, nur daß die Boote sicher in fast glattem Wasser lagen. Der Schwell im Hafen war überraschend gering, oft strapazierte jedoch ein starker Sog die Fender und Festmacherleinen.

Susan und ich dankten unserem Geschick, daß wir hier gut aufgehoben liegen konnten, statt uns draußen in der grauen, diesigen, weißschäumenden Wüstenei mit dem Pazifik herumschlagen zu müssen, denn es war der dritte Südsturm innerhalb von zehn Tagen. Aber das Wetter benahm sich nicht nur an der Küste von New South Wales ungewöhnlich, vielmehr ging dieser Winter - und die Wintermonate sind die Segelsaison im Südwestpazifik, denn im Sommer drohen die Wirbelstürme - überall als besonders hart in die Annalen ein; wenige konnten sich an einen schlimmeren erinnern.

Selbst in der Nandi-Bucht am sonst ruhigen und trockenen Westrand der Fijis hatten wir während unseres zweimonatigen Aufenthalts ein Übermaß an Regen und Starkwind erlebt. Immerhin schien sich das Wetter zu bessern, als es für uns Zeit wurde, zur 550 Meilen langen Überfahrt nach Port Vila in Vanuatu aufzubrechen. Dieser Archipel aus vierzig Inseln, die sich über sieben Breitengrade erstrecken, war bis zum Vorjahr das britisch-französische Kondominium der Neuen Hebriden gewesen, und wir hatten einiges Widersprüchliche über seine Entwicklung seit der Unabhängigkeit gehört.

Die Überfahrt, die wir in WANDERER IV schon einmal gemacht hatten, sollte eigentlich ein Schönwettertörn vor mäßig starkem Passat werden, und wir hatten uns darauf gefreut. Doch als Fiji achteraus hinter der Kimm versank, frischte der Wind auf und wurde immer stärker. Nach und nach mußten wir immer mehr Tuch wegnehmen, bis nur noch das dichtgereffte Groß und die Sturmfock standen und der Seegang uns zu beuteln begann.

Am dritten Tag standen wir etwas nördlich des direkten Kurses und hatten voraus zwei Gefahrenstellen: »Wasserverfärbung, festgestellt 1944« und »Untiefe, festgestellt 1965«. Auf den Pazifikkarten finden sich neben solchen Warnungen oft noch viel ältere Jahreszahlen. Aus unserem Annäherungswinkel war die Durchfahrt zwischen beiden knapp acht Meilen breit; bei solchen Warnzeichen kann man nur von einem mit Sicherheit ausgehen: daß die Gefahrenstelle nicht dort liegt, wo sie auf der Karte eingezeichnet ist. Deshalb änderten wir den Kurs so, daß er uns weit südlich ihrer angeblichen Position vorbeiführte.

Gegen Ende der Reise liefen wir nur unter Sturmfock, um nicht zu schnell zu werden, und die letzten dreißig Stunden lenzten wir vor Topp und Takel, während wir darauf warteten, daß die Sonne wenigstens einmal zwischen der dichten Wolkendecke hervorsah und uns eine Positionsbestimmung erlaubte, bevor wir zwischen die Inseln segelten. Wenn wir sie nämlich verfehlten, mußte es schwierig, wenn nicht gar unmöglich werden, wieder zurück zu kreuzen. Wegen dieser Verzögerung dauerte unsere Überfahrt sechs Tage, aber zum Glück kamen wir doch noch rechtzeitig am Freitagnachmittag an, um die Hafenbeamten zu erwischen, ehe sie sich ins Wochenende verabschiedeten. Höflich, aber sehr ernst füllten sie gewissenhaft ihre vielen Formulare aus, und einer von ihnen ermahnte mich, nachdem er meinen Paß studiert hatte, in meinem Alter nicht mehr zu segeln.

Vilas Uferfront war seit unserem letzten Besuch aufgeräumt worden. Einige der 53 ausländischen Yachten lagen mit dem Heck zum Kai, aber wir ankerten doch lieber an einem weniger überlaufenen und geschützteren Platz in Lee von Iririki Island, dicht vor dem verlassenen, aber noch gut gepflegten ehemaligen britischen Regierungsgebäude, und gingen mit dem Beiboot an Land. Der einzige Nachteil dieses Ankerplatzes war, daß alle Yachten sich anderswohin verholen mußten, solange der ab und zu auftauchende Öltanker seine Ladung für die Insel löschte, als hätte er irgendeine ansteckende Seuche an Bord.

Die kleine Stadt schien uns fast unverändert zu sein und hatte immer noch das angenehme französische Flair. Auf dem Markt unter den Kasuarina-Bäumen des Uferkais saßen immer noch die Händler auf der Erde zwischen Früchten, Gemüse und Muscheln;

derselbe alte Laden bot »zollfreie« Waren zu normalen Einzelhandelspreisen an, es gab ein herrliches Sortiment frischer Baguettes und Croissants und die größten und besten braunen Eier, die wir seit langem gegessen hatten. Die Einwohner hatten etwas Liebenswertes an sich, auch wenn viele grobe Gesichtszüge und fast keine Zähne mehr besaßen, und zeigten sich uns gegenüber freundlich und hilfsbereit. Immer wenn wir an dem kleinen Sandstrand unserer Ankerbucht landeten, rannten die Zuschauer herbei und halfen uns, das Dingi über die Hochwassergrenze hinaufzuziehen. Wenn wir uns bedankten, lächelten sie nur scheu. Obwohl in den Straßen viele junge Männer offenbar ohne Beschäftigung herumstanden (es hieß, sie ließen die Frauen arbeiten und prügelten sie, wenn sie sich weigerten), sahen alle gesund und wohlgenährt aus und trugen saubere, oft grellbunte Kleider.

Während der ersten zwei Wochen blieb es stark bewölkt, es nieselte oder regnete fast pausenlos, und als der Himmel endlich aufklarte, wehte der Passat, der hier zu dieser Jahreszeit sonst 4 bis 5 Beaufort erreicht, Tag für Tag mit solcher Wucht, daß die Inselfrachter auf Südkurs nur mit zwei bis drei Knoten dagegen ankamen und von »grober bis sehr grober See« berichteten. Die Rundfunkstation von Port Vila sollte angeblich täglich nach den Mittagsnachrichten (d. h. täglich außer Samstag und Sonntag, denn dann legte sie eine totale Sendepause ein) den Wetterbericht ausstrahlen, aber da die Nachrichten in drei Sprachen verlesen werden mußten, in Englisch, Französisch und Bilama, einer Art Pidgin, blieb für das Wetter oft keine Zeit mehr. Deshalb wanderten wir nachmittags manchmal bergauf zu der freundlichen Wetterstation, um uns die Vorhersage selbst abzuholen. Eine Ermutigung zum Auslaufen jedoch bekamen wir nicht.

Zwischen den Yachten, deren Crews über die vom Schlechtwetter verursachte Verzögerung immer ungeduldiger wurden, herrschte reger gesellschaftlicher Verkehr. Aus Sorge um ihre Navigation bei ständig bedecktem Himmel hatten manche Skipper in ihrer Heimat Satnavs bestellt und konnten vor ihrem Eintreffen nicht auslaufen – sie warteten immer noch, als wir uns verabschiedeten. Eine der Yachten, die wie geplant auslief, war der australische Kutter ARRIBA. Tony und seine Frau hatten ihr schönes Holzschiff selbst gebaut und unter anderem eine Umsegelung Australiens im Gegenuhrzeigersinn hinter sich, wobei sie zweimal Aufregendes erlebten. Als Tony auf einem Flußankerplatz in Queensland mit dem Dingi an Land ruderte, wurde seine Frau, die im Heck saß, von einem Krokodil in den Rücken gebissen (Krokodile stehen unter Naturschutz und dürfen nicht ohne Lizenz geschossen werden). Wir fragten, ob der Biß schlimme Nachwirkungen gehabt hätte, wie Blutvergiftung oder so, doch Tony schüttelte den Kopf und erzählte grinsend, daß der Reptilspeichel nur den Lack vom Dingi gefressen hätte - wie Abbeizer. Das zweite Erlebnis war ein Mastbruch in der Australischen Bucht, aber davon ließen sie sich nicht aus der Ruhe bringen, sondern setzten einfach ein Juryrigg und segelten damit nach Adelaide.

Eines Abends waren wir zu einer »Sardinen«-Party, einem vollen Erfolg, auf eine der vielen Yachten eingeladen, die von Neuseeland hier herauf nach Norden gesegelt waren. Die meisten Crews dieser Flotte waren an Bord zu Gast, und ihre Konversation drehte sich überwiegend um die Funkerei. Offenbar fühlte sich kaum einer von ihnen auf See sicher, wenn er nicht mehrmals am Tag mit anderen Yachties über Wetter, Navigation und ihren Zielhafen reden oder Rezepte und den neuesten Klatsch austauschen konnte. Dabei erfuhren wir, daß sogar die Hiscocks, die ohne Funkgerät segelten, Stoff für ihre Gespräche geboten hatten. Irgend jemand hatte unseren Ausreisetag von Fiji in den Äther posaunt, mitsamt unserem geplanten Kurs. Wären wir nicht binnen einer vernünftigen Frist angekommen, hätte das Besorgnis und Nachfragen, wahrscheinlich sogar eine Suche auslösen können. Dabei hätten wir vielleicht nur unsere Pläne und unseren Kurs geändert und ein anderes Ziel angelaufen.

Als wir durch die Dunkelheit zu WANDERER V zurückpullten, meinte ich zu Susan, daß diese Partygäste sich etwas Wesentliches entgehen ließen: die tiefe Befriedigung über einen Erfolg, wenn sie sich mehr auf sich selbst und ihr Können verließen, statt während der Überfahrt alles mit anderen zu bereden, ganz so als hielten sie einen Telefonschwatz in ihrem Satellitenvorort. Bei der

Ankunft in einem fremden Hafen erlebten sie nicht wie wir die Freude und Erregung über selbst Erforschtes, denn über Funk hatten sie schon längst erfahren, wo der beste Ankerplatz, das beste Hotel, der beste Laden war, daß morgen abend um sechs zur Happy Hour auf MARY JANE geladen wurde und am Mittwoch ein Busausflug zu den Sehenswürdigkeiten geplant war. Manchmal ließen sich diese von ihren Funkgeräten so abhängigen Leute sogar elektronisch in einen Hafen hineinlotsen, statt ihren eigenen gesunden Menschenverstand und ihre Seemannschaft einzusetzen - was gelegentlich unangenehme Folgen zeitigte. Die Crew einer Yacht, die sich auf diese Weise bei Nacht nach Vila hineinsprechen ließ, fand sich plötzlich mitten in den Riffen wieder, obwohl die beiden roten Ansteuerungslichter, mit deren Hilfe sie sicher hineingelangt wäre, hell leuchteten.

Susan stimmte mir zwar zu, meinte aber, daß Funk heutzutage eben fast überall benutzt würde, und wenn die Segler auf diese Weise davon Gebrauch machen wollten, dann sei das einzig und allein ihre Sache. Das stimmt natürlich, aber mich beunruhigen in erster Linie die ungerechtfertigten Hilfe-Ersuchen über Funk, denn jede Suchaktion auf See oder aus der Luft, die ein breites Medienecho auslöst - was in den meisten Fällen zutrifft -, bringt auch den Rest der Seglergemeinschaft ungerechterweise in Verruf und uns alle dem Tag näher, an dem strengere Vorschriften unser aller Freiheit noch mehr beschneiden werden. Meist sind es Yachten von Regattazuschnitt, die das unliebsame Aufsehen erregen, während die soliden Fahrtenschiffe zu Tausenden unauffällig und seetüchtig ihres Weges ziehen, ohne jemals anderen zur Last zu fallen.

Kurze Zeit, nachdem wir am Ende dieser Pazifikreise wieder nach Neuseeland zurückgekehrt waren, gerieten Teilnehmer an der Auckland-Suva-Regatta auf dem Heimweg in einen dreitägigen Oststurm von 60 Knoten. Wir lagen zu dieser Zeit in einer geschützten Bucht vor Anker und waren zwei Tage vor dem orkanartigen Sturm nur durch das veränderte Erscheinungsbild des Himmels gewarnt worden. Er war ein einziges Gewirr schnell ziehender Cirrusfasern, und die Sonne hatte einen Hof. Ungewöhnlich war der mit 1030 mb sehr hohe Luftdruck, das Barometer begann erst zu fallen, als der Sturm schon losgebrochen war, und auch über Rundfunk war zuvor keine Warnung ausgestrahlt worden.

Der nachfolgend beschriebene Ablauf der Ereignisse in diesem Orkan soll keine Kritik sein, denn niemand hat ein Recht zu kritisieren, der nicht dabei war oder nicht alle Details mit hundertprozentiger Sicherheit kennt; er kann aber vielleicht als Kompendium dienen.

Yacht A setzte irgendwo in der Nähe von Norfolk Island den Funkspruch ab, daß sie zu sinken drohte. Eine Orion der RNZAF* fing das Notsignal ihrer EPIRB**-Funkboje auf, peilte ihre Position an und wies einen Frachter zur Hilfeleistung ein.

Dieser barg die Crew bis auf einen Mann ab, der zwischen Frachter und Yacht stürzte. Ein außergewöhnlich mutiger Offizier hechtete vom Oberdeck des Frachters ins Wasser, konnte den Verunglückten aber nicht mehr retten. Damit die aufgegebene Yacht nicht die Schiffahrt gefährden konnte, wurde sie versenkt. Deshalb muß man sich fragen, ob sie wirklich schon am Sinken gewesen war (Luftaufnahmen ließen eher auf das Gegenteil schließen). Hätte die Crew nicht, statt um Hilfe zu rufen, das Schiff aus eigener Kraft in den sicheren Hafen bringen können, ohne dabei einen Mann zu verlieren?

Yacht B funkte um Hilfe, da sie einen Felsen berührt hatte. Eine Fregatte nahm sie in Schlepp, aber auch dieser Havarist kann nicht unrettbar beschädigt worden sein, sonst hätte er den langen Heimweg bei grober See nicht überstanden.

Yacht C forderte Hilfe an, da sie »zweimal gekentert« war. Doch erreichte sie den Hafen mit nur moralischer Unterstützung seitens einer Marine-Eskorte.

Yacht D funkte, daß ihre Position unbekannt sei, was bei dem die Sicht stark einschränkenden Wolkenbruch niemanden überraschen konnte. Vielleicht hätte sie beidrehen können, bis sie ein Besteck bekam, aber wieder half die Marine aus.

* Royal New Zealand Air Force = die königlich-neuseeländische Luftwaffe
** Emergency Position Indicating Radio Beacon = selbsttätiger Seenotfunksender

Yacht E strandete gegen Mitternacht, auf dem Höhepunkt des Orkans, an der Küste, wobei von der achtköpfigen Crew sieben Mann ertranken. Sie war mit Satnav ausgerüstet gewesen, hätte also spätestens nach dem letzten Satellitendurchgang wissen können, daß sie ins Verderben lief, und sich schon draußen auf See mit einem Kreuzschlag von der Küste weg freihalten können, statt weiter auf Land zuzulaufen. Später hieß es, daß der Eigner, der nicht an Bord war, zur fraglichen Zeit mit ihr in Funkverbindung gestanden hatte.

Daraus scheint hervorzugehen, daß drei, wenn nicht sogar vier der fünf Yachten keine Seenotfälle geworden wären, hätten sie nicht um Hilfe gerufen; dann wären Rettungsaktionen zu Wasser und in der Luft, Abschleppen und Eskorte unnötig gewesen. Anscheinend sind manche Skipper auch nicht bereit, beizudrehen und auf Wetterbesserung zu warten, doch muß man hierbei berücksichtigen, daß sich manche modernen Yachten weder stabil beidrehen noch sicher vor Topp und Takel legen lassen.

Als wir Vila verließen, hatten wir vor, Nouméa im Südwesten der großen französischen Insel Neukaledonien anzulaufen. Dazu mußten wir 220 Seemeilen nach Süden segeln, gegen die vorherrschende Windrichtung, die Île Maré runden (südlichste Insel der Loyalty-Gruppe) und danach 70 Meilen nach Südwesten halten, auf die Havannah-Durchfahrt zu. Letztere führt durch Neukaledoniens Saumriff, das zweitgrößte der Welt, um die Südspitze der Insel in die Lagune hinein. Zwischen dem Paß und der Île Maré können starke Strömungen unterschiedlichster Richtungen auftreten. In Band II des *Pacific Islands Pilot* steht, daß Schiffe, die in der Gegend bei Einbruch der Nacht beidrehten, im Dunkeln bis zu 25 Meilen nach Südost vertrieben, andere über dieselbe Entfernung nach Nordost, und daß der Tidenstrom in der Passage 5 Knoten erreicht. Da sie gut befeuert war, wollten wir uns kurz vor dem Morgengrauen annähern, damit wir für unsere Standortbestimmung die Feuer anpeilen konnten (ein von Yachten bei der Überquerung des Ärmelkanals gern benutztes Verfahren) und Tageslicht für die letzten Schläge in die Lagune hatten. Für den günstigsten Tidenstand wollten wir am besten bei Vollmond dort eintreffen und deshalb auf dem Törn nach Maré noch die eine oder andere Insel anlaufen, falls uns Zeit dazu blieb.

So sahen unsere Pläne aus, als wir ausklarierten und am nächsten Tag Port Vila verließen. Doch trafen wir draußen auf so starken Gegenwind und so grobe See, daß wir nicht nennenswert vorankamen und zu unserem Ankerplatz zurückkehrten. Ein zweiter Versuch am übernächsten Tag scheiterte ebenfalls. Erst eine volle Woche nach dem Ausklarieren konnten wir endlich auslaufen. Die Hafenbeamten bewiesen Verständnis und datierten einfach unsere Papiere um, aber die Verzögerung bedeutete, daß wir nun direkt und ohne Zwischenstopps segeln mußten.

Der Wind kam zwar immer noch von vorn, hatte aber nachgelassen, als wir langsam an den Inseln Eromanga und Tana vorbeikreuzten, und am Nachmittag des dritten Tages nach Vila rundeten wir die Südspitze von Maré. Die flache, konturenlose Insel wirkte im Gegenlicht düster und wie in weißen Rauch gehüllt, so hoch stieg der Gischt von den Brandungsbrechern empor.

Jetzt konnten wir die Schoten schricken und die restliche Distanz bequem vor der Morgendämmerung zurücklegen. Doch da WANDERER V bei Wolkenbruch und Sturm von Stapel gelaufen und seither von Schlechtwetter verfolgt worden war, überraschte es uns nicht sonderlich, daß der Wind bald ganz abflaute. Um unser Konzept einzuhalten, liefen wir deshalb die ganze Nacht unter Motor weiter. Doch als wir nach Log eigentlich vor der Durchfahrt hätten stehen sollen, war weit und breit keine Befeuerung auszumachen. Aus Sorge, daß uns die Strömung nach Süden und zu nahe ans Riff versetzt haben könnte, drehten wir bei und frühstückten, bis es hell wurde. Mit Kreuzpeilungen zu einigen fernen Landmarken fanden wir dann heraus, daß die Strömung uns nicht quer zu unserem Kurs, sondern zurückversetzt hatte und daß das erste Leuchtfeuer mit einer Reichweite von 12 Seemeilen noch 17 Seemeilen entfernt war. Kein Wunder, daß wir es nicht gesehen hatten.

Da die Flaute anhielt, motorten wir weiter und sichteten pünktlich die Leitfeuer, was bei Tageslicht nicht ganz einfach war, ließen uns von der starken Tide schnell durch die Havannah-Passage tragen und wurden vom letzten auflaufenden Wasser in die Baie du Prony geschoben. Unsere alte Admiralitätskarte der Bai war seltsam irreführend, doch in einer winzigen, namenlosen Bucht fanden wir den perfekten Ankerplatz, mit gerade genug Schwojraum für das Schiff. Das Ufer war ein einziges Mangrovengewirr, die Steilküste darüber bedeckte Busch- und Baumbestand, durch den ein Bach herabrieselte. Sein Plätschern und das Zwitschern der Vögel waren in der Stille die einzigen Geräusche.

Als wir am nächsten Tag in Nouméa einliefen, stellten wir fest, daß es sich seit unserem letzten Besuch vor acht Jahren sehr stark verändert hatte. Wie schon in Vila, war die Uferfront auch hier aufgeräumt und renoviert worden. Der Yachthafen des Segelklubs war vergrößert und nebenan eine kommerzielle Marina eingerichtet worden. Beide schienen voll zu sein, aber das störte uns nicht, denn wir legten uns ohnehin lieber vor Anker, mit dem Bug im Wind. Kaum waren wir eingetörnt, da kamen auch schon unsere Segelfreunde Michel und Jane de Ridder von der nicht weit entfernt liegenden MAGIC DRAGON längsseits und begrüßten uns mit frischem, knusprigem Brot und mit Obst. Dankenswerterweise holten sie später auch die Hafenbeamten wieder bei uns ab und setzten sie über.

Wir blieben zwei Wochen und hatten ideales Wetter. Durch die Hafeneinfahrt hatten wir Ausblick auf See und konnten die klaren Sonnenuntergänge beobachten: An vier Abenden hintereinander sahen wir die Sonne mit dem leuchtend grünen Schein versinken, der trotz seiner Häufigkeit immer noch als ein Tropenwunder gilt; überraschenderweise halten dennoch nur wenige Leute danach Ausschau. An Land gab es wenig Anzeichen dafür, daß bald ein blutiger Bürgerkrieg ausbrechen würde, wie die Einheimischen glaubten, aber natürlich sieht ein Fremder kaum unter die Oberfläche. Das Herumlaufen in der vom Verkehr verstopften Stadt mit ihrem Einbahnstraßen-Labyrinth machte uns keinen Spaß, zum Glück konnte Susan ihre kleineren Einkäufe in einem chinesischen Laden nahe bei unserem Ankerplatz erledigen. Als sie dazu im Beiboot zum ersten Mal an Land fuhr, landete sie in der kommerziellen Marina und erklärte dem französischen Aufseher, daß sie von der englischen Yacht dort draußen komme und das Dingi kurze Zeit hierlassen wolle. Darauf ergoß sich über sie ein Sturzbach gehässiger französischer Worte, die sie kaum verstand. Als die de Ridders davon erfuhren, fragten sie den Aufseher nach dem Grund für seinen Ausbruch und bekamen zur Antwort: »Aber sie ist doch Engländerin, und wir wollen hier keine Engländer. Denken Sie nur daran, was sie in den Neuen Hebriden gemacht haben.« Dieser unberechenbare Sanguiniker zwang eines Abends Gäste einer Yacht, die in seiner Marina lag, mit gezogener Waffe, sich flach auf den Boden zu legen, wo sie bleiben mußten, bis ihre Gastgeber eintrafen. Danach zog Susan es vor, mit dem Beiboot am Stand zu landen.

Das Einlaufen in Nouméa war kein Problem gewesen, das Einklarieren dagegen schon. Dazu mußten wir drei Behörden aufsuchen, die alle weit voneinander entfernt lagen: Einwanderungs-, Zoll- und Hafenamt. Die Formalitäten dauerten zweieinhalb Stunden und bedeuteten einen Fußweg von fast drei Meilen.

Das große Saumriff rund um Neukaledonien, das im Süden 40 Meilen weit in die See hinaus ragt, ist schon vielen Schiffen zum Verhängnis geworden; mehrere rostige Wracks liegen da hoch und trocken, eine gut sichtbare, schreckliche Warnung für alle. Eine große, schonergetakelte Yacht hatte sich erst vor kurzem unter diese traurigen Überreste eingereiht. Sie hatte eine Kanaldurchfahrt bei Nacht versucht und mußte die ausgezeichnete Befeuerung falsch interpretiert haben, denn sie lag, von der Brandung umspült, nur eine Meile von dem großen weißen Leuchtturm auf dem Inselchen Amédée entfernt, der eine Reichweite von 16 Seemeilen hat. Von dort liefen wir mit südwestlichem Kurs Richtung Coffs Harbour an der Ostküste Australiens aus, eine Distanz von 850 Meilen.

Bei herrlichstem Wetter glitten wir unter Vollzeug auf Raumschotskurs mit acht Knoten dahin, von der Windfahnensteuerung auf Kurs gehalten. Die See war erstaunlich glatt, wir hatten fast schon vergessen, daß Segeln so ein Vergnügen sein konnte. Wir hätten uns mehr solcher Tage gewünscht, aber in den Gewässern südlich vom Wendekreis des Steinbocks darf man nicht mit bestän-

Unser neues Schiff unter Segeln in der Bay of Islands, Neuseeland

Coffs Harbour, aus der Eindeichung zweier kleiner Inseln zum Festland hin entstanden, ragt keck in den Pazifik hinein.

Nach dem Ruderumbau strahlen vor Erleichterung und Zufriedenheit (von links nach r… Hank, Joe und Susan.

ı links: In Port Vila suchten wir uns einen geschützten Liegeplatz in Lee der Insel Iririki.
ı rechts: Ein Neuzugang im traurigen Wracksortiment auf dem großen Saumriff von Neukaledonien.

glattem Wasser hält uns die Windfahnensteuerung auf Raumschotskurs; wir
en fast schon vergessen, daß Segeln auch solch ein Vergnügen sein kann.

Obwohl nur zwei Meilen vom Stadtzentrum Sydney entfernt, lag unser Ankerplatz Cammeray mitten im unberührten Busch.

Als wir in den Hafen von Sydney einliefen, tauchte die CANBERRA *– nach dem Falklandkrieg gerade erst in ein Kreuzfahrtschiff zurückverwandelt – hinter dem Opernhaus auf.*

digen Wetterlagen rechnen. Das wurde uns auch jetzt wieder vorgeführt. Nach dem ersten herrlichen Tag zeigte sich der Wind umspringend und unstet, erreichte manchmal 25 Knoten, manchmal nur fünf. An einem Tag blies er uns voll in die Zähne, am nächsten kam er von achtern, so flau, daß er nicht mal die Segel füllte, die auf unserem im Schwell rollenden Schiff wild hin und her schlugen. Drei Nächte hintereinander blieb er ganz weg, deshalb krochen wir alle beide in die Kojen und schliefen uns aus. Die Konsequenz war, daß wir nur langsam vorankamen; Etmale über 100 sm schafften wir lediglich an drei Tagen.

Wie schon bei den anderen Ozeanreisen der vergangenen Jahre betrübte uns die Armut an Meeresfauna. Mit dem Anwachsen der Umweltverschmutzung (obwohl wir wenig davon gemerkt hatten, war uns doch bewußt, was anderswo vorging) und dem Einsatz immer größerer Fischereifahrzeuge mit immer raffinierterem Fang-Gerät geht der Tierbestand immer weiter zurück, nur die hohen Breiten sind noch relativ verschont. Manchmal besuchten uns ein paar vereinzelte Tümmler, wo uns auf früheren Reisen große Schulen begegnet waren, ein einsamer Tropikvogel strich vorbei oder ein Paar Kaptauben. Mit Glück sichtete man noch einen Wal oder zwei (wir sahen eine Schule kleiner schwarzer). Nur drei Fliegende Fische landeten bei uns an Bord, während es früher morgens ein ganzes Dutzend gewesen waren. Und was war aus den kleinen Sturmschwalben geworden, von denen sonst immer einige in Sicht gewesen waren, auf fast allen Ozeanen? Seit der kanadischen Küste hatten wir so gut wie keine mehr gesehen. Immerhin beobachteten wir einige Tölpel beim Fischen nahe der Capel-Bank, und einer davon (zumindest glaubten wir, daß es immer derselbe war, obwohl sie ja alle gleich aussehen) verbrachte sogar zwei Nächte hintereinander bei uns an Bord. Beim ersten Mal übernachtete er auf dem Außenborder des Beiboots, den wir am Heckkorb fuhren, zum Glück in Lee, und das zweite Mal auf der Reling in Höhe der Plicht, wo er uns eine ganz erstaunliche Menge Mist hinterließ, die wir dann morgens beseitigen mußten. Diese Vögel haben ein bemerkenswertes Geschick, die Schiffsbewegungen auszubalancieren, während sie, den Kopf unter einen

Flügel gesteckt, schlafen, und scheinen sich auch vor Menschen nicht zu fürchten. Als ein Tölpel auf dem Vordeck gelandet war und nicht mehr davonfliegen konnte oder wollte, hob Susan ihn vorsichtig auf und hielt ihn mit dem Kopf in den Wind. Er sträubte sich überhaupt nicht, sondern breitete die Flügel aus, flog eine Runde und ließ sich dann dicht neben ihr wieder nieder.

Nachdem wir außer Landsicht waren, begegnete uns nur ein anderes Schiff, ein orientalischer Fischer.

In der achten Nacht, wir standen 100 Meilen vor der australischen Küste, rief Susan mich mit der Nachricht an Deck, daß anscheinend ein *southerly buster*, ein Südsturm, aufziehe. Tatsächlich hing tief am südlichen Horizont die typische Wolkenwalze, die so oft dieses Phänomen der australischen Ostküste ankündigt. Wir fuhren das Groß schon mit einem Reff, und da wir wußten, daß ein Buster plötzlich Windstärke und -richtung ändert, nahmen wir die Rollfock ganz weg und warteten ab.

Es mag aufgefallen sein, daß wir bei Starkwind die Fock schon gewohnheitsmäßig einrollten, denn wir hielten die für uns neuartige Rollreffanlage für nicht sehr stabil. Wir hatten beobachtet, daß bei teilweise eingerolltem Segel die Lieken dort, wo sie auf das Aluprofil stießen, starke Biegekräfte verursachten. Außerdem hielten wir die Reffleine für einen schwachen Punkt. Sie mußte zwar stark genug sein, um von Hand eingeholt werden zu können, aber damit bei voll ausgerolltem Segel noch genug Törns um die Trommel lagen, war die Seele dieser geflochtenen Kevlarleine auf einer Länge von so vielen Törns entfernt worden, wie auf die Trommel passen mußten. Dies entsprach zwar den Anweisungen des Herstellers, schwächte die Leine jedoch beträchtlich. Trotzdem glaube ich heute, daß wir beide Male falsch lagen, wenn wir dem Rollreff mißtrauten, das dazu konstruiert und gebaut worden war, den täglichen schweren Belastungen auf See standzuhalten. Doch wie dem auch sei, wir sind der Ansicht, daß es bessere Seemannschaft ist, bei schwerem Wetter ein kleines Sturmvorsegel zu benutzen. Das hat den Vorteil, den Segeldruckpunkt recht weit mittschiffs zu verlagern, während er bei der Rollfock immer weiter nach vorn wandert, je mehr Tuch weggenommen wird.

Die richtige Seemannschaft bei schwerem Wetter ist weitgehend Ansichtssache, aber viel hängt dabei von der Yacht selbst ab, von ihrem Rigg, ihren Am-Wind-Eigenschaften und vor allem von ihrem Unterwasserschiff. Die verschiedenen Optionen sind: Beiliegen unter Segeln, Lenzen vor Topp und Takel, Ablaufen vor dem Sturm oder das Liegen vor Treibanker.

Kurz gefaßt heißt Beidrehen, das oder die Segel und das Ruder in eine solche Stellung zu bringen, daß sie einander neutralisieren, wodurch die Yacht in einem Winkel von etwa 50 Grad zum Wind fast ohne Fahrt liegenbleibt. Dabei luvt sie wahrscheinlich leicht an und treibt nach Lee weg, quer zum Wind, aber je weniger sie sich bewegt, um so besser. Dies ist das sicherste Manöver, wenn man von einem Sturm an einer Küste überrascht wird, die in Lee liegt. Wenn die Yacht vor Topp und Takel lenzen soll, werden alle Segel geborgen und die Pinne in Lee festgelascht. Das Schiff sollte dann quer zu Wind und Seegang liegen und keine Fahrt mehr machen, außer der Abdrift nach Lee. Sollte die Yacht dennoch beschleunigen, wird das Luvruder sie zurückzwingen, bis sie wieder quer zum Wind liegt. Dies ist das einfachste aller Schwerwettermanöver und verlangt der Crew am wenigsten Anstrengung ab. Außerdem hat es den Vorteil, daß das Boot langsam vor dem Wind treibt und nach Luv eine Blasenbahn hinterläßt, welche die anstürmenden Seen bemerkenswert wirksam beruhigt. Allerdings ist es in dieser Querlage zum Wind stark gefährdet, wenn es sich von der glatten Blasenbahn entfernt. Außerdem sind die Bewegungen heftiger als beim Beiliegen unter Segeln. Trotzdem lenzten wir mit der 9 m-Slup WANDERER III viele Male so vor Topp und Takel und nahmen kein einziges Mal gefährlich viel grünes Wasser über.

Wenn der Sturm zufällig in die Richtung weht, in die man segeln will (vorausgesetzt, daß sie nicht auf Riffe oder Land zuführt), bietet sich das Ablaufen unter wenig oder gar keinem Tuch an. Es hebt die Stimmung an Bord, was für das Beidrehen nicht gesagt werden kann. Auf Nordkurs nach Fiji mußten wir vor mehreren starken Stürmen ablaufen. Auch vorher, in unserer 15 m-Ketsch WANDERER IV, hatten wir uns öfter dafür entschieden. Doch kann das Rudergehen beim Ablaufen vor dem Sturm bald allzu anstrengend werden, und die Yacht gerät in Gefahr, wenn sie zu schnell wird. Dann verharrt sie zu lange auf dem Vorderhang jeder durchlaufenden See, läuft aus dem Ruder und kann querschlagen, d.h. sich breitseits zum Seegang legen, von einem Brecher eingedeckt oder sogar zum Kentern gebracht werden. Um die Fahrt zu bremsen und damit sicherer zu machen, können viele lange Trossen vom Heck nach achtern ausgebracht werden, doch wenn das nicht reicht, könnte sich ein Treibanker der traditionellen Art - ein konischer Segeltuchsack, dessen Öffnung durch Querstangen oder einen Metallring ausgespreizt wird - als nützlich erweisen, aber nur, wenn er groß und stabil genug ist. Weit verbreitet ist die Ansicht, daß ein solcher Treibanker, übers Vorschiff ausgebracht, eine Yacht mit dem Bug im Wind halten wird. Das ist zwar unwahrscheinlich, aber wenn es wirklich funktionierte, würde die Yacht Fahrt achteraus machen, wodurch das Ruder und seine Aufhängung großen Belastungen ausgesetzt werden. Zweimal brachten wir auf WANDERER III einen Treibanker über Heck aus, und er reduzierte unsere Fahrt wirksam auf 1 Knoten. Es heißt, ein Fallschirm-Treibanker, vorne gefahren, hält das Boot mit dem Bug im Wind, aber ich könnte mir vorstellen, daß diese große Menge leichten Tuchs bei Sturm schwer ins Wasser zu bringen und dort zu handhaben ist. Allerdings fehlt es mir an Erfahrung mit diesem Typ.

Bald sollten wir erleben, wie sich unser neues Schiff benahm, wenn es beigedreht oder vor Topp und Takel lag. Denn der Wind krimpte schnell von Nordwest auf Süd, brachte einen deutlichen Temperatursturz und frischte auf 30 Knoten auf. Wir laschten die Pinne mit etwa 20 Grad nach Lee fest und drehten WANDERER V mit einem Reff im Groß so bei, daß sie langsam in westlicher Richtung trieb. Doch neigte sie dazu, zu viel Fahrt aufzunehmen, ehe das Ruder sie bremste, deshalb laschten wir die Pinne in Hartlage (35°) fest, überließen das Schiff sich selbst und flohen vor dem Regen in die Kajüte.

Ein Buster hat sich normalerweise nach ein bis zwei Stunden ausgeweht, dieser aber legte immer noch mehr zu und erreichte seinen Höhepunkt erst in der folgenden Nacht mit über 60 Knoten (Beaufort 11, orkanartiger Sturm). Zu dieser Zeit hatten wir längst das zweite Reff eingebunden und das Groß auf etwa die Hälfte seiner Fläche reduziert.

Drei Stunden nach Einbruch der Dunkelheit begann der Sturm plötzlich zuzunehmen, im Rigg zu heulen (nicht zu pfeifen) und das Schiff stark überzulegen. Es wurde zu schnell, nahm grünes Wasser an Deck und gierte unkontrolliert. Beim Anluven schlug das Segel so wild, daß der Mast vibrierte und das ganze Schiff zitterte. Natürlich hätte das Segel längst geborgen sein müssen, aber wir hatten uns davor gefürchtet und es immer wieder aufgeschoben, in der Hoffnung, daß der Wind bald nachlassen würde. Aber nun mußten wir es sofort wegnehmen, denn jede weitere Verzögerung hätte bedeutet, daß es mit Sicherheit schwer beschädigt oder ganz aus den Lieken gerissen wurde.

Nachdem wir mühsam Ölzeug und Sicherheitsgurte, die wir sonst nicht benützten, jetzt aber für nötig hielten, angelegt hatten, setzten wir uns kurz hin und besprachen, wie wir die Sache anpakken wollten und wer von uns beiden was zu tun hatte; denn wir wußten, oben an Deck würden wir uns akkustisch nicht mehr verständigen können, dazu war der Lärm zu groß. Dann schoben wir das Niedergangsluk auf und kletterten hinaus. Im Schein des fast vollen Mondes bot die See einen dramatischen Anblick. So weit das Auge reichte, war sie mit weißen Gischtstreifen bedeckt, Gischt wurde von den Wellenkämmen waagrecht weggepeitscht – so etwas hatten wir seit unserer letzten Umrundung von Kap Agulhas nicht mehr gesehen. Unter Schwierigkeiten konnten wir uns an Deck bewegen, aber nur auf Händen und Knien kriechend; auch der einfachste Handgriff wurde zu einem harten Kampf, und die ungewohnten Sicherheitsgurte behinderten uns ständig.

Als wir das Fall fierten und das schlagende Segel herunterzerrten, bauschte es sich zwar nach Lee, fiel aber leichter als erwartet, weil all die schäbigen kleinen Plastikrutscher, die das Vorliek in der Mastnut hielten, gebrochen waren, als hätte man einen Reißverschluß aufgezogen. Zum Glück wurde das Kopfbrett von einem Nirorutscher gehalten, und auch weiter unten hatte Susan in weiser Voraussicht zwei solche Rutscher angebracht. Da Zeisinge das aufgetuchte Segel bei dem Sturm nicht niederhalten konnten, laschten wir es auf ganzer Länge mit einer Leine fest. Dann klappten wir den Baumgalgen hoch, doch als wir den Großbaum darauf niederfieren wollten und der Dirk auch nur ein bißchen Lose gaben, begann die schwere Spiere wild nach beiden Seiten zu schlagen. Also verzichteten wir auf die Baumstütze, riggten aber das Fall zur Verstärkung der Dirk auf, zu der wir nicht viel Zutrauen hatten.

Mit hart Leeruder lag das Schiff nun vor Topp und Takel, aber nicht sehr stabil; denn statt dem Wind die Breitseite zu bieten, drehte es ihm immer wieder das Heck zu, so daß es Fahrt aufnahm und zu gieren begann. Das überraschte und enttäuschte uns, denn das Unterwasserschiff glich im wesentlichen dem von WANDERER III, die so gut gelenzt hatte. Ich führte diese Ausbruchsneigung auf den Ruderdefekt zurück, der – da der Wind von Backbord einkam – das Drehmoment nach Steuerbord noch verstärkte. Andererseits konnte es auch an dem Luftwiderstand des aufgerollten Vorsegels liegen oder daran, daß der Mast vom Konstrukteur sechs Zoll weiter vorn errichtet worden war, als auf seinem ursprünglichen Segelplan vorgesehen. Es mochte auch eine Kombination aus allen drei Faktoren sein.

Immerhin stieg nur eine einzige schwere See ins Cockpit ein. Dabei gelangte allerdings Wasser unter Deck, und zwar durch die hochklappbare Plichtbank, die von der Werft optimistischerweise als wasserdicht bezeichnet worden war. Sofort nachdem die See über uns hereingebrochen war, hörte ich das alarmierende Rauschen von Wasser in der Bilge, die bisher trocken gewesen war. Also nahm ich mir die Whale-Gusher-Lenzpumpe vor, die leicht greifbar im Ölzeugschrank neben dem Niedergang verstaut war und im Sitzen oder Stehen bedient werden konnte, und pumpte etwa vierzig Liter über Bord. Ich beeilte mich deshalb so sehr damit, weil unsere Bilge ziemlich flach war; wenn sich zuviel Wasser darin ansammelte, konnte es bei diesen wilden Schiffsbewegungen bis hinauf in die Schapps schwappen. Zufällig hatte ich, da mir eine trockene Bilge sehr wichtig ist, bei Munster Simms, den Herstellern der Whale-Lenzpumpe, einen speziellen Saugkasten mit Ventil bestellt, so daß etwa in Schlauch oder Pumpe verbleibendes Restwasser nicht in die Bilge zurücklaufen konnte. Susan machte uns heißen Kakao, wir legten uns hin und schliefen überraschend gut, sobald wir erst mal warm geworden waren.

Um die Mittagszeit war der Wind auf 25 Knoten abgeflaut, nachmittags schafften wir es, neue Rutscher ans Vorliek des Großsegels zu zurren, doch da der Seegang zwar nicht hoch, aber weiterhin sehr ruppig war und wir Erholung brauchten, warteten wir mit dem Segelsetzen bis zum Morgen. Dann gingen wir wieder auf Kurs, wobei wir die stark nach Süden versetzende Strömung an der Ostküste Australiens gebührend berücksichtigten.

Abends machten wir den geplanten Landfall bei den North Solitary Islands, 30 Meilen nördlich von Coffs Harbour, verbrachten die Nacht zwischen den Inseln, wobei wir ab und zu den Motor anließen, um bei dem abflauenden Wind nicht vom Strom versetzt zu werden, und liefen vor dem Frühstück in Coffs Harbour ein, da wir ihn bei Dunkelheit nicht hatten ansteuern wollen. Die Wasserschutzpolizei kam uns in ihrer Barkasse entgegen - sie versieht hier auch den Seenot-Rettungsdienst und holte gleich am nächsten Tag zwei Männer bei auflandigem Sturm von einem defekten offenen Motorflitzer in Strandnähe - und bat uns, im Außenhafen zu ankern, bis Arzt und Zoll an Bord gewesen waren. Da es ein Feiertag war, konnten wir den uns zugewiesenen Liegeplatz in der Marina nicht bekommen. Weil für die Nacht aber erneut Sturm angesagt war, lotste uns die Polizei in den Innenhafen an ihrem eigenen Steg an einen gut geschützten Platz, nahm unsere Leinen wahr und legte uns sogar einen Wasserschlauch so, daß wir das Salz abspülen konnten, mit dem alles verkrustet war. Die Beamten und auch alle anderen Leute, denen wir in Coffs Harbour begegneten, waren so nett und hilfsbereit, daß wir uns wie unter Freunden fühlten.

Nach zwei Tagen am Polizeisteg verholten wir uns in die Marina, die erst vor kurzem eröffnet worden war. Obwohl wir gewöhnlich lieber vor Anker lagen, weil wir da ungestörter und unabhängiger waren, empfanden wir einen kurzen Marinaaufenthalt doch als angenehme Abwechslung. Diese hier hatte so etwas Gemütliches, und natürlich wußten wir auch die Bequemlichkeit zu schätzen, die es bedeutete, jederzeit mit einem Schritt an Land zu sein, statt erst im Dingi übersetzen zu müssen. Es machte uns Spaß, einfach dazustehen und unser neues Schiff nach Herzenslust zu bewundern oder einen halbstündigen Spaziergang auf der Hafenmauer zu machen, über den windgepeitschten Sandstrand und die Eisenbahngeleise - auf denen am frühen Morgen der Nordexpreß mit seinen Schlafwagen und zwei Lokomotiven durchbrauste - und dann weiter zum Einkaufen in das Städtchen Coffs Harbour Jetty hinein. Das größte Vergnügen jedoch machte es uns, die anderen auf ihren Schiffen lebenden Segler kennenzulernen.

Eine bemerkenswerte Frau war Jeané Rouse-Upjohn, M.A., J.P., die mit ihrem Denis an Bord des umgebauten Rettungskutters RANJI wohnte. Sie hatte sich ein kleines Arbeitsvermittlungsbüro aufgebaut, vermittelte Jobs an Leute, die welche suchten, und arbeitete außerdem als Journalistin. In dieser Eigenschaft sprach sie uns an, denn sie wollte gern für die Lokalzeitung einen Artikel über WANDERER V schreiben. Mit Verve übertönte ihre Stimme die Brandung an der Kaimauer, denn sie gehörte zu der Art, die Glas zum Platzen bringt, und dabei hatte Jeané ein sanftes, freundliches Wesen. Sie ließ sich alles Mögliche einfallen, um uns den Aufenthalt zu verschönern, fuhr uns zu Ausflügen ins Hinterland, wo es herrliche Wälder und viele Bananenplantagen gab, vor allem die Touristenattraktion Big Banana, wo sie uns zu eisgekühlten Bananen in Schokoladenhülle einlud - kein einfaches Essen in der Hitze. Sie nahm uns auch ins Plaza mit, ein Einkaufszentrum außerhalb der Stadt, wo sich die Damenkonfektionsabteilung scheinbar über mehrere neonbeleuchtete Hektar erstreckte; Ständer mit Kleidern, Röcken, Blusen, Hosen, Shorts und Unmengen von Unterwäsche reihten sich bis ins Unendliche aneinander.

Der Besitzer der ortsansäßigen Werft, in der Vandalen nachts zuvor Feuer gelegt und die Fiberglasform zerstört hatten, nach der er pro Jahr einen Fischkutter hatte bauen wollen, lud uns mit seiner Frau zum Abendessen in eines der vielen kleinen Restaurants ein, die die Hauptstraße säumten. Dort stießen wir zu unserer Überraschung und Verlegenheit (aber nicht zu ihrer) auf Jeané, die als Kellnerin und Tellerwäscherin hier arbeitete. Später kam auch Denis herein und speiste alleine.

In der Marina lernten wir auch das englische Ehepaar Tim und Pauline Carr kennen, die in ihrer schönen alten Falmouth Quay Punt CURLEW, auf der sie schon viele Jahre lebten, von Europa herübergesegelt waren. Mit ihrem plumpen Heck und Bug, langem Bugspriet, Gaffelrigg und mit ihren lohfarbenen Segeln erregte CURLEW überall Aufsehen und hatte sich auch schon bei einheimischen Regatten hervorgetan. Die Carrs nahmen das Regattasegeln ernst und hatten den alten Kutter so leicht gemacht, wie es irgend ging. Neuerdings hatten sie sogar die Wassertanks ausgebaut, denn, wie Pauline sagte, »auch leere Tanks haben ihr Gewicht«. Wir sprachen mit ihnen über unser Ruderproblem, und ich erwähnte dabei, daß wir nicht nur eine gute Slipanlage brauchen würden – die in Coffs Harbour war sehr gut geeignet –, sondern auch fachmännischen Rat. Die Carrs meinten, wir sollten uns an Joe Adams wenden, einen der führenden Yachtkonstrukteure Australiens, mit dem sie sich in Sydney angefreundet hatten. Wir beschlossen, nach Süden zu segeln und ihn zu konsultieren.

Die Küste von New South Wales erstreckt sich mit ihren unendlich langen goldenen Sandstränden 550 Meilen weit in Nord/Südrichtung, nur gelegentlich unterbrochen von weit vorspringenden Landzungen oder flachen Flußmündungen vor dem Hintergrund ferner Bergketten. Coffs Harbour liegt im Norden, fast an der Grenze zu Queensland. Dieser Küste fehlt es eigenartigerweise an guten Häfen, jedenfalls in meinen Augen, denn die Australier, die so begeistert segeln, würden mir da bestimmt widersprechen. Uns schienen außer Coffs nur drei Häfen bei jedem Wetter oder Seegang sicher zu sein: Port Stephens, Broken Bay und Port Jackson bei Sydney. Die restlichen Häfen, so schön manche auch waren, lagen in Flüssen, waren zwar durch Molen und Leitdämme wesentlich verbessert worden, wiesen aber alle in der Einfahrt Barren auf, an denen sich die See unter gewissen Bedingungen gefährlich staute und brach. Wir hatten seinerzeit fast

Wanderer III und unser Leben auf solch einer Barre verloren – der im Richmond River, die allgemein als eine der harmlosesten gilt –, und verspürten nicht den Wunsch, noch einmal eine zu queren.

Deshalb segelten wir direkt nach Port Stephens, in einem Nachttörn ohne besondere Ereignisse. Der nach Süden setzende Strom, der 4 bis 5 Knoten erreichen soll, schob nicht mit, sondern schien sich schlafen gelegt zu haben. Das genaue Gegenteil hatten wir hier auf unserem letzten Törn nach Norden erlebt, als wir vor Tacking Point – der treffende Name stammt von Captain Cook, der dort die gleichen Probleme gehabt hatte – 18 Stunden lang gegen Wind und Strom anzukreuzen versuchten und schließlich feststellen mußten, daß wir um vier Meilen zurückversetzt worden waren.

Im Lauf der Jahre hatte sich Port Stephens verändert. In jeder halbwegs geschützten Ecke lagen Dutzende von Yachten, Marinas und Austernzuchtfarmen waren aus dem Boden geschossen, und wo wir früher auf einem Sandweg zum Einkaufen ins Dorf Nelson's Bay gewandert waren, fanden wir jetzt eine überlastete Autobahn und wuchernde Wohnsiedlungen, in denen ein Haus das andere von dem bißchen Meeresblick abzudrängen versuchte. Aus dem Dorf selbst war ein Ferienzentrum geworden. Doch der weitläufige Hafen war immer noch schön und bot genug Raum für verschiedene gute Ankerplätze.

Da nur 80 Meilen Port Stephens von Broken Bay trennten und wir nicht bei Dunkelheit ankommen wollten, wegen der verwirrenden Lichterflut an Land, die das nächtliche Navigieren in dichtbesiedelten Gegenden so erschwert, ließ es uns durchaus kalt, als der Wind nach dem Auslaufen von Port Stephens abflaute; schließlich hatten wir den Großteil des Tages und noch die ganze Nacht Zeit. Die See war ruhig, ohne nennenswerten Schwell, der Tag sonnig, aber nicht zu heiß. So segelten wir langsam nach Süden. Da gegen Abend Flaute herrschte, aßen wir gemeinsam ganz zivilisiert am Salontisch und waren uns einig, daß wir danach eine Weile motoren wollten. Wir waren beim Geschirrspülen, als uns plötzlich und ohne jede Vorwarnung ein Southerly Buster überfiel. Der Barograph war nicht gefallen, keine Wolkenwalze war aufgezogen, und wir hatten vergessen, den Wetterbericht zu hören, in dem diese plötzlichen Südstürme mit ziemlicher Verläßlichkeit angekündigt werden. Die Fock hatten wir schon eingerollt, damit sie in der Flaute nicht an den Wanten schamfilte; die Böen kamen so plötzlich und so heftig, daß wir uns gar nicht mit dem ersten Reff des Großsegels aufhielten, sondern es gleich bis auf die zweite Reffreihe niederholten, was eine Schinderei war; denn wie bereits ausgeführt, dauerte das Reffen bei uns ziemlich lange. Dann riggten wir das Babystag auf und setzten daran die Sturmfock. Der Tag hatte uns mit seinem Schönwetter zur Sorglosigkeit verleitet, so daß uns der Sturm nun unvorbereitet überfiel: Der Bootshaken war nicht festgelascht, die Ankerwinschpersenning nicht übergestülpt, die Ankerklüse nicht zugestopft, die Knebelverschlüsse der Schapps waren nicht gesichert und die Schoten im Cockpit nicht klariert.

Als wir das Schiff sturmfest hatten, kroch schon die Nacht herauf, und der bisher strahlend blaue Himmel hatte sich mit grauschwarzen Wolken bezogen, deren tiefhängende Bäuche die Lichtglocke der Industriestadt Newcastle mit düsterem Schein widerspiegelten. Der Seegang wurde kurz und rauh, wie zu erwarten, wenn stürmischer Wind von 35 Knoten gegen Strom steht, und schien sich genauso schnell aufgebaut zu haben wie das Schlechtwetter. Regenflagen peitschten unsere Gesichter, wenn wir über die Sprayhood nach anderem Schiffsverkehr ausspähten. Es wurde wirklich eine miserable Nacht, und ich fühlte mich zum ersten Mal seit vielen Jahren seekrank. Wir konnten den Kurs nicht parallel zur Küste halten, sondern mußten zweimal in der Nähe von Norah Head seewärts kreuzen und dabei Untiefen queren, auf denen laut Karte Brecher stehen konnten.

Nach einigen Stunden ließ der Wind etwas nach, und wir hätten mehr Fläche im Groß tragen können, aber bei der kurzen, steilen See war es uns zu anstrengend, das zweite Reff auszuschütteln und danach das erste wieder einzubinden. Wie einfach wäre all das gewesen, hätten wir ein Rollreff gehabt.

So knüppelten wir langsam weiter, den Rest der Nacht hindurch, und machten uns allmählich klar, daß die Frage nicht mehr lautete, wie wir es anstellen sollten, Broken Bay nicht vor Tagesanbruch zu erreichen, sondern: Konnten wir es überhaupt vor der kommenden Nacht schaffen? Aber dann flaute der Wind noch weiter ab, der Seegang ließ nach, wir setzten mehr Segel, halfen etwas mit dem Motor nach und liefen gegen Mittag in Broken Bay ein.

Der Name ist irreführend, denn Broken Bay ist keine Bai im eigentlichen Sinne, sondern ein fjordartiger Einschnitt, in den ein Fluß – der Hawkesbury – mündet und von dem verschiedene gewundene Arme ins hügelige Land vorstoßen, der längste davon gut 10 Meilen weit (Karte C). Es gibt keine Untiefen, keine gefährlichen Felsen, nur geringen Tidenstrom und – da das Hinterland ein Nationalpark mit fast unberührtem Laub- und Nadelwald ist – auch nur wenige Straßen und kaum Häuser. Allerdings mit Ausnahme von Pittwater, dem Fjordausläufer, der noch in der Einfahrt zur Bucht fünf Meilen nach Süden führt. Er reicht bis 20 Meilen an Sydney heran, deshalb ist fast sein ganzes Ostufer mit Vororten dicht bebaut, die aber eine Meile vor der sandigen Landzunge Barranjoey mit ihrem Leuchtturm abrupt enden. Für die Yachties aus Sydney ist Pittwater – obwohl es keine äußerliche Ähnlichkeit aufweist – das, was für den Engländer der Hamble River ist, und deshalb zugepflastert mit Tausenden von Segel- und Motorbooten. Schon von der Einfahrt konnten wir das Gewirr der Masten erkennen, obwohl die Rümpfe alle noch verdeckt waren. Da wir uns nach der anstrengenden Nacht der Liegeplatzsuche auf diesem überfüllten Gewässer nicht gewachsen fühlten, fuhren wir lieber auf dem Hauptarm nach Westen weiter und ankerten auf dem glatten, grünen und von allen Seiten geschützten Wasser der Refuge Bay, wo wir auch schon früher Zuflucht gefunden hatten. Nach einer ruhigen Nacht und einem großartigen Morgenkonzert der Vögel fuhren wir wieder zurück und nach Pittwater hinein, um Joe Adams zu suchen.

Für den Fremden ist es ein Problem, zwischen dem Bojenlabyrinth einen Ankerplatz zu finden, von dem aus er im Dingi noch halbwegs schnell an Land rudern kann. Wir setzten unsere Hoff-

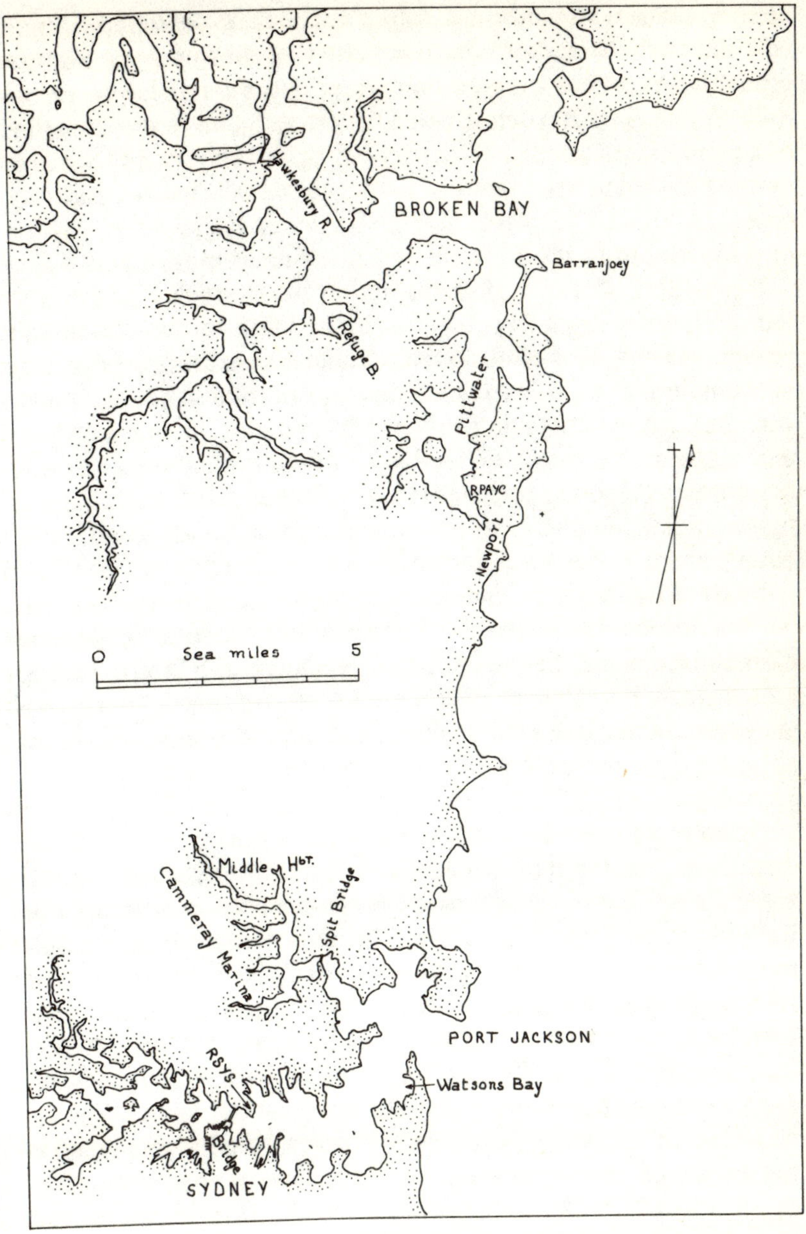

BROKEN BAY
Hawkesbury R.
Barranjoey
Refuge B.
Pittwater
RPAYC
Newport
0
Sea miles
5
Middle Hbr.
Cammeray Marina
Spit Bridge
PORT JACKSON
Watsons Bay
RSYS
Bridge
SYDNEY

KARTE C

nungen auf den Royal Prince Alfred Yacht Club am oberen Ende von Pittwater, von dem aus die Läden in Newport zu Fuß zu erreichen sind. Wir kannten den Klub, denn wir hatten dort bei unserem letzten Besuch einen Diavortrag gehalten und waren dafür mit einem köstlichen gekochten Schinken belohnt worden, den wir gut brauchen konnten, als wir auf dem Rückweg zu unserem Schiff einem halbverhungerten Kätzchen begegneten, das wir nun mit einem Stück aus dem Prachtschinken füttern konnten.

Der Klub nahm uns mit gewohnter Großherzigkeit sofort auf. Der Hafenmeister lotste uns zu einem Platz in der 300 Boxen großen Marina. Der Klubsekretär wollte keine Liegegebühr von uns annehmen, sondern machte uns zu Ehrenmitgliedern, so daß wir einen Monat lang alle Klubeinrichtungen frei benutzen konnten. Es war ein vorbildlicher Klub mit freundlichem, um uns bemühtem Personal, mit mehreren schnellen, sauberen und gut funktionierenden Slipanlagen, einem Restaurant und zwei Bars; in einer davon kauften wir den klubeigenen Scotch namens »The Alfreds«. Es gab riesige Umziehräume – bei den Herren hatte ich die Wahl unter 18 Duschen – und einen gutsortierten Schiffsausrüster, der uns auf die vielen Einkäufe, die wir bei ihm machten, großzügigen Rabatt gab. Und vielleicht das Bemerkenswerteste am »Alfred« war, daß er nicht nur gedieh und solvent war, sondern sogar Gewinn abwarf, obwohl heutzutage so viele Klubs am Hungertuch nagen.

Obwohl sich die Klubaktivitäten hauptsächlich um Regatten drehten, waren mehrere Mitglieder äußerst freundlich und großzügig zu uns. Jemand schenkte uns eine Blitzlampe für unsere Rettungsboje – etwas, das wir bei keinem Ausrüster hatten auftreiben können. Ein anderer, Eigner von bisher 13 Segel- und 5 Motoryachten, bat uns zu Drinks an Bord, und bei unserem Abschied waren wir um zwei Flaschen guten australischen Weins, die neueste Karte der Broken Bay (er hatte seine Lieblingsplätze darauf eingezeichnet) und eine große Schüssel Garnelen für unser Abendessen reicher. Am nächsten Morgen brachte er uns alles, was man sich zum Frühstück nur wünschen konnte, und sagte, das würde uns hoffentlich für die gelegentlichen Schattenseiten des australischen Nationalcharakters entschädigen. Doch hätte er sich deshalb keine Sorgen zu machen brauchen, denn während dieses - unseres vierten - Besuchs in seinem Land wurden wir mit ausgesuchter Freundlichkeit behandelt.

Fast als erstes riefen wir Joe Adams an. Dieser brillante Mann hatte einige der schnellsten Yachten des Landes entworfen, begriff aber dennoch - vielleicht weil er mit seiner Frau eine Weltumsegelung gemacht hatte -, wie wichtig auf einer Fahrtenyacht mit kleiner Crew Einfachheit und Robustheit waren. Er kam am nächsten Tag zum Segeln, um sich den Ruderfehler selbst anzusehen, danach fuhr er mit uns in sein nahegelegenes Büro und begann wegen unserer Ersatzteile herumzutelefonieren, so wegen Nirorutschern für das Großsegel, und um einen neuen, leichteren Großbaum mit Rollreffbeschlag, was mehr Umstände machte als erwartet. Zunächst sagte der Spierenbauer, er hätte keinen runden Großbaum von 15 cm Durchmesser für uns, wir müßten also mit einem ovalen zufrieden sein; das lehnten wir natürlich ab. Als Joe ergänzte, daß wir gar nichts gegen einen hölzernen Baum hätten und er einen Schiffbauer dafür Gewehr bei Fuß stehen hätte, war plötzlich doch ein runder Alu-Baum vorrätig. Fernschreiben gingen an Gibb und Lewmar in England ab, doch konnten uns beide Firmen nicht die gewünschten Reffanlagen liefern - wir fragten uns, wo andere Leute ihre herbekommen hatten; schließlich trieben wir ein australisches Fabrikat auf.

WANDERER V wurde im Klub aufgeslippt, und noch ehe sie ganz aus dem Wasser war, stand Joe schon bereit, zusammen mit seinem Freund Hank Kauffman, einem ehemaligen Schiffbauer, der sich auf die Zucht von Rennpferden verlegt hatte. Auf den ersten Blick sahen sie den Fehler und zeigten ihn uns, als wir die Leiter hinuntergeklettert waren. Die in Neuseeland vorgenommenen Änderungen - verlängerter Kiel, fast senkrechter Hecksteven und neues Ruder - fluchteten nicht richtig. Das Ruderblatt hatte an Backbord mehr Wölbung als an Steuerbord, und das Totholz war an Steuerbord etwas konkaver als an Backbord. Joe war überzeugt, daß diese Asymmetrie sich wie ein Trimmgewicht auswirkte und die Kursabweichung nach Steuerbord verursachte.

Während Susan und ich das Unterwasserschiff schrubbten, verschwand Hank, um eine Stute zum Hengst zu bringen und Werkzeug sowie Material zu besorgen. In zwei Tagen hatte er die Mängel behoben und das Holz wieder mit Dynel und Epoxy beschichtet, wir strichen Antifouling und wurden dann mit Joe und Hank an Bord wieder zu Wasser gelassen.

Als wir aus dem Slipwagen glitten und den Motor anließen, stellten wir fest, daß WANDERER jetzt leicht nach Backbord abwich, wie es sich mit ihrer rechtsdrehenden Schraube auch gehörte, doch das große Aufatmen kam erst, als wir zu segeln begannen. Vorbei war es mit dem starken Ruderdruck, bei leichter Brise ließ sie sich mit zwei Fingern an der Pinne auf Kurs halten, und mit einem kleinen Schrick in der Großschot steuerte sie sich selbst am Wind. Natürlich waren wir absolut begeistert; ich glaube, Joe und Hank ging es ebenso, auch schien WANDERERS Schnelligkeit sie zu beeindrucken. Zufällig trafen wir die Carrs in CURLEW, die gerade einliefen und kehrtmachten, um uns ein Rennen zu liefern. Unter Motor kam uns eine schnittige Yacht entgegen, die sich mit dem englischen Kutter gerade ein kleines Match geliefert haben mußte, denn von Bord rief man zu uns herüber: »Die holt ihr nie im Leben ein!« Doch genau das taten wir zu unserer eigenen Überraschung, und als der Wind etwas auffrischte, überholten wir sie sogar; wenn er abflaute, war CURLEW mit ihrem großen Toppsegel (und ohne Wassertanks) schneller als wir.

An diesem denkwürdigen Tag entdeckten wir, daß unser störrisches, hartmäuliges, launisches Biest sich plötzlich in eine sanfte Lady verwandelt hatte. Von da an machte uns das Segeln Freude in diesem herrlich glatten, wenn auch überfüllten Gewässer, denn wir besaßen jetzt ein Schiff, das mit Genuß zu steuern war. Allerdings muß ich hinzufügen, daß sie mit starker Lage und bei frischem Wind immer noch ziemlich luvgierig war. Mit ihrem vollen Achterschiff würde sie das auch immer bleiben, aber sie war trotzdem leicht zu beherrschen.

Mit einiger Verzögerung traf der neue Großbaum ein. Er sah zu lang aus, und war es auch um 30 cm, also zurück damit an den Hersteller. Als wir ihn nach dem Kürzen ausprobierten und das erste Reff aufrollten, sahen wir den Haken: das Drehreff stammte noch aus der Zeit, als jedes Großsegel im Vorliek ein dickes Liektau hatte, und um dafür Platz zu schaffen, war die Baumnock besonders schlank gehalten. Aber wie die meisten modernen Großsegel hatte auch unseres ein sehr dünnes Liektau, so daß das Tuch nach dem Aufrollen in Höhe des ersten Rutschers zu stark unter Spannung stand. Ich behob den Schaden einstweilen, indem ich mit einer Leine eine Holzleiste anlaschte, aber Joe kam einige Tage darauf mit einer Alumanschette an und machte es richtig. Dies war der letzte der vielen guten Dienste, die er uns erwiesen hatte. Traurig verabschiedeten wir uns von diesem hilfsbereiten, großzügigen Mann und wandten den Bug seewärts, um unser neues Spielzeug auszuprobieren, wozu auch ein Trysegel von 9,2 m^2 gehörte. Wir hatten es als Reserve für den Fall anfertigen lassen, daß das Großsegel beschädigt wurde, und hofften, daß WANDERER auch unter dem Trysegel allein bei schwerem Wetter gut beiliegen würde, damit wir nicht vor Topp und Takel lenzen mußten; denn daß ihr das nicht behagte, hatte sie uns schon gezeigt.

Sobald wir 30 Meilen weit draußen waren, wandten wir uns nach Süden und segelten parallel zur Küste. An zwei Tagen nacheinander wurden Sturmwarnungen ausgestrahlt, deshalb schlugen wir das neue Segel an. Dazu mußten wir aus der Mastnut erst alle Großsegelrutscher entfernen und die des Trysegels einfädeln. Bei Sturm konnte das keine einfache Arbeit sein, und der Segelmacher hatte sie noch erschwert, indem er so lange Rutscher verwandte, daß man von Deck aus das Kopfbrett mit dem Fallschäkel nicht erreichen konnte, wenn alle Rutscher in der Nut aufeinandergestapelt waren. Also ersetzten wir jeden zweiten Rutscher durch einen kürzeren. Doch wenn wir die Segel künftig halbwegs bequem anschlagen und setzen wollten, mußten wir für das Großsegel eine richtige Schiene annieten lassen und daneben eine für das Trysegel. Allerdings bedeutete dies Mastlegen, und deshalb mußte die Reparatur bis zu unserer Rückkehr nach Neuseeland warten. Da der angekündigte Sturm ausblieb, fanden wir dann doch nicht heraus, ob unser Trysegel etwas taugte; schließlich kehrten wir um und liefen mit Nordkurs in Richtung Port Jackson.

Unser Besuch in Australien fiel mit der »großen Dürre« zusammen, der schlimmsten Trockenperiode, die das Land jemals erlebt hatte. In einigen Teilen von New South Wales war seit vier Jahren kein nennenswerter Regen gefallen. Weil das Gras vertrocknete, waren zahllose Schafe und Rinder eingegangen, die Farmer töteten ihr Vieh, ehe es verhungerte, Stürme verwehten die knochentrockene Mutterde oder trugen sie in riesigen Staubwolken auf den Ozean hinaus. Auf unserer vergeblichen Trysegel-Testfahrt war das ganze Schiff bald mit einer dicken Staubschicht bedeckt; das bisher weiße laufende Gut wurde braun und behielt diese Farbe monatelang – so etwas hatten wir nicht erlebt, seit wir im Golf von Suez in einen Sandsturm geraten waren.

Zur Zeit der Dürre wüteten gewaltige Buschbrände in den zundertrockenen Wäldern, vernichteten alles, was ihnen im Wege war, töteten 70 Menschen in Victoria und South Australia und machten 8000 obdachlos. Deshalb war es nicht nur Staub, der sich in dicker Schicht auf uns legte, sondern auch die Asche dieser großen Waldbrände.

Sydney liegt auf etwa 34 Grad südlicher Breite, trotzdem erlebten wir dort so hohe Temperaturen wie anderswo nur selten. In Broken Bay stieg das Thermometer in der Kajüte an mehreren Nachmittagen auf 42° C; unter der messingharten Sonne und dem rauchbedeckten Himmel sprang der heiße, trockene Wind einen an, als käme er direkt aus einem riesigen Backofen. Bei diesem Besuch lernten wir die Australier noch mehr als bisher dafür bewundern, daß sie sich von einem so grausamen Klima nicht aus der Ruhe bringen lassen. Doch wie sehnten wir uns nach Regen, damit er die Brände löschte und das ausgedörrte Land wieder zum Leben erweckte!

Es ist immer ein erregendes Erlebnis, unter Segeln bis ins Herz einer Weltstadt vorzustoßen. Schon Port Jackson quoll an diesem Tag vor farbigem Leben und Geschäftigkeit über, und der Verkehr nahm noch zu, als Sydneys Opernhaus und die Hafenbrücke in Sicht kamen. So ungeheuer groß sind diese Bauten, daß sich unser

Maßstab verzerrte und wir, als sich der Circular Quay hinter dem Opernhaus vor uns zu öffnen begann und das Heck eines weißen Schiffes in Sicht kam, diesen Riesen zunächst für klein hielten, ehe wir endlich begriffen, daß wir die CANBERRA vor uns hatten, die nach ihrem Einsatz im Falklandkrieg seit kurzem wieder als Passagierschiff fuhr. Ein auslaufender Schüttgutfrachter kroch unter der Brücke hindurch und wirkte im Vergleich zu ihr wie ein Zwerg; als wir in den mächtigen Schatten der Brücke einfuhren, überfiel uns das Getöse der oben verkehrenden Autos und Züge wie ein Gewitter. Wir fühlten uns gefangen im Netz der weißen, kreuz und quer verlaufenden Kielwasser von schnellen Tragflügelbooten, pompösen Fähren und flinken Marine-, Zoll- oder Hafenbarkassen. In Port Jackson hat die Berufsschiffahrt Wegerecht vor der Sportschiffahrt. Einmal sah es ganz danach aus, als würden wir – gleich, wie wir uns drehten und wendeten – niemals der Kollision mit einer Fähre entgehen, denn sie kam stur immer näher, und als sie fast längsseits war, flog oben die Ruderhaustür auf, ein Kopf sah heraus und eine Stimme rief: »Ahoi, Hiscocks! Wie lang bleibt ihr in Sinny?« Wahrscheinlich war's ein Segler.

Oberhalb der Brücke schauten wir in Lavender Bay vorbei in der Hoffnung, dort ankern zu können. Doch machte sich direkt daneben Luna Park breit, ein gigantischer Rummelplatz, und die ohrenbetäubende Musik aus unzähligen Lautsprechern, das Rumpeln der Achterbahn und die schrillen Schreie ihrer entsetzten Fahrgäste, das Quietschen der Kinder im Schwimmbecken vereinigten sich zu einer solchen Kakophonie, daß wir das Weite suchten. Wir flohen zur Hafenbrücke zurück, kreuzten bis fast zur Hafeneinfahrt, bogen in Richtung Mittelhafen ab und reihten uns vor der Spit Bridge in die Schlange ein, die darauf wartete, daß sie sich öffnete und uns einließ. Als sie das tat, brach eine Fähre aus der Schlange aus und preschte nach vorn. Ihr Kielwasser erwischte uns gerade unter der Brücke und brachte uns so stark ins Rollen, daß es einen schrecklichen Augenblick so aussah, als würde sich unser Mast in ihrem Hubgestänge verfangen.

Nach diesem aufregenden, ausgefüllten Tag waren wir froh, in einem kleinen Seitenarm des Middle Harbour, vor der Cammeray-

Marina, an einer Deviationstonne festmachen zu können. Dieser heimelige kleine Winkel war in doppelter Hinsicht bemerkenswert: Unsere Mitbewohner waren eine Schar schnatternder Gänse, die für einen stattlichen schwarzen Schwan als Leibwächter fungierten; und die Uferstraße oben war nur durch eine steile Treppe mit 106 Stufen zu erreichen. Früher hatte es hier zur Lastenbeförderung eine Miniatur-Zahnradbahn gegeben, aber die war von den Kindern der Nachbarschaft, die sich nicht davon fernhalten ließen, kaputtgemacht worden.

Obwohl sich an unserem Steilufer oberhalb der Marina eine Häuserreihe dicht an die nächste drängte, war das jenseitige Ufer des kleinen Hafens noch unberührter Busch, ein Dorado für Vögel. Dort nisteten Stelzvögel, Kakadus, Eisvögel und blaue Reiher, und das unbändige, ansteckende Gelächter eines Jägerliest-Pärchens brachte morgens als erstes und abends als letztes die Luft zum Vibrieren.

In einem anderen Seitenarm des Middle Harbour fanden wir einen ruhigeren Ankerplatz, ohne Bebauung und Straßenverkehr; wir nahmen das Beiboot und ruderten ihn ganz hinauf, bis sich das Gewässer in einem Mangrovendickicht verlor und steile Felswände uns den Weg versperrten. Schon erstaunlich, daß so eine idyllische Oase nur zwei Meilen von der hektischen Hafenbrücke entfernt fortbestehen konnte.

Während unseres Aufenthalts in Neusüdwales blieb der Wetterablauf fast immer konstant. Die Nächte waren gewöhnlich ruhig, am Vormittag erhob sich eine leichte Brise aus Nordost oder Südost, die bis zum Spätnachmittag auf 20 bis 30 Knoten auffrischte, nach Sonnenuntergang jedoch erstarb. Im Abstand weniger Tage, manchmal auch Wochen, brachte ein Nordwester dieses Muster durcheinander, der dann auf Süd umsprang - so wie wir es auf See vor Newcastle erlebt hatten.

Viele Hochseesegler planen ihre Ozeanüberquerungen anhand der amerikanischen *Pilot Charts*. Für den Südpazifik werden diese Karten vierteljährlich veröffentlicht, und die Monatskarte für Dezember bis Februar wies eine Besonderheit auf, die jeden beunruhigen mußte, der - wie wir - plante, durch das 5°-Quadrat zu segeln, in dem auch Sydney liegt; das galt auch für das anschließende Quadrat im Osten. Für beide kündigte die Zahl der Windstärkefedern auf jedem Richtungspfeil nach der Beaufortskala extrem unruhiges Wetter an. Im ersten Quadrat ließen die Süd- und Südostpfeilchen auf *durchschnittlich* Windstärke 8 schließen, im zweiten auf durchschnittlich Stärke 9 aus Südwest und Südost, und der Südpfeil wies zehn Federn auf - selbst Kap Hoorn auf derselben Karte wurden nicht solche Sturmstärken zugesprochen -, doch in dem kleinen eingesetzten Tableau, das die prozentuale Sturmhäufigkeit für das Quartal angab, hatte das erste Quadrat gar keine und das zweite nur drei Stürme aufzuweisen. Möglicherweise war ja irgendein Graphiker im US-Wetteramt an dem Tag, als er die Pfeilchen zeichnete, besonders federgeil gewesen, jedenfalls hatte er es geschafft, unser Vertrauen in die Zuverlässigkeit dieser Karte - und anderer derselben Serie - gründlich zu erschüttern.

Natürlich maßen sich Monatskarten keine Wettervorhersagen an; sie geben nur den Durchschnittswert vieler Jahre wieder, der aus den Wetterbeobachtungen auf See ermittelt wird. Ich merkte, daß ich mir das Wort »Durchschnittswert« immer wieder ins Gedächtnis rufen mußte. Zum Beispiel schien die Nordinsel Neuseelands auf der eben erwähnten Karte mit fast idealem Segelwetter gesegnet zu sein: keine Windpfeile mit mehr als vier Federn, keine andererseits mit weniger als drei. Da ich in diesem Gebiet jedoch selbst viel und oft gesegelt war, fand ich heraus, daß diese scheinbar freundlichen Bedingungen folgendermaßen zustande gekommen waren: fünf Tage lang gab es so wenig Wind, daß sich nicht einmal ein Leichtwettersegel füllte, dafür wehte es dann am sechsten und siebten Tag mit Sturmstärke. Seltsamerweise gingen Flauten- oder Sturmperioden in diesen Gewässern genauso oft mit einem hohen Barometerstand einher wie mit einem tiefen - kein Wunder, daß Wettervorhersagen ein solches Lotteriespiel sind.

An unseren letzten paar Tagen in Port Jackson stellte uns die Royal Sydney Yacht Squadron freundlicherweise eine Muring zur Verfügung und gab uns freie Bahn im Klubhaus von Kirribilli am

Nordufer, das an einen heimeligen Kaninchenbau erinnerte. Von dort fuhren wir mit der Fähre nach Sydney hinein – was für Berufspendler ein eleganter Weg zur Arbeit sein muß. Wieviel angenehmer ist es doch, bequem bergab zum Fähranleger zu schlendern und dann weich und fast lautlos über den Hafen zu gleiten, statt sich frustriert im Auto durch den Berufsverkehr zu quälen!

Bei unserem letzten Besuch war Sydney ein Tohuwabohu voller Preßlufthämmer und Schaufelbagger gewesen, denn damals wurde die Untergrundbahn gebaut. Jetzt war sie fertig, und wir flanierten beeindruckt im kühlen Schatten der Hochhäuser über die breiten Gehwege. Die Stadt hatte einen gewissen eleganten Charme, genauso wie viele ihrer Bewohner. Besonders die bronzebraunen, schick angezogenen Mädchen waren eine Augenweide, wie sie selbstbewußt mit hocherhobenem Kopf und vorgestrecktem Busen dahinschritten.

Bei der Einwanderungsbehörde händigte man uns Formulare aus, die wir irgendwann mal ausfüllen sollten. Wir vereinbarten ein Treffen mit der Zollbarkasse in der Watsons Bay, nahe der Hafenausfahrt, denn in der Regel mußten auslaufende Yachten am Tag ihrer Abreise dort ankern, bis die Formalitäten erledigt waren. Darüber machten wir uns einige Sorgen, denn die Zollbarkasse hatte die kleine Slup STELLA ILIMO der »segelnden Großmutter von Australien«, Ann Gash, in der sie einhand die Welt umrundet hatte, beim Längsseitsgehen so schwer beschädigt, daß sie mehrere Wochen lang aufgehalten wurde. Doch der Bootsmann, der den Zollbeamten zu uns heraus brachte, ging mit der Barkasse so gekonnt um, daß sie unser Schiff nicht einmal berührte, und hielt sich gut frei von uns, während die Papiere ausgefüllt wurden.

Zur Vorbereitung unserer vierten Überquerung der Tasman-See – dieser berüchtigten Südwestecke des mächtigen Pazifiks – hatte ich eine Anzahl stabiler Drehknöpfe aus Messing für die Bilgenbretter und Schapptüren angefertigt und montiert, damit der Inhalt nicht bei einer eventuellen Kenterung durch die Gegend fliegen konnte. Ich hatte es sogar geschafft, den lebensgefährlichen Deckel der Eisbox so zu sichern, daß seine Plastikoberfläche unbeschädigt blieb. Da wir mit starkem Gegenwind rechnen mußten, wollten wir das Schiff nicht überladen, deshalb ließen wir einen der drei Wassertanks leer und füllten auch den Treibstofftank nicht bis obenhin. Allerdings hätte es dieser Vorsichtsmaßnahmen nicht bedurft, während sich unser knapper Dieselvorrat als Handikap erwies, denn während der 1200 Seemeilen langen Überfahrt steckten wir einige Male in Flauten und hatten nicht oft mehr als 10 Knoten Wind. In den ersten paar Tagen kam er genau von vorn, so daß sich beim Kreuzen Hole- und Streckbug gleichblieben, aber danach kam er meistens querein oder direkt von achtern.

Wenn man nicht auf die Hilfsmaschine zurückgreifen will, hat man bei leichter Brise nur eine Alternative, um ein Segelschiff zum Laufen zu bringen: man setzt ein - oder mehrere - möglichst großes Segel aus möglichst leichtem Material. Seit langem werden zu diesem Zweck Spinnaker der einen oder anderen Form benutzt, aber ein Spi braucht einen Baum und besondere Sorgfalt in der Handhabung und beim Rudergehen - eben eine angemessene Crewstärke. Auch dann kann er sich immer noch um das Vorstag oder die Saling wickeln oder sich eine andere Teufelei einfallen lassen. Trotzdem scheinen sogar Einhandsegler der Leichtgewichtsklasse wie Clare Francis bis zu einem gewissen Grad damit erfolgreich gewesen zu sein. Susan und ich waren jedoch der Überzeugung, daß wir früher oder später in eine böse Klemme geraten mußten, wenn wir jemals einen Spinnaker benutzen sollten.

Da die Segelmacher sehr wohl wissen, wie mißtrauisch die meisten Fahrtenskipper mit kleiner Crew gegenüber dem Spinnaker sind, haben sie ein Leichtwettersegel entwickelt, von dem sie behaupten, daß es *ohne Baum oder Spiere* bei scheinbarem Wind von vorlicher als dwars bis achterlich funktioniert. Für ihre Produkte ließen sich die meisten besondere Namen einfallen: Chute, Gennaker, Loafer, Easy Rider, Lazyboones, aber alle sind Single-Luff-Spis. Jeder Produzent schwört, daß sein Segeltyp die obigen guten Eigenschaften hat, und ich habe mir oft gewünscht, daß dies zuträfe, denn mit Hilfe eines solchen Segels könnten unsere Reisen viel schneller sein und mehr Spaß machen. Um das selbst herauszufinden, hätten wir uns vernünftigerweise so ein Segel der passenden Größe leihen und es ausprobieren sollen. Aber ich war zu ungeduldig, vielleicht auch vorschnell beeinflußt durch geschickte Werbung, und beschloß daher WANDERER sofort nach Behebung ihres Ruderschadens mit einem solchen Segel zu beglücken. Ich wandte mich an eine Segelmacherfirma in Sydney, und bald traf ein riesiges, rot-weißes Ding bei uns ein, mit einer Fläche von 76 m², wie man uns sagte.

Solch ein Segel, das man fliegend (d. h. nicht an ein Stag angeschlagen) fährt, hat in der Regel ein Vorliek von der Länge des Vorstags, und sein Unterliek ist viel länger als beim Spinnaker, vielleicht das Eineinhalbfache der Basis des Vorsegeldreiecks, und sein Schothorn sitzt höher als sein Hals – in anderen Worten, es handelt sich um eine übergroße, fliegende, leichte Genua. Dieses Segel ist, wie man sagt, ideal für einen Fahrtenskipper mit Bordfrau, weil es sich in Lee des Großsegels so leicht einholen läßt. Um es zu bergen, läßt man einfach den Hals fliegen, fiert das Fall und holt das Segel ins Cockpit, immer in Lee des Großsegels. Aber gerade dieser Teil des Manövers scheint mir mindestens drei Leute zu erfordern: einen zum Rudergehen, einen zum Fieren des Falls und einen, der die riesige Nylonblase ins Cockpit holt. Da wir nur zu zweit waren, sah ich Schwierigkeiten bei plötzlich auffrischendem Wind voraus, besonders nachts. Obwohl voll des Lobes für ihre Neuentwicklungen, scheinen manche Segelmacher doch derselben Meinung zu sein wie ich, denn sie bieten neuerdings bestimmte Vorrichtungen an, die das Setzen und Bergen einfacher machen sollen. Wie die Segel selbst, bekamen auch sie die unterschiedlichsten Namen: Snuffer, Squeezer, Scoop, Sock.

Wir hatten unser Segel mit solch einem Schlauch ausrüsten lassen. Das ist eine Art Nylonwursthaut mit einem Metallreifen am unteren Ende. Der Kopf des Segels wird am oberen Ende der Wursthaut befestigt, wo es außerdem noch einen kleinen Block gibt. Eine am Reifen angeschlagene Leine führt innerhalb des Schlauchs und zwischen den Segelfalten hinauf, durch den Block und außerhalb des Schlauchs wieder hinunter – geführt durch ein paar Messingringe –, durch das Schothorn und wieder zum Reifen zurück. Das Segel wird in Wurstform aufgezogen, sein Hals am Steven befestigt; seine Schot wird außerhalb der Wanten zu einer Leitschiene oder einem Block an Deck und von da zu einer Winsch geführt. Nun ist alles bereit zum Heißen des Segels. Die Vordeckhand zieht an der Leine, um den Reifen – und damit den Nylonschlauch – zum Masttopp zu holen. Das Segel entfaltet sich in seiner ganzen farbigen Pracht, und der Rudergänger holt die Schot an. Soll das Segel geborgen werden, wird die Schot losgeworfen, die Vordeckhand zieht am anderen Tampen der Leine, um Reifen und Schlauch hinunter und über das Segel zu streifen, das damit gebändigt und in Wurstform gepreßt wird.

Auf dem glatten Wasser der Broken Bay spielten wir mit unserem neuen Segel und fanden es fast unmöglich, das Horn aus dem Reifen hervorzulocken, weil die Verstärkung zu groß und steif war. Der Segelmacher war offenbar davon ausgegangen, daß wir damit bei Wind von 20 Knoten und mehr segeln wollten, statt bei Wind unter 10 Knoten, den wir für unsere Kräfte als Grenze gesetzt hatten. Wahrscheinlich aus dem gleichen Grund bestand das Segel aus meiner Ansicht nach unnötig schwerem Tuch. Wäre der Kopf in leicht erreichbarer Höhe gewesen, hätte ich ihn vielleicht aus dem Reifen zerren können, aber ich bekam ihn nur gerade noch zu fassen, wenn ich auf Zehenspitzen auf dem vorderen Kajütdach stand, und dies auf See zu tun, hatte ich nicht vor. Deshalb nähte Susan einen Saum in den Schlauch, damit das Schothorn nicht mehr hineinschlüpfen und sich darin verhaken konnte, aber damit blieb zuviel Segeltuch ungebändigt. Also mußten wir das Segel an den Hersteller zurückgeben lassen, damit Schothorn und Schlauch geändert wurden, und das Ganze nicht nur einmal, sondern zweimal.

Weil das Segel in seinem Sack so unförmig und schwer war, ließ es sich nur unter Schwierigkeiten in der Vorpiek verstauen. Ich gewöhnte mir an, es aus Faulheit auf dem Boden der Schlafkajüte zu lassen. Als wir das Segel dann einsetzen wollten, war es deshalb in seiner Hülle verdreht und die Leine unklar, denn wir hatten natürlich darauf herumgetrampelt. Also mußten wir das

Segel wieder niederholen und zuerst richtig einpacken, Vor- und Achterliek schön parallel gefaltet und die Leine dazwischen. Dies an Deck zu tun, war schon bei der leichtesten Brise unmöglich, also mußten wir das Segel und seine Socke unter Deck auslegen. Da es viel länger war als die Yacht, wurde es eine frustrierende und zeitraubende Arbeit, die wir bei anderen Gelegenheiten noch öfter wiederholen mußten.

Draußen auf der Tasman-See entdeckten wir bald, daß es etwas anderes ist, dieses Segel auf glattem Wasser zu benutzen als im Seegang. Allein konnte ich mit der schlüpfrigen Segelwurst nur fertigwerden, indem ich sie direkt aus dem Vorluk hochzog, trotzdem reichten die Schiffsbewegungen - selbst bei dem schwachen Schwell an diesem Tag - schon aus, um den Sack so nach allen Seiten schwingen zu lassen, daß er sich bereits um die Leesaling gewickelt hatte, bevor ich ihn noch ganz hinaufziehen konnte; ihn wieder von dort frei zu bekommen, war gar nicht einfach.

Trotz allem stand das Segel schließlich wie es sollte, und wir setzten unseren Kurs auf die Nordspitze Neuseelands ab. Das bescherte uns raumen Wind, und sofort raffte sich unser dümpelndes Boot auf und machte Fahrt. Aber dann begann WANDERER zu rollen, nicht stark zwar, doch genug, daß das neue Segel kurzzeitig in Lee des Großsegels geriet und zusammenfiel. Dann rollte WANDERER auf die andere Seite, und das Segel füllte sich mit mächtigem Knall. Das wiederholte sich immer wieder, und wir begannen uns zu fragen, ob das Rigg die Belastung lange durchhalten konnte; wir konnten es bestimmt nicht. Deshalb änderten wir den Kurs so, daß der Wind vorlicher einkam, aber auch jetzt wollte sich das Segel nicht beruhigen. Schließlich nahmen wir es wieder weg, baumten die Fock aus und segelten damit langsamer, aber friedlich unseres Weges.

Vielleicht erhebt sich jetzt die Frage, warum wir das große Leichtwettersegel nicht wie einen Spinnaker ausbaumten. Da sein Unterliek weit länger ist als das eines konventionellen Spinnakers, würde es einen sehr langen Baum erfordern, wenn es nicht zusammenfallen und sich beispielsweise ums Vorstag wickeln soll. Da um unser Vorstag bereits 38 m^2 Fock gerollt waren, wollten wir dieses Risiko nicht eingehen. So schloß ich aus unseren kurzen Versuchen mit dem Vielzwecksegel, daß es auf einer Hochsee-Fahrtenyacht nicht von großem Nutzen ist, es sei denn bei halbem Wind. Halbwind aber hatten wir so selten, daß uns das Segel trotz des großzügigen Preisnachlasses, den uns der Hersteller gewährt hatte, ungefähr hundert Pfund Sterling pro Meile gekostet hat.

Natürlich bin ich keine Autorität auf dem Gebiet, aber ich mache die folgenden Anmerkungen in der Hoffnung, daß sie für jeden von Interesse sein könnten, der sich mit dem Gedanken an den Erwerb eines solchen Segels trägt.

Da seine Zugrichtung an der Mastspitze nicht wie bei einem angeschlagenen Segel nach vorn verläuft sondern quer zum Schiff, sollte es nicht mit einem konventionellen Fall mit Scheibe im Topp gefahren werden, da das Scheibengatt beschädigt werden könnte und dann das Fall so gut wie sicher daran schamfilt. Stattdessen sollte ein Spifall benutzt werden, also eines, das durch einen Block außerhalb des obersten Stags geführt wird. Am Segelkopf sollte das Fall mit einem Wirbelschäkel angeschlagen sein, so daß sich Törns in der Hülle oder im Segel selbstätig wieder klarieren können. Sogar bei leichter Brise sind die auftretenden Kräfte beträchtlich, und da die Schot gefiert werden muß, wenn der Wind achterlich einkommt, sollte der Halsstrecker über eine Winsch von ausreichender Übersetzung gefahren werden, andernfalls wird man sie nicht wieder einholen können, was aber geschehen muß, ehe man die Sorgleine erreichen kann, die durch die Halskausch läuft. Wenn das Segel auf Vorwindkursen wie ein Spinnaker ausgebaumt werden soll, ist es wahrscheinlich klüger, gleich einen richtigen Spinnaker anzuschaffen, und zwar wegen des extrem langen Baumes, den das andere Segel verlangt; dabei wurde es in der Absicht entwickelt, einen Baum überflüssig zu machen. Alles in allem wäre es löblich, wenn die Segelmacher ihre euphorischen Anzeigen, in denen sie die Vorzüge dieses Segeltyps preisen, mit folgendem Aufdruck versehen würden: NUR BEI GLATTEM WASSER. Dann würden so leicht beeinflußbare Kunden wie ich nicht mehr ganz so schnell irregeführt.

Bemerkenswert war unsere zwölf Tage dauernde Überfahrt einmal wegen des handigen Wetters und zum zweiten wegen der Häufigkeit starken Taufalles. Jeden Abend, kurz nach Sonnenuntergang, troffen Deck und Segel vor Wasser wie nach einem Regenschauer. Zweimal besuchte uns eine Schule rabenschwarzer Fische und begleitete uns etwa eine halbe Stunde. Dabei stießen sie so laute Pfeiftöne aus, daß wir sie an Deck deutlich hören konnten. Auf einige Entfernung hielten wir sie zunächst für Delphine, denn sie tummelten sich und bliesen ähnlich, allerdings ungewöhnlich pompös. Doch als sie sich um uns scharten und wir ihre ganze Länge und Dicke erkannten, tippten wir auf Wale – aber welcher Art? Unser Buch über Meeressäuger war uns keine Hilfe, denn darin stand, daß es nur einen sicheren Weg gab, die verschiedenen Walarten zu unterscheiden, und der war, ihre Rückenwirbel zu zählen.

In der Nähe des Nordkaps von Neuseeland empfing uns ein Gewitter mit starken Böen. Als es sich ausgeblitzt und ausgedonnert hatte, ließ es uns Flaute und eine glasig glatte See zurück. Auch als wir das Vorland gerundet und die Tasman-See hinter uns gelassen hatten, lief so gut wie kein Schwell. Also motorten wir mit dem kleinen Rest unseres Treibstoffs bis zu unserem Heimathafen. Kaum hatten wir ihn erreicht, kam Starkwind auf; zehn Tage lang kachelte es ohne Atempause aus Ost.

Es fällt mir schwer, die einzelnen Schiffe unserer WANDERER-Reihe untereinander zu vergleichen, weil ihre wichtigsten Maße so unterschiedlich sind und sich im Lauf der fraglichen fünfzig Jahre unserer Auffassungen und Kriterien in dem Maße änderten, wie unsere Hochsee-Erfahrung wuchs.

WANDERER I war ein sehr altes, 5,60 m langes Boot mit plumpem Bug und Heck und langem, geradem Kiel. Ich glaube nicht, daß sie viele Vorzüge hatte, sie machte auch keine Hochseereisen, doch lernte ich darauf immerhin die Grundbegriffe des Segelns. WANDERER II war ein simpler, aber charaktervoller 7 m langer Gaffelkutter, den Jack Laurent Giles für mich entworfen hatte und der in vieler Hinsicht den Booten seiner berühmten Vertue-Klasse glich. Ich segelte sie einhand in britischen und französischen

Gewässern und lernte mit ihr die Freuden und Leiden des Gaffelriggs kennen: die Möglichkeit, eine große Arbeitssegelfläche zu fahren und durch Wegnehmen des Toppsegels schnell zu reduzieren. Aber das stehende und laufende Gut war kompliziert und störanfällig, besonders für Schamfilen, und die Am-Wind-Eigenschaften ließen ohne das Toppsegel zu wünschen übrig. Nachdem Susan und ich in diesem Gaffelkutter von Falmouth zu den Azoren und wieder zurück gesegelt waren, fanden wir ihn etwas zu klein für Hochseereisen, an denen wir durch diesen Trip Geschmack gefunden hatten; wir verkauften ihn an Bill Howell, der damit zu zweit sofort bis nach Tahiti segelte (und uns bewies, wie sehr wir uns geirrt hatten) und ihn dann einhand nach Hawaii brachte. WANDERER III entstammte ebenfalls dem Zeichenbrett von Jack Giles und war eine 9 m lange Slup von 2,6 m Breite, 1,70 m Tiefgang und mit einem 4-PS-Innenborder - unserem allerersten Motor. Sie brachte uns zweimal zuverlässig rund um die Welt, und wir verkauften sie nur deshalb, weil wir nun ständig an Bord leben wollten und sie uns zu klein für unser ganzes Hab und Gut schien, das wir damals in einem schwimmenden Heim für notwendig hielten. Also wurde WANDERER IV gebaut, eine 15 m lange Stahlketsch von Van der Meer, die im ersten Teil des Buches vorgestellt wurde. Unter anderem segelten wir mit ihr eineinhalbmal um die Welt. Unsere Gründe für ihren Verkauf habe ich bereits genannt.

Wegen ihrer Größe war Nr. IV viel bequemer als alle anderen und konnte bei auffrischendem vorlichem Wind länger gegenan segeln als sie. Ob sie die hochseetauglichste war, kann ich nicht sagen; gewiß, sie überstand ohne Probleme einiges an schwerem Wetter (beigedreht, vor Topp und Takel lenzend oder ablaufend), so vor dem Kap und in der Tasman-See. Doch hatte das, in anderen Gewässern, auch Nr. III geschafft, obwohl ihre Bewegungen natürlich sehr viel anstrengender waren. Weil wir sie länger besaßen und mit ihr weiter segelten als mit den anderen, hingen wir vielleicht mehr an ihr, waren uns aber auch ihrer Schwächen bewußt. Dazu gehörte ihre geringe Breite, die den Wohnraum unter Deck beschränkte und vielleicht auch der Grund für ihre schnellen und heftigen Rollbewegungen war, denn es fehlte ihr an Anfangsstabilität, das wiederaufrichtende Moment beruhte zu stark auf dem Ballastkiel. Aber sie war klein und handlich genug für die engsten oder überfülltesten Liegeplätze und leicht zu unterhalten, besonders mit ihrem kupferbeschlagenen Unterwasserschiff, das keinen Farbanstrich benötigte – bis es schließlich mit der Zeit oxidierte. Zum Glück lag sie auch gut auf dem Ruder, denn ihre beiden ersten langen Reisen fielen in die Zeit, als die Windfahnensteuerung noch ihre Kinderkrankheiten hatte.

Wie WANDERER V im Vergleich zu ihren Vorgängerinnen abschneidet, muß sich in mancher Hinsicht erst noch herausstellen, obwohl sie seit ihrem Stapellauf schon 6700 Seemeilen gesegelt ist. Wir leben jetzt seit 18 Monaten ununterbrochen an Bord und finden sie im Hafen fast ebenso bequem und praktisch wie die große Nr. IV, obwohl ihr unruhiges Schwojen vor Anker und die starke Kondenswasserbildung bei Kälte, die auf mangelnder Isolation beruht, ziemlich lästig sind. Die Unterhaltsarbeiten waren bisher genauso einfach und erfreulich wie bei II und III, und ich sehe keinen Grund, warum sich das ändern sollte. Auf glattem Wasser macht das Segeln mit ihr mehr Spaß als mit all den anderen, zweifellos weil sie schneller und leichtgängiger ist. Im Vergleich zum Gaffelkutter (II) und zur Ketsch (IV) geht sie höher an den Wind, aber wenn sie stark krängt, wird ihre Luvgierigkeit irritierend, besonders in böigem Wetter. Seit dem Umbau der Ruderanlage hat sie noch keinen schweren Sturm auf See abgewettert, deshalb wissen wir nicht, ob sie nun gut beigedreht liegt oder ob sie unter allen Bedingungen auf die Windfahnensteuerung anspricht. Genausowenig wissen wir, ob sie sicher und kursstabil vor hohem achterlichem Seegang abläuft, denn obzwar sie auf ihrer Jungfernfahrt vor mehr als einem Sturm ablief, waren die Seen damals weder besonders hoch noch ausnehmend steil. Wenn sie sich auch in dieser Hinsicht bewährt, dann – so glaube ich – wird sie uns als Allround-Fahrtensegler sehr gute Dienste leisten.

TEIL IV

DIE NEUE SZENE

Jedem, der sich in den letzten zehn bis fünfzehn Jahren mit Booten befaßt hat, fallen die Veränderungen in Entwurf, Konstruktion und Ausrüstung der Yachten ins Auge; für jemanden wie mich jedoch, der die Szene nun seit gut fünfzig Jahren beobachtet, ist die Umwälzung ganz erheblich.

Fahrtensegeln war im England der frühen dreißiger Jahre wenigen Bevorzugten vorbehalten. Keine Yacht glich der anderen, jede hatte eine eigene Individualität, war am Schnitt ihrer Segel zu erkennen und meist - mit wenigen Ausnahmen - aus Holz. Die Segel bestanden aus Baumwolle oder Leinen, waren schwer bei Nässe und wurden bei zu wenig Lüftung stockfleckig. Fürs stehende Gut nahm man verzinkten Stahl oder Eisen und für das laufende Hanf oder Manila, das man gut im Auge behalten mußte, denn es schrumpfte bei Nässe und dehnte sich bei Trockenheit. Viele kleinere Yachten hatten keine Hilfsmotoren; um bei Flaute genug Fahrt für die Ruderwirkung im Schiff zu behalten, war man auf lange Riemen angewiesen, mit denen übers Heck gewriggt wurde, deshalb war es wichtig, aus Wind und Gezeiten das Beste herauszuholen. Wer aber einen Hilfsmotor besaß - er lief mit Benzin oder Petroleum und war im ersteren Falle oft ein Zweitakter -, der konnte sich im Notfall nicht immer darauf verlassen, deshalb wurden die Manöver weitgehend unter Segeln gefahren. Da man elektrischen Strom noch wenig verwandte, brannten Kajüt- und Navigationslampen mit Petroleum. Es gab keine Kühlschränke und in England auch keine Eiskisten. Die Radios waren, falls überhaupt vorhanden, simple Empfänger, gespeist von einem »Akkumulator« und einer »Hochspannungs«-Batterie von 110 Volt. Da die wenigen Werften weit auseinander lagen und Kran und Travellift noch nicht erfunden waren, wurden die Unterwasserschiffe bei Niedrigwasser geschrubbt und gestrichen, entweder auf Wattstützen stehend oder gegen eine Kaimauer lehnend. Für die Navigation in küstennahen Gewässern benutzte man Kompaß, Schlepplog, Seekarte, Stechzirkel und Parallel-Lineal - und ein Lot mit Bleigewicht; bei Hochseereisen kamen Sextant, Chronometer und Gezeitentafeln hinzu. Bei Schietwetter trug man steifes Leinölzeug und Südwester oder einen bretonischen Fischersmock, und beide waren nicht lange wasserdicht.

In Prielen, Flüssen und Flußmündungen erwarteten den Besucher saubere und weitgehend leere Ankerplätze. Die meisten Angehörigen der Fahrtenseglergilde kannten einander oder lernten sich schnell kennen, denn gute Kameradschaft war ein schöner Zug in jenen fernen, umkomplizierten Tagen, die in vielem an die frühe Zeit des Automobilsports erinnern. Wenn ich an sie denke, dann mit Zuneigung und Nostalgie, aber ich glaube nicht, daß ich noch einmal wie damals leben oder segeln möchte.

Heute werden bei der Konstruktion von Fahrtenyachten viele Anleihen bei den Regatta-Yachten gemacht; geringes Verdrängungsgewicht verlangt relativ kleine Segelfläche, Flossenkiel und separat aufgehängte Ruder, um die benetzte Oberfläche zu reduzieren, und die hohen Riggs bringen gute Am-Wind-Eigenschaften. Alles zusammen ergibt ein schnelles und wetterfestes Schiff. Da Zweckmäßigkeit, Schnelligkeit und rationelle Massenproduktion im Vordergrund stehen, hat die Szene viel von ihrem alten Charme und Reiz verloren. Zusammen mit den Überhängen sind Gillungen fast verschwunden; die Heckspiegel sind heute meist einfallend, was die Decksfläche verkleinert und den achteren Stauraum reduziert, den eine Fahrtenyacht so nötig hat. Das Freibord wurde höher, um in den flachen Rümpfen mehr Stehhöhe zu gewinnen, man versucht, es durch exotisch bunte Designs oder farbiges Klebeband wieder optisch zu verringern. Ankerketten und Anker von der richtigen Größe werden wegen ihres Gewichts scheel angesehen; allgemein werden kompakte und leistungsfähige Maschinen eingebaut, welche die modernen Segelyachten so schnell machen wie sonst nur unter Segeln, d.h. sie auch unter Motor Rumpfgeschwindigkeit erreichen lassen; wegen ihrer dünnwandigen und ausgeklügelten GFK-Konstruktion bieten diese Yachten unter Deck mehr Platz als ältere Boote von gleicher Länge. Eine sterile Gleichförmigkeit kennzeichnet die Yachtflotten mit ihren hohen weißen Riggs, die sich dank der Winschen und Rollvorrichtungen so schnell und bequem kontrollieren lassen, die heute Taljen, Hebel und Muskelkraft ersetzen.

Wenn der Sieg in einer gelegentlichen Regatta und die schnellste und müheloseste Bewältigung einer bestimmten Strecke die ausschlaggebenden Kriterien für eine Fahrtenyacht sind, können die modernen Konstruktionsprinzipien von niemandem ernsthaft in Frage gestellt werden, auch wenn Eigner von schweren Verdrängeryachten mit Langkielen manchmal behaupten, daß die neue Generation weniger seetüchtig ist. Das mag für Bau und Material zutreffen, denn die Baustärken werden manchmal in gefährlichem Ausmaß minimiert, die Bauausführung kann lieblos und die Ausrüstung Schund sein, weshalb sie versagt. Auch sagt man, daß dieser Bootstyp bei nachlaufender See schlecht auf dem Ruder liegt, zum Querschlagen neigt und kentern oder sogar durchkentern kann. Aber ich bezweifle, daß ihm diese Kalamitäten häufiger widerfahren als dem älteren Yachttyp; möglicherweise hören wir nur häufiger davon, weil die neue Generation an Zahl so viel stärker ist als die alte und sich an Höchstleistungen versucht, von denen man früher nicht zu träumen gewagt hätte – sogar meistens mit Erfolg. Wenn die Hochseetauglichkeit moderner Yachten noch bestätigt werden muß, dann ist das beste Argument ein Hinweis auf die Einhand-Weltregatta oder das Whitbread-Rennen, dessen Teilnehmer ihre Schiffe mit Höchstfahrt auch durch das haarsträubendste Wetter jagen, und die Erinnerung daran, wie wenige an der Bewährungsprobe gescheitert sind.

Doch wie in diesem Buch schon früher erwähnt, haben manche von uns andere Kriterien, die ihnen wichtiger scheinen als hohe Geschwindigkeit und brillante Am-Wind-Eigenschaften, beispielsweise: gutes Beiliegen bei Schwerwetter und Schonung der Crew, ruhige Bewegungen im Seegang, hohe Zuladungskapazität ohne Beeinträchtigung der Segeleigenschaften und der Hochseetüchtigkeit, komfortablen und trotzdem arbeitssparenden Wohnraum und das, was wir auf unsere seltsame, altmodische Art als schöne Linien bezeichnen. Ich glaube, unsere Zahl nimmt zu, besonders in USA, wo es seit kurzem eine wachsende Palette sogenannter »Charakter-Yachten« gibt und ein neubelebtes Interesse an jenem traditionellen und lang erprobten Bootsbaumaterial, nämlich an gutem Holz.

Mit einiger Berechtigung wird behauptet, die Plicht und die Navigationsecke einer modernen Yacht glichen mit ihren vielen Instrumenten und digitalen Anzeigen dem Cockpit eines Flugzeugs. Wenn eine Regattayacht so modern ausgerüstet ist, wären ihre Konkurrenten im Nachteil, es sei denn, sie tun es ihr nach; aber ich frage mich manchmal, ob ein Küstenkreuzer oder ein Seesegler wirklich einen großen Gewinn aus diesem teuren und oft launischen Inventar zieht. Wenn es einem Eigner jedoch zur Freude gereicht, dann sollte man ihm dieses Vergnügen nicht streitig machen. Meine Überlegung ist nur, daß wir, die wir uns in kleinen Schiffen auf See wagen, besser daran täten, uns mehr auf unsere fünf Sinne - wie früher - zu verlassen als auf unsere Instrumente. Die rasant zunehmende Popularität des Brettsegelns ist das erfreulichste, was sich im letzten Jahrzehnt auf dem Wasser abgespielt hat, denn die Praktikanten dieser Kunst gewinnen immenses Vergnügen und viel Befriedigung aufgrund ihres körperlichen Einsatzes - ohne sich mechanischer oder elektrischer Hilfsmittel zu bedienen.

Dennoch sind gewisse Instrumente von so großem Wert, daß ernsthaft behindert wäre, wer sich erst einmal ihrer bedient hat. Der Kompaß ist natürlich unerläßlich, obwohl auch er irgendwann vor langer Zeit sicherlich als neumodisches Spielzeug angesehen wurde; ebenso wichtig ist ein Hilfsmittel zur Messung der zurückgelegten Distanz - ein Schlepp- oder Impellerlog, denn weder das Ableiten der Distanz aus der geschätzten Geschwindigkeit noch das Relingslog bringen genaue Ergebnisse. Dieses Instrument muß nicht unbedingt mit einem Geschwindigkeitsanzeiger kombiniert sein, so unterhaltsam und aufschlußreich es auch sein mag, daran sofort die Wirkung des Schotentrimms oder eines Vorsegelwechsels abzulesen. Ich halte ein Echolot für eine wertvolle Navigationshilfe, wenn es auch in Wassertiefen über 10 Faden zuverlässig arbeitet (für meine Echolots galt das nicht), denn es versetzt den Segler in die Lage, einer Tiefenlinie zu folgen oder seine Position zu ermitteln, indem er die Linie der gemessenen Wassertiefen mit denen in der Karte vergleicht. Auch ein Funkpeiler kann von beträchtlichem Wert sein, besonders bei Nebel, obwohl man die

Fehler in Betracht ziehen muß, für die er und/oder sein Ableser anfällig sind. Aber müssen wir wirklich unbedingt, nur als Beispiel, Stärke und Richtung des Windes am Masttopp und den Winkel der Yacht dazu wissen? Wahrscheinlich ist uns genauso gedient, wenn wir das Vorbeistreichen des Windes an der Wange oder im Nacken spüren. Auch könnte ich mich nicht für einen Computer erwärmen, der mir die von den verschiedenen Instrumenten gesammelten Informationen aufbereitet, denn jeder Computer kann nur so zuverlässig sein wie die Daten, mit denen er gefüttert wird, und ich habe bis heute nichts von einem Instrument gehört, das uns Richtung und Stärke einer Strömung oder das Ausmaß der Abdrift anzeigt.

Ein Instrument gibt es jedoch, das wir uns gerne anschaffen würden: einen Satnav. Seit Susan und ich vor rund dreißig Jahren mit Hochseereisen begannen, haben wir zu viele dunkle und angsterfüllte Nächte in der Nähe niedriger Inseln oder Riffe verbracht, im Ungewissen über unseren genauen Standort, weil die Verhältnisse für Sonnen- oder Sternbeobachtungen zu schlecht waren und wir uns fragen mußten, was die Strömung - diese große, unberechenbare Feindin großer wie kleiner Schiffe - mit uns anstellte. Mit zunehmendem Alter gewinnen wir den Eindruck, daß ein Satnav viel dazu beitragen könnte, unsere Anspannung bei solchen Gelegenheiten zu mildern, obwohl wir seinen Gebrauch eigentlich für eine Art Schwindel halten. Trotzdem konnten wir uns bisher noch keinen anschaffen, denn es gab Lieferungs- und andere Probleme. Bei unseren Überlegungen kamen uns auch Bedenken, daß wir dann unseren lauten Motor täglich eine halbe Stunde länger laufen lassen müßten, um den Satnav mit dem nötigen Strom zu versorgen, wenn er die ganze Zeit eingeschaltet bleiben soll; und dabei müssen wir die Maschine ohnehin täglich eine volle Stunde anwerfen, nur um die Dreifarbenlampe im Masttopp zu füttern, wenn wir auf See sind. Wir würden wahrscheinlich auch die Fähigkeit des Instruments, unsere Kurse mitzukoppeln, nicht ausnützen, denn da wir ihm die dazu nötigen Informationen, von denen manche sowieso nur auf Schätzungen beruhen würden, selbst eingeben müßten, können wir es auch halten wie bisher und die Karte oder *plotting sheets* zum Aufzeichnen benutzen. Unser Satnav dürfte also nur angeschaltet und programmiert werden, wenn wir uns Gefahrenstellen nähern oder einen Landfall machen, wo uns die Verhältnisse traditionelle Navigationsmethoden nicht gestatten.

Es ist herzerfrischend zu beobachten, wie viele Leute Freude am Segeln und an der Pflege ihrer Boote haben, aber manchmal wünsche ich mir doch, es gäbe weniger von der Sorte, für die eine Yacht bloß ein Statussymbol, eine kurzfristige Investition oder ein nur gelegentlich benutztes Spielzeug ist, denn das hat an vielen schönen Plätzen dieser Welt zu unerträglicher Überfüllung geführt. Daran muß auch Bill Tilman gedacht haben, als er mir in einem seiner seltenen Briefe schrieb: »Wenn Du heute einen guten Ankerplatz für dich allein haben willst, muß Du in den hohen Breiten segeln.« Wahrscheinlich deshalb führte seine letzte Reise auch nach Süden, in der Absicht, seinen 80. Geburtstag in Südgeorgien zu verbringen. Wenn man früher eine Kreuzfahrt plante, suchte man sich in den Seekarten passende, gut geschützte Ankerplätze aus; verfährt man heute ebenso, wird man bei der Ankunft mit hoher Wahrscheinlichkeit den ausgewählten Platz mit Murings vollgestopft finden, an denen einheimische und oft jämmerlich vernachlässigte Boote liegen.

Natürlich sollte jede Yacht vernünftigerweise einen Liegeplatz in ihrem Heimathafen haben, aber leider begnügen sich viele Leute nicht damit, sondern legen an ihren Lieblingsplätzen neue Murings, die sie dann nur selten benutzen. Ich erinnere mich, wie diese Unart vor langer Zeit im Beaulieu River in Südengland um sich griff, wo Leute vom Hamble, die gern hin und wieder ein Wochenende vor Gins Farm verbrachten, aber keine Lust hatten, sich mit Ankern oder dem Schlammabspülen beim Auslaufen aufzuhalten, Muringsteine legen ließen. Damals waren es noch nicht so viele, daß sie die Reede ernsthaft blockierten, aber eine Muring lockt die anderen an – und betrachte einer heute den Platz!

Obwohl das Legen einer Muring noch kein Anrecht auf dieses

spezielle Stückchen Meeres- oder Flußboden verleiht, verhindert es doch, daß andere es nutzen können, denn kein vernünftiger Mensch wird sein Boot an eine Muring legen, deren Konstruktion und Zustand ihm unbekannt sind; Auch wird er nicht in der Nähe ankern, wegen des Risikos, daran unklar zu kommen. In einigen der beliebteren Gegenden Neuseelands hat das wilde Muringlegen in geschützten Buchten durch die Besitzer von Strandferienhäusern, die sie einmal im Jahr ganze zwei Wochen lang bewohnen, die durchreisenden Segler dazu gezwungen, weiter draußen an exponierteren Plätzen zu ankern oder ganz wegzubleiben.

Nicht nur Einzelpersonen, auch Hafenämter machen sich dieser selbstsüchtigen Praxis schuldig. Mancher denkt vielleicht, je mehr Marinas es gibt, um so besser, weil sie Yachten von guten Ankerplätzen abziehen und sie auf engem Raum konzentrieren; aber die Boote vermehren sich so alarmierend schnell, daß die Marinas mit ihrer wachsenden Zahl nicht Schritt halten können. Steve Dickinson, dem die Vanisle-Marina in Britisch-Kolumbien gehört, in der wir überwinterten, erzählte uns, wenn er nur die Erlaubnis bekäme, seine Marina um das Doppelte zu vergrößern, wäre garantiert jede Box vermietet, noch ehe der erste Pfahl eingeschlagen würde; ich glaubte ihm aufs Wort.

Die Vorliebe für Marinas hat einen Seglertyp hervorgebracht, der sich nicht mehr auf richtiges Ankern versteht, ein Mangel, der noch durch die bereits erwähnte Unsitte verschlimmert wird, statt des angemessen schweren Ankers an einer Kette einen zu leichten an einer Leine zu benutzen. Wenn zufällig genug Platz vorhanden ist, dann schwojen diese Boote in so großem Bogen, daß sie weit mehr als den erforderlichen Raum beanspruchen und für ihre Nachbarn ein Ärgernis werden. Dies ist einer der Nachteile, der für geringe Verdrängung in Kauf genommen werden muß.

Vielleicht sind das marina-orientierte Mißtrauen und die weitverbreitete Benutzung ungenügenden Ankergeschirrs die Gründe dafür, warum offene Ankerplätze zum kurzzeitigen Überliegen heutzutage seltener aufgesucht werden.

Wenn im Segelzeitalter westliche Winde den aus dem Ärmelkanal hinausstrebenden Verkehr aufhielten, konnte man viele Schiffe in den Downs, auf der Dungeness East Road, vor St. Helens, in der Start Bay oder dem Perran Vose Cove vor Anker liegen sehen. In seinem Buch *Down Channel* schildert R. T. McMullen, wie er sich 1886 in seinem Kutter ORION den Ankerplatz vor Mullion Island in der Mounts Bay mit über 80 anderen Schiffen teilte, die alle auf ein Abflauen des steifen Ostwinds warteten, ehe sie den Lizard mit östlichem Kurs zu runden versuchten. Ihm fiel auf, daß sie sich je nach ihrer Fähigkeit plaziert hatten, sich freizusegeln, falls der Wind umspringen und aufs Land stehen sollte. Am nächsten zum Land lagen seine Yacht und einige Lotsenkutter, dann kamen Slups und Yawls und ein Dampfschiff mit hohem Rigg. Vor ihnen lag eine Reihe Schoner und Ketschen, dann Briggs und Barken. Die Boote unter Land lagen am ruhigsten, die nächste Reihe rollte leise vor sich hin, die dritte Gruppe arbeitete schon erkennbar schwer im Schwell, während die äußerste Reihe, denen die Insel überhaupt keinen Schutz mehr bot, elendiglich rollten. Es muß ein malerischer Anblick gewesen sein.

Seit damals haben natürlich viele Yachten Gebrauch von offenen Ankerplätzen gemacht, entweder um bei Schlechtwetter Schutz zu suchen, die Crew ausruhen zu lassen oder um auf ein Umspringen von Wind und Gezeit zu warten. Dies wird heute jedoch kaum noch praktiziert, wahrscheinlich weil fast jede Yacht eine starke Maschine besitzt, die mit einer Gegentide und sogar mit steifem Gegenwind leicht fertig wird oder den geselligeren Skipper in die Lage versetzt, den nächsten Hafen anzulaufen. Das ist ein Jammer, denn ein Weilchen in freiem und möglicherweise einsamem Gewässer zu ankern, kann nicht nur viel Zeit sparen, wenn die Verhältnisse ein Weitersegeln wieder begünstigen, es kann auch einem ansonsten ereignisarmen Törn einen Hauch Abenteuer geben.

Da ich als Fahrtensegler auf Yachten ohne Hilfsmotor debütiert habe und später zum Besitzer eines Bootes mit sehr kleiner und nicht sonderlich zuverlässiger Maschine avancierte, habe ich manche Nacht zum Beispiel lieber in der Start Bay verbracht, als nach Dartmouth hineinzuknüppeln, was – wie ich fast immer feststellen mußte – ein schwieriges Unterfangen ist. Auch heute würde ich angesichts der Überfüllung in den meisten Häfen der englischen Südküste und der hohen Liegegebühren die Start Bay wohl immer noch vorziehen.

Ich war stets davon ausgegangen, daß darin kein großes Risiko lag, vorausgesetzt, ich lag auf genügend Wasser, in genügend Abstand von Land vor einem einzigen Anker mit reichlich gesteckter Kette. Ich wußte, veränderte Geräusche und Bewegungen würden mich wecken, falls der Wind, während ich schlief, auflandig werden sollte, und zwar so rechtzeitig wecken, daß mir Zeit genug blieb, ankerauf zu gehen und mich freizukreuzen, bevor der Seegang zu rauh wurde. Nur einmal klappte das nicht, und da war es meine eigene Schuld - ich war zu lange dort geblieben.

Natürlich unterscheidet sich ein vorübergehendes Ankern in heimischen Gewässern, wo ein sicherer Hafen in Reichweite liegt, in manchem von einem offenen Ankerplatz an einsamer Küste, die dem Ansturm eines Ozeans voll ausgesetzt ist. Von der letzteren Art war Loughros More an der irischen Westküste, die wir vor vielen Jahren ansteuerten. An einem schönen Junimorgen hatten wir mit unserer 9 m-Slup Killybegs auf unserem Weg nach Norden hinter uns gelassen und hofften, einen Ankerplatz in Rutland Harbour auf den Ross-Inseln zu finden, in einer Entfernung von einigen 40 Meilen. Es wehte ein leichter Ostwind, als wir an dieser herrlichen, felsigen Küste entlangsegelten, und wir aßen zu Mittag, während wir innen an Rathlin O'Birne vorbeiliefen. Aber unsere Fahrt ließ immer mehr nach, als der Wind abflaute und vorlicher einkam. Bis zum Abend herrschte Totenflaute, und Susan schlug vor, unter Motor die nahe Loughros More Bay anzulaufen und die Nacht dort zu verbringen. Dies taten wir auch bei schimmernd glatter See, auf der sich kein Wellchen kräuselte. Zeitgleich mit dem Untergang der verzerrten Sonnenscheibe fiel unser Anker auf fünf Faden Wasser, und als das Brummen des Motors verstummte, wurde es still - bis auf das müde, langsame Seufzen des am fernen Strand auslaufenden Schwells; dieser Strand geht an seinem Ende in eine trichterförmige Flußmündung über, von der im *Pilot* gesagt wird: »Die Brandung ist dort in der Regel so stark, daß im Sommer die Barre manchmal wochenlang nicht von Sportbooten gequert werden kann - und im Winter nur selten«. Doch das Barometer stand hoch und stabil, und wir verbrachten in dieser Bucht eine friedliche Nacht vor Anker. Aber einige Fischer, die wir später trafen, waren entsetzt, daß wir dort übernachtet hatten, denn die Bucht genoß offenbar einen üblen Ruf wegen des starken Schwells, der sich darin plötzlich und ohne Vorwarnung aufbauen konnte.

Loughros More gleicht in mancher Hinsicht der neuseeländischen Bucht Little Omaha, wo wir kürzlich waren, doch öffnet sich Loughros nach Westen auf den Atlantik hinaus, Omaha nach Osten auf den Südpazifik. Den ganzen Tag waren wir mit dichtgeholten Schoten bei Wind von 30 Knoten und mehr 50 Meilen an der Küste entlang nach Süden gesegelt, doch die Böen hatten uns weiter als beabsichtigt auf See hinaus gedrückt. Es wurde allmählich rauh da draußen, wir waren müde und salzverkrustet und würden mit Sicherheit unser geplantes Tagesziel Kawau Island vor Einbruch der Dunkelheit nicht erreichen können. Das enge Fahrwasser zur Insel hat bei Nacht seine Tücken, und da wir wußten, daß Wandalen vor kurzem das Leitfeuer auf seinem Fuß so verdreht hatten, daß der schmale weiße Sektor die Felsen bestrich statt das Fahrwasser - ein gefährlicher Unfug, den sie vielleicht wiederholt hatten -, wendeten wir und hielten auf Omaha zu. Als wir heran waren und die Bucht uns in ihre Arme nahm, ließ der heulende Wind nach, und bis zwei Meilen hinter dem Vorland unser Anker fiel, war er zu einer leichten, ablandigen Brise abgeflaut.

Weil uns die tiefstehende Sonne und das reflektierende Wasser blendeten, konnten wir an der Küste nicht viele Einzelheiten unterscheiden, doch erkannten wir, daß der Strand sandig und landeinwärts von niedrigen Sanddünen begrenzt war. An Steuerbord voraus mußte nach der Seekarte genau wie in Loughros eine Flußmündung liegen, sehen konnten wir sie jedoch nicht, nur einige Lichter, die dort später das Dunkel durchdrangen. Nach einer friedlichen Nacht in dieser Bucht, die wir für einsam und unzivilisiert gehalten hatten, war es eine ziemliche Enttäuschung, als die klare Morgensonne uns zeigte, daß die Ufer mit kleinen niedrigen Häusern dicht besetzt waren, den Wochenend-Datschas, die Neuseeländer so lieben. Von unserem Liegeplatz aus gesehen, erinnerte uns die Feriensiedlung an das arabische Fischerdorf Faqum im Golf von Aden, auf dessen offener Reede wir seinerzeit geankert hatten. Der Eindruck der Unberührtheit, der uns bei der Ankunft so bezaubert hatte, hielt dem Tageslicht nicht stand, deshalb holten wir das Eisen auf und segelten nach Kawau weiter.

In den Passatgürteln sind offene Ankerplätze die Regel. Vor St. Helena und Ascension im Südatlantik beispielsweise gibt es nur offene Ankerplätze, natürlich in Lee der Inseln; und da der Wind dort ständig aus östlichen oder südöstlichen Richtungen weht, liegt man das ganze Jahr über sicher. Aber wegen des vom Atlantik hereinrollenden Schwells ist es dort alles andere als bequem, und das Anlanden an der dafür vorgesehenen Treppe kann ein nasses und aufregendes Erlebnis werden. Als wir Ascension vor gut zwanzig Jahren zum erstenmal besuchten, bestand der Aufseher der Kabelstation darauf, daß wir aufs Land umzogen und drei Tage lang in seinem großen kühlen Haus wohnten, weil unser kleines Schiff so abscheulich rollte.

Manchmal kann ein Ankerplatz in Lee einer Passatinsel aber auch ganz gemütlich sein. So erinnere ich mich an unseren Liegeplatz in einer Bucht an der West(Lee-)seite von Tahuata, einer Insel der Marquesas, wo wir 14 andere Yachten aus aller Herren Länder antrafen - es war wie ein internationales, schwimmendes Dorf. Für uns bedeutet es immer ein besonders interessantes Vergnügen, unsere seefahrenden Nachbarn kennenzulernen, und wir machten es uns zum Prinzip, jeden zu besuchen, mit dem wir uns den Ankerplatz teilten. Jetzt aber sind es so viele geworden – allein in unseren Heimathafen flüchten sich alljährlich 150 ausländische Yachten, bevor im Südpazifik die Hurrikansaison beginnt –, daß wir diese Gepflogenheit aufgeben mußten. Damals in Tahuata jedoch besuchten wir uns alle gegenseitig per Beiboot oder landeten ohne Schwierigkeiten am Strand, um Früchte zu pflücken. Während dieser Zeit wurde aus dem östlichen Einklarierungshafen der Inselgruppe, Hiva Oa, so starker Schwell gemeldet, daß mehrere Dingis beim Anlandeversuch kenterten und andere weggerissen wurden.

Dennoch kann man sich nicht überall und jederzeit darauf verlassen, daß der Passat aus der passenden Richtung weht. Als wir einige Wochen zwischen den zahlreichen Inseln von Vanuatu segelten, mußten wir immer wieder uns empfohlene offene Ankerplätze verlassen, weil der Passat sich gelegt hatte und stattdessen auflandiger Wind aufgekommen war. Offenbar war das ungewöhnlich und durch eine riesige Gewitterfront verursacht worden, die mit einer Ausdehung von über tausend Meilen in Nord-Süd-Richtung verlief.

Rückblickend wird mir klar, daß unsere Erfahrungen mit den von Susan und mir im Lauf der Jahre benutzten offenen Ankerplätzen überwiegend angenehm waren. Obwohl die weite Kimm irgendeines Ozeans vor uns lag und uns vielleicht ein kleiner Schwell wiegte, ruhten wir uns dort aus und genossen meistens das Gefühl der Einsamkeit, möglicherweise sogar der Verwundbarkeit. Aber bei zwei Gelegenheiten waren die Verhältnisse ausgesprochen scheußlich.

Auf einer unserer Reisen von England in den Südpazifik hatten wir uns nach Passieren des Panamakanals an der Küste Mittelamerikas hinaufgearbeitet, mit Ziel San Diego in Kalifornien. Obwohl der küstennahe Törn ein interessantes Erlebnis war, denn wir legten immer wieder Zwischenstopps ein, hätten wir vom seglerischen Standpunkt aus gesehen klüger daran getan, zuerst nach Westen zu halten, bis wir auf die Route von Kap Hoorn herauf stießen. Denn in Küstennähe herrscht dort West bis Nordwest, also Gegenwind vor, bei südöstlichen, also ebenfalls entgegengesetzten Meeresströmungen. Dennoch schafften wir es, vor allem dank unserer verläßlichen und genügend starken Maschine, nach Norden zu knüppeln (für die 3025 Meilen brauchten wir 72 Tage einschließlich der Zwischenaufenthalte) und standen Ende April nur noch wenige Tage vor San Diego. An dieser Küste versuchten wir immer, an den Vormittagen Nordbreite gutzumachen, denn nachmittags frischte der Wind gewöhnlich so stark auf, daß wir nur schlecht vorankamen. An solch einem wildbewegten Nachmittag ankerten wir, als an Weitersegeln nicht mehr zu denken war, in der gottverlassenen Colnett Bay an der mexikanischen

Küste. Weder auf der Karte noch in natura sah sie wie ein brauchbarer Ankerplatz aus, aber es war der einzige, den wir erreichen konnten. Wenigstens schützte uns Punta Colnett, ein seltsam abgeflachtes, halbkreisförmiges Vorland mit senkrechten Abbrüchen, so gerade eben vor den rauhen und brechenden Seen, aber es konnte den Schwell nicht abhalten, der ungehindert in die Bucht stand und der - nach dem Ankern mit dem Echolot ermittelt - eine Höhe von gut zwei Metern erreichte. Jede Welle explodierte, nachdem sie uns angehoben und fallengelassen hatte, mit fürchterlichem Brüllen am Strand, der als Folge des bogenförmigen Uferverlaufs und der Windrichtung dicht achteraus von uns lag.

Statt wie sonst üblich in der Nacht abzuflauen, frischte der Wind noch mehr auf, und die Böen, die über das mächtige Vorland heranheulten, erreichten über 40 Knoten. Nun fragen Sie sich vielleicht, warum wir in so übler Lage aushielten, obwohl der ganze weite Pazifik mit seinem tiefen, ungefährlichen Wasser neben uns lag. Der Grund dafür: Ich hatte mir einige Tage zuvor ziemlich bös den Daumen gequetscht, fühlte mich schlecht und nicht in Form für einen längeren Aufenthalt auf See. In Sorge, daß sich die Ankerkette an einem Felsen verfangen und brechen könnte, blieb Susan die ganze fürchterliche Nacht auf Wache, während ich mich in der Koje zusammenkauerte.

Morgens liefen wir aus und versuchten, das Vorland zu runden, das einfach kein Ende zu nehmen schien, mußten aber vor Wind und Seegang kapitulieren. Natürlich hätten wir auf die offene See halten sollen, doch dummerweise drehten wir um und brachten noch einmal 24 Stunden in der Bucht zu, wo die bedrohliche Atmosphäre noch durch einen grauen Wal verstärkt wurde, der lange dicht um unser Schiff herumschwamm.

Der andere offene Ankerplatz, den keiner von uns so schnell vergessen wird, lag in Südafrika bei Cape St. Francis. Mehrere Wochen lang hatten wir auf einem Fluß in der Falle gesessen, in den wir niemals hätten einlaufen sollen, denn über seiner Barre stand sogar bei Flut nicht genügend Wasser für uns. Schließlich hatten wir es doch geschafft, ihm zu entkommen. Der weite Mündungstrichter dieses Flußes ist von Nordost bis Südost voll zum

Indischen Ozean hin geöffnet, bietet aber von Westen und Süden her ausgezeichneten Schutz. Wir hatten Westwind, und da wir in diese Richtung wollten, ankerten wir die Nacht über hier, in der Hoffnung auf günstigeren Wind.

Während der Nacht kam Schwell auf, bis wir rollten, und im Morgengrauen sprang der Wind unter Regenschauern auf Süd um. Da der Wetterbericht von auffrischenden Westwinden sprach, hielt ich die Richtungsänderung nur für vorübergehend (obwohl mich der starke Schwell hätte warnen sollen) und beschloß, durchzuhalten. Aber statt wie vorhergesagt wieder auf West, drehte der Wind entgegengesetzt auf Südost, und am späten Vormittag hatten wir keinerlei Leeschutz mehr. Natürlich mußten wir raus aus der Bucht, aber das dauerte länger als nötig, denn unser Anker hatte sich verhakt, wahrscheinlich hinter einem Felsen, und wir konnten ihn nur unter großen Schwierigkeiten aufholen. Mittlerweile hatte sich der Schwell in erstaunlich kurzer Zeit zu sehr grober See aufgebaut, und als wir mit Motorunterstützung aus der Bucht segelten, deckte uns ein besonders steiler Roller von Bug bis Heck zu, riß einige lose Ausrüstungsgegenstände mit und verbog die Streben des Spritzverdecks. Trotzdem fühlten wir uns in der Nacht, während wir unter Topp und Takel vor einem ausgewachsenen Sturm von 65 Knoten abliefen, fast erleichtert, denn wir waren nicht nur dem Fluß, sondern auch einer nahen Katastrophe in der Cape St. Francis Bay entkommen.

Die denkwürdigen Gegensätze, die man als Segler erlebt, stellen mit den Hauptreiz dieser Lebensform dar. Vor kurzem übernachteten wir in einer hübschen kleinen Bucht zwischen den runden grünen Hügeln an der Ostküste der neuseeländischen Nordinsel. Sie liegt nach Ostnordost offen, so geht der Blick von dort Richtung Panama, das über 6000 Meilen entfernt ist. Doch kam der Wind nicht daher, eigentlich war es überhaupt windstill unter dem grau verhangenen Himmel, und an der unbewohnten Küste blinkte kein einziges Licht. Die einzigen Geräusche blieben das Wispern der leichten Strömung zwischen den Felsen, das leise »Plopp«, mit dem hin und wieder ein Fisch die Wasseroberfläche durchbrach, und der ferne Ruf eines Eulenschwalms.

In einer amerikanischen Zeitschrift bin ich auf den Artikel eines Mannes gestoßen, der behauptet, daß er Flauten mag. Das erstaunte mich, doch muß er gewußt haben, worüber er schrieb, denn er segelte schon seit einigen Jahren und hatte mindestens einmal den Atlantik überquert. Ein windstiller Sommerabend, auf einem Fluß oder völlig glattem Gewässer verbracht, während man den Vogelstimmen lauscht und die Farben des Sonnenuntergangs ein letztes Mal aufflammen und dann erlöschen sieht, kann kurze Zeit entzücken; aber mir ist Windstille auf See ein nur schwer zu ertragendes Greuel, allerdings nicht deshalb, weil das Schiff keine Fahrt macht.

Auf unseren verschiedenen Reisen haben Susan und ich viele Flauten erlebt, manche von mehreren Tagen Dauer. Ganz gleich, wie lange sie schließlich dauerten, sie waren immer von einer Restdünung begleitet oder vom Schwell einer vielleicht noch mehrere hundert Meilen entfernten Wetterstörung, und sie verursachten Schiffsbewegungen, die ausreichten, daß die Segel erbarmungslos hin und her schlugen, ganz gleich, wie leicht das Tuch oder wie steif die Schot durchgesetzt war. Das Geräusch, das wir mehr als alle anderen fürchten gelernt haben, ist das plötzliche markerschütternde Krachen und das harte Maschinengewehrgeknatter der Rutscher an Mast und Baum, wenn der Bauch des Großsegels mit explosiver Gewalt übergeht, wobei es größeren Belastungen ausgesetzt wird als in jedem Sturm. Mast, Drähte und manchmal der ganze Rumpf vibrieren, wenn der Windsack wie betrunken an seinem Stock rotiert; all das ertragen wir nur einige wenige Minuten lang, deshalb muß das Segel geborgen werden. Das ist eine Arbeit, die wir verabscheuen und manchmal fürchten, denn das schlagende Terylene versucht, uns die Zeisings aus der Hand zu reißen, haut uns ins Gesicht, während wir sie befestigen, und so lange es nicht gezähmt wird, schlägt das Großfall wütend gegen den widerhallenden Mast. Wenigstens sind die starken Baumgalgen, die wir auf allen unseren Yachten fuhren, bei dieser Gelegenheit eine große Hilfe. Auf manchen unserer Reisen südlich des Passatgürtels, bevor man auf die vorherrschenden Westwinde trifft – dort ist der Wind anscheinend launischer als anderswo auf offener See, erreicht kurze Zeit Stärke 5 bis 6 und bleibt dann ganz weg, aber nur, um bald darauf wiederzukommen –, haben wir das Großsegel bis zu zwölfmal an einem einzigen Tag geborgen und wieder gesetzt: eine frustrierende und ermüdende Arbeit. Ohne die stabilisierende Wirkung des Großsegels werden die Bootsbewegungen noch stärker und ruckartiger; alles, was lose ist, fliegt herum, und das gilt auch für Wasser und Treibstoff, die in den Tanks geräuschvoll hin und her schwappen. Ich glaube, ein Mehrrumpfboot benimmt sich in solcher Lage weniger extrem, und das gilt wahrscheinlich auch für manche Leichtdisplacement-Yachten mit Flossenkiel. Dafür habe ich zwar keine Beweise, aber die Beobachtung gemacht, daß Crews dieses Bootstyps nicht so erbittert über Flauten klagen wie ich.

Manchmal hat sich unser ungeduldiges und fast sofortiges Bergen des Großsegels als Fehler entpuppt. Vor einigen Tagen liefen wir weit weggerefft vor Starkwind und grober See in Richtung Cuvier Island ab. Abends ließ der Wind nach und kam vorlicher ein, deshalb setzten wir die Fock und schüttelten das Reff aus, aber nur, um alsbald bekalmt und mit fürchterlich schlagenden Segeln dazuliegen. Wie gewöhnlich nahmen wir das Großsegel weg, doch prompt kam der Wind zurück, und zwar mit solcher Wucht, daß wir es uns nicht mehr zutrauten, das Groß erst zu setzen und dann zu reffen, ohne ihm oder uns einen Schaden zuzufügen. Natürlich konnten wir das Segel nicht erst zu handlicher Größe einreffen und dann setzen – dieses eine Mal hätte uns das Bindereff, das wir in Australien gegen ein Drehreff eingetauscht hatten, gute Dienste geleistet. Also hatten wir die ganze dunkle, windige Nacht hindurch nur die kleine Sturmfock stehen; erst später konnten wir die Fock teilweise entrollen, und das Groß bekamen wir erst hoch, als wir uns gegen Morgen Cuvier Island näherten. Vielleicht hätten wir ja das schlagende Segel vor dem Wegnehmen reffen sollen, aber woher sollten wir wissen, was bevorstand? Außerdem gibt es für uns bei der Anzahl der Segelmanöver, die wir schaffen, Grenzen.

Ein moderner Marinediesel ist ein bemerkenswert gutwilliger und langlebiger Freund, sofern seine simplen Bedürfnisse – Luft,

Kühlwasser, sauberer Treibstoff und Öl – gestillt werden, deshalb neigt man heute an Bord einer auf See bekalmten Yacht dazu, alle Segel einzupacken und den Motor anzuwerfen. Auch hierin drückt sich der Gesinnungswandel der letzten Jahre aus, und die Fahrt durchs Wasser, die man so erzielt, hat zweifellos einen partiell stabilisierenden Effekt. In WANDERER IV mit ihrem robusten, schallgedämpften Ford und dem reichlichen Treibstoffvorrat hatten wir es uns mit zunehmendem Alter immer öfter zur Gewohnheit gemacht, bei Flaute den Motor anzuwerfen, und manchmal motorten wir bedenkenlos weiter. Aber auf Nr. V mit ihrer kleineren und lauteren Maschine widerstrebt es mir, den kleinen Diesel Stunde um Stunde vor sich hindröhnen zu lassen, wenn wir außer Landsicht sind; ich würde dann den Treibstoff lieber für kritischere Situationen aufsparen. Dennoch kommt es am Ende meist so weit, daß wir trotzdem motoren und dabei flehentlich auf baldigen Wind hoffen. Scharf halten wir Ausschau nach den ersten dunklen Katzenpfötchen auf dem glänzenden Wasserspiegel – und welch ein Entzücken, welche Erleichterung, wenn endlich eine frische Brise in die gesetzen Segel greift und uns lautlos voranzieht, während es am Vorsteven leise und melodisch gluckst. Und da behaupte mir noch einer, man könne eine Flaute *genießen*!

Da auf Fahrtenyachten heutzutage die Neigung besteht, bei Überfahrten ausgiebig Gebrauch von der Maschine zu machen – nicht nur in Flauten, sondern auch um gegen den Wind voranzukommen –, stellen Segler, die im Beiboot einer Nachbaryacht zu Besuch kommen und Obst oder kühles Bier als Gastgeschenk bringen, kaum noch die traditionelle Frage: »Wie viele Tage?« Denn die Dauer der Überfahrt kann nicht mehr mit anderen verglichen werden, es sei denn, man weiß auch die Zahl der Motorstunden und die Pferdestärken.

Einmal traf ich einen Skipper, der seine Reisen so plante, daß er an schwierigen Stellen oder beim Landfall vom Licht des Mondes profitieren konnte. Wie er das schaffte, ist mir ein Rätsel, es sei denn, er benutzte sehr häufig seinen Motor oder blieb lange beigedreht liegen, um auf den Mond zu warten; denn obwohl die meisten von uns in unseren vollbeladenen, nicht für Rennen geeigneten Fahrtenyachten bei einer Ozeanüberquerung mit Tagesetmalen von gut 100 Seemeilen rechnen, können wir uns doch nicht darauf verlassen. Zum Beispiel benötigten Susan und ich bei unserer fünften Nordatlantiküberquerung von Ost nach West 36 Tage statt der 25 Tage bei früheren Gelegenheiten; vor kurzem brauchten wir für die 1000-Meilen-Überfahrt von Suva zum Nordkap Neuseelands 19 Tage, obwohl wir es beim letzten Mal zur gleichen Jahreszeit in 8 Tagen geschafft hatten.

Jedenfalls hat seine Idee dem mondsüchtigen Skipper mindestens bei einer Gelegenheit gute Dienste geleistet. Am Schluß seiner ersten Atlantiküberquerung machte er den Landfall auf Barbados, das er an seiner Nordseite runden wollte, doch offenbar hatte es an Bord einige Unklarheiten über die Befeuerung dieser Insel gegeben. Zum Glück lag er richtig im Mondfahrplan, denn in seinem Licht konnte er voraus Brecher erkennen, und da er motorte, rettete er sein Schiff, indem er schleunigst rückwärts fuhr.

Wenn wir auf einem gut geschützten Fluß liegen, den außer uns nur noch Seeschwalben, Kormorane, Möwen und Eisvögel bewohnen, denke ich manchmal an die ganzen Flotten von Hochseeyachten, die sich entlang ihrer gewählten Routen an bestimmten Zwischenstationen versammeln und auf den Mond warten - vor allem jetzt, da der Mond zunimmt. Kürzlich bekamen wir einen Brief von amerikanischen Freunden, in Port Moresby aufgegeben, in dem sie uns schrieben, daß sie zur Zeit dort mit zwei anderen Yachten auf die richtige Mondphase warteten, bevor sie aufbrachen, um sich auf ihrem Weg durch die Torresstraße zum Indischen Ozean durch die Riffe und Schären des Great Northeast Channel zu schlängeln. Erst vor wenigen Wochen hatten sie neben uns geankert, kurz vor ihrer Abreise von Neuseeland - und so gute Navigatoren sie auch waren, so hatten sie doch sichtlich Manschetten vor der Annäherung an die Torresstraße. Das war ganz richtig so, denn meist geraten solche Segler in Schwierigkeiten, die derart kritische Strecken leichtfertig und ohne Überlegung oder Plan angehen.

Die Freunde berichteten, daß der australische Kapitän des am Ort stationierten Hochseeschleppers für die Crews vor ihrem Aufbruch Informationskurse abhielt. Das war ein netter Einfall, aber ich frage mich doch, inwieweit er ihnen von Nutzen sein konnte, da es ihr größtes Problem sein würde, das niedrige Inselchen Bramble Cay zu finden, das die Einfahrt in den Northeast Channel markiert, wenn man sich von Osten nähert. Dabei hilft Ortskenntnis nicht so sehr wie exakte Navigation. Und selbst einen erstklassigen Navigator können die starken und wechselnden Strömungen in der Nähe übertölpeln, wie schon viele erfahren mußten. Auf der Insel steht ein Leuchtfeuer von 11 sm Reichweite, aber ich glaube, daß es sehr viel schwächer brennt, denn wir waren schon dreimal bei Nacht ganz in seiner Nähe, ohne es zu sichten, obwohl wir einmal kurz nach der Morgendämmerung das Gerüst seines Turms ausmachten. An all das dachte ich, als ich mich fragte, ob es klug von unseren Freunden war, auf den Vollmond zu warten, denn in dunkler Nacht ist ein schwaches Leuchtfeuer eher zu erkennen. Doch sollte zumindest etwas ihre Annäherung an Bramble Cay einfacher machen, als unsere es gewesen war: Die Generationen von Seeleuten bekannte Gefahrenstelle Goldie Reef, die auf der direkten Route von Port Moresby nach Bramble Cay liegen sollte und bei Niedrigwasser angeblich knapp überspült war, hatte man für nicht existent erklärt und aus der Karte gestrichen, wie wir vom Kapitän des Versorgungstenders auf Thursday Island bei unserem letzten Besuch erfuhren.

Jahrelange gewissenhafte Suche nach vielen auf den Pazifikkarten eingetragenen angeblichen Gefahrenstellen blieb ohne Ergebnisse, und manchmal ist sich ein Vermessungsschiff seiner Sache doch hinreichend sicher, daß diese bestimmte Gefahrenstelle nicht existiert, und sie kann wie Goldie Reef aus der Karte gestrichen werden. Eine andere, die uns früher einige Sorge gemacht hat, aber jetzt aus den neuesten Karten verschwunden ist, war hundert Meilen westlich der Nordspitze von Tonga eingetragen. Die Berichte darüber waren jüngeren Datums als bei den meisten anderen, sie stammten nämlich aus dem Jahre 1944; damals hieß es, daß die Westseite des Riffs knapp 1,5 m hoch sei, die Ostseite blind, aber durch Brecher gekennzeichnet. Normalerweise gibt es keinen Grund, dort vorbeizusegeln, aber uns hatte ein anhaltender Sturm beträchtlicher Stärke von Vava'u her verschlagen, und damit wir nicht auf den noch aktiven Vulkan Fanua Lai vertrieben wurden, der in unserem Lee lag, hatten wir die Fahrt mit einem über Heck ausgebrachten Seeanker gebremst, damit sich das Boot bei raum einkommendem Wind und Seegang selbststeuernd klarhalten konnte. Nach vier Tagen in dieser Lage waren wir uns des gegißten Standorts alles andere als sicher, denn kompakte Wolkendecke und Regen hatten uns keine Gestirnsbeobachtung erlaubt (deshalb denken wir ja auch an einen Satnav), doch mußten wir befürchten, in die Nähe dieser Gefahrenstelle zu geraten. Aber zum Glück für uns wehte sich der Sturm dann aus, wir konnten Segel setzen und einen Kurs steuern, von dem wir uns Sicherheit erhofften. Jetzt also scheint diese Gefahr nur ein Gespenst gewesen zu sein, beruhend auf den Beobachtungen eines Schiffes, das gar nicht dort war, wo sein Kapitän glaubte, oder vielleicht hatte er auch spielende Delphine, treibenden Bimsstein, Planktonflecken oder nur einfach den Schatten einer Wolke falsch gedeutet. Allerdings paßte keines dieser Phänomene, die so häufig Ursachen dafür waren, daß vermutete Gefahrenstellen gemeldet und in die Karten eingetragen wurden, zu der Beschreibung »1,5 m hoch«.

Nur in einer Hinsicht sind vermutete Gefahrenstellen zu begrüßen. Da das Navigieren heute für viele Segler mit der dazu notwendigen Ausrüstung so einfach und genau geworden ist und da so viele Fahrtenyachten über reichlich Treibstoff und Maschinenkraft verfügen, ist es vielleicht kein Nachteil, wenn ein Skipper hin und wieder wegen einer Gefahrenstelle in Sorge ist, ja sie möglicherweise wie den Teufel fürchtet, auch wenn er zu der zweifelhaften Vorsichtsmaßnahme gegriffen hat, während der Nachtstunden beizudrehen. Denn dann erlebt er für kurze Zeit die Ängste und Probleme seiner Vorväter am eigenen Leibe, mit denen sie fertigwerden mußten, als sie jene Gewässer in ihren schwerfälligen Rahseglern erforschten.

Unter dem zunehmenden Mond wandern unsere Gedanken

auch zu den Marquesas, wo sich zweifellos eine noch größere Schar Yachties versammelt hat, von denen fast alle nach Tahiti wollen, und zwar über die Tuamotus, dieses riesige Labyrinth aus Riffen und Atollen, das manchmal der »Gefährliche Archipel« genannt wird. Auch sie warten bestimmt auf den Seglermond. Ich halte dies für klug, denn in den Tuamotus gibt es praktisch keine Leuchtfeuer, nach denen man Ausguck gehen könnte, und es wäre denkbar - wenn der Mond zur rechten Zeit an der richtigen Stelle steht -, daß sein Licht dem Segler eine Gefahr rechtzeitig genug enthüllt, damit er ihr noch ausweichen kann. Auch erlaubt der Mondschein, der ja die Kimm beleuchtet, gelegentlich Gestirnsbeobachtungen zu anderen Zeiten als im Zwielicht; ebenso kann der Trabant selbst zur Ermittlung einer wertvollen Standlinie dienen.

Hunderte kleiner Segelboote warten jetzt wohl verstreut in allen Winkeln der Tropen auf den Vollmond, auf daß er ihnen in der zwölfstündigen Nacht mit seinem hellen Licht beim Navigieren in schwierigen Gewässern helfe. Selbst den Skippern ohne unmittelbare Navigationsprobleme wird das große, lächelnde Gesicht mit seinem silbrigen Schein ein tröstlicher Gefährte mancher Nachtwachen sein.

Obwohl alle Yachtnavigatoren sich der Sonne bedienen und die meisten auch der Sterne, besteht offenbar eine gewisse Scheu, mit dem Mond ebenso zu verfahren; dabei kann er - vor allem bei Tageslicht - von großem Nutzen sein, weil ja seine Standlinie, zusammen mit einer Sonnenstandlinie, sofort einen Fix ergibt.

Da eine Mondbeobachtung genauso angewandt wird wie eine von Sonne oder Planeten, könnte die weitverbreitete Scheu indirekt auf der Einstellung beruhen, die Lecky so charakterisiert: »Eine Unzahl kleinlicher und lästiger Korrekturen bläht die Berechnungen nur zu ermüdender Länge auf«. Doch seit er damals seinen Klassiker *Wrinkles in Practical Navigation* schrieb, wurde all das beträchtlich vereinfacht, so daß die Auswertung einer Mondhöhe heute kaum länger dauert als die eines anderen Astro-Objekts. Und je öfter man es macht, desto schneller geht's.

Jetzt ist Luna dick und rund geworden, und wenn ich sie - wie letzte Nacht - über den buschbestandenen Hügeln rund um unseren Schlupfwinkel dahinziehen sehe, denke ich an unsere Freunde auf ihrem Weg nach Bramble Cay, an andere in den Tuamotus und an all die zahllosen kleinen Schiffe auf dem Globus, die ihrem Landfall zustreben und Ausschau halten - vielleicht sogar in Angst - nach Hindernissen im Mondlicht. Und ich wünsche ihnen klaren Himmel.

Moorea in Französisch-Polynesien ist nicht nur die malerischste kleine Insel, die Susan und ich kennen, es bietet in den beiden fjordartigen Einschnitten an seiner Nordküste auch ausgezeichnete Ankerplätze. Dort gibt es gutes Frischwasser und die meisten einfacheren Lebensmittel, auch Wein und Baguettes in den chinesischen Geschäften. Und sobald man die vielbefahrene Inselstraße erst verlassen hat, findet man landeinwärts herrliche Wanderwege im Tal, deren rotbraune Mäander sich malerisch von der üppig grünen Vegetation abheben. Rundum stehen steile Berggipfel, manche bis zu 1200 m hoch, scharf vor dem blauen Himmel oder lugen geheimnisvoll durch die wirbelnden Wolken. Wir gelangten zu dem Schluß, daß Moorea das ideale Ziel für unsere Süd-Pazifikreise von 1984 sein würde; als Ansporn kam noch hinzu, daß unsere Freunde aus Kanada, die Dickinsons, in ihrer stattlichen, von Garden entworfenen Ketsch KAPDUVA eine Reise dorthin planten. Sie würden aus dem kalifornischen San Diego etwa zur gleichen Zeit auslaufen wie wir von Neuseeland. Was für eine freudige Überraschung, wenn wir unvermutet in Moorea auftauchen würden, um die alte Freundschaft wieder aufzuwärmen!

Wir wollten auf dem direkten Wege nach Polynesien segeln. Wie erinnerlich, hatten wir dies schon für die Jungfernreise von WANDERER V geplant, aber diesen Plan wegen schlechten Wetters und einiger Defekte an unserem neuen Schiff aufgeben und statt dessen zum viel näheren und leichter zu erreichenden Fiji abdrehen müssen. Irgendwie fraß das noch an uns, denn es war das erste Mal, daß wir ein größeres Reisevorhaben aufgeben mußten. Also wollten wir es schon unserer Selbstachtung zuliebe noch einmal versuchen, und zwar diesmal mit Erfolg. Natürlich war es teilweise eine Neuauflage unserer Reise mit WANDERER IV zur Westküste Kanadas, denn wir wollten uns im wesentlichen an die gleiche Route wie damals halten und unsere Ostlänge in der Zone wechselnder Winde machen, zwischen dem Südostpassat und den kräftigen Westwinden, die südlich von 40° S vorherrschen. Doch zwei Reisen gleichen sich niemals ganz, auch nicht mit gleichen Kursen, wie schon Kipling wußte.

Es reizte uns, auf diesem Trip eines der modernen Satelliten-Navigationsgeräte auszuprobieren, über die ich weiter vorn schrieb. Damit würden wir im Trend liegen und außerdem etwas dazulernen. Für unsere Rückreise, auf der wir verschiedene Inselgruppen berühren wollten, würde der Satnav bei solchen Gelegenheiten, wenn wir keine Sonnen-, Mond- oder Planetenstandlinien nehmen konnten, uns hoffentlich eine wirksame Hilfe sein.

Leicht zu bekommen waren in Neuseeland nur japanische Fabrikate; die Erfahrungsberichte darüber klangen günstig, auch wenn uns ein Besitzer warnte, daß die Gebrauchsanweisungen nicht in der Art Englisch abgefaßt seien, die ein englisch sprechender Mensch verstehen könne. Ich wußte genau, was er meinte, denn wir hatten zweimal japanische Bootsmotoren besessen und feststellen müssen, daß die dazugehörigen Anleitungen unvollständig waren, sich nicht der gängigen technischen Ausdrücke bedienten und kindische Illustrationen enthielten, auf denen winzige Männchen angeblich alles richtig machten.

Wir versuchten es mit einem Walker-Satnav, der aber nie eintraf, und bestellten schließlich in der elften Stunde direkt aus den USA einen Magnavox. Da wir am 1. April aufbrechen wollten, verlangten wir, daß er bis spätestens 15. März im Flugzeug sein müsse – und das war er auch. Beim Zoll hatte man uns zunächst gesagt, daß wir ihn nicht verzollen müßten, vorausgesetzt, wir waren bei unserer Reise mehr als sechs Monate außer Landes. Deshalb traf es uns sehr hart, als wir beim Abholen von einem höheren Zollbeamten erfuhren, daß wir – falls wir nicht 21 Monate außer Landes blieben – bei unserer Rückkehr 98% des Kaufpreises (rund 3000 Neuseeland-Dollar) Zollgebühr bezahlen mußten.

Der Einbau des Geräts brauchte nicht viel Zeit, denn wir hatten schon alle Vorbereitungen getroffen: am Heck einen Stab für die Antenne errichtet und ein Leerrohr durch Deck, Schotten und entlang eines Stringers zum künftigen Platz des Satnavs gelegt, so daß sein Koaxial-Kabel sofort eingezogen werden konnte. Amerikanische Freunde, die ein ähnliches Gerät besaßen und bei unserer Entscheidung dafür eine wichtige Rolle gespielt hatten, kamen freundlicherweise an Bord, gaben uns ein paar Tips und erledigten ein oder zwei Lötarbeiten für uns.

Mit dem Handbuch - 90 großformatige Seiten - hatte ich Verständnisschwierigkeiten, denn es war anscheinend nicht für Anfänger wie mich geschrieben, sondern für Leute, die sich schon mit Computern auskannten und die Fachsprache verstanden. Ohne Zweifel hätte das jeder moderne Junge in einer guten Stunde gemeistert, aber ich wußte, daß ich es in den uns verbleibenden restlichen Tagen niemals schaffen würde; deshalb versuchte ich es gar nicht erst und behauptete, daß ich zuviel anderes zu tun hätte. Susan jedoch blieb so beharrlich dabei, daß sie bis zu unserem Auslaufen das Instrument dazu bringen konnte, uns einen Standort zu nennen, wozu wir es ja auch angeschafft hatten; aber sie konnte es nie dazu überreden, uns auch seine anderen Tricks vorzuführen, zum Beispiel, uns Kurs und Entfernung zwischen zwei Wegpunkten anzugeben, unsere ETA und anderes. Ich schwor mir, daß ich es auf der bevorstehenden Reise lernen würde, den Magnavox zu bedienen, auch wenn er vielleicht komplizierter war als manche andere, da er 36 Tasten hatte, im Gegensatz zu den 26 der meisten Fabrikate. Übrigens frage ich mich noch heute nach der Bedeutung (falls es sie überhaupt gibt) der Ziffern 4 und 2. Walkers nannten ihr erstes Modell 402, ihr zweites 412; Magnavox tauften ihres 4102.

In unserer ersten Woche hatten wir eine Menge Flauten und leichten Gegenwind; dreizehnmal nahmen wir die Segel weg, weil wir ihr fürchterliches Schlagen im Schwell nicht mehr ertragen konnten. Ich weiß nicht, ob unser neues Schiff im Seegang heftigere Bewegungen hat als seine Vorgänger, über die ich mich oft beklagte, auf jeden Fall bockt es ganz schön. Nach einer Rollbewegung von zwei Sekunden Dauer richtet es sich mit einem Ruck auf, der Ausrüstung und Crew hart strapaziert. Es gab Tage, an denen wir überhaupt kein Ost machten. Dann überholten uns, angekündigt von unheilvollen Zirrusschleiern und Sonnenhöfen, zwei ausgeprägte Tiefs, die viel nördlicher durchzogen als sonst – es sei denn, sie sind tropischen Ursprungs –, und brachten uns Sturm von über 50 Knoten. Wenn die Richtung stimmte, kamen wir spürbar voran, doch als sie von vorn kamen, war es damit vorbei, und einmal lagen wir 48 verzagte Stunden lang beigedreht. Das Ergebnis war, daß wir in den ersten drei Wochen nur 449, 537 und 607 Meilen zurücklegten.

Oft hatten wir eine niedrige, regenschwangere Wolkendecke, aus der es immer wieder hartnäckig schüttete, deshalb bekam ich nur selten die Chance zu überprüfen, ob der von mir so mißtrauisch beäugte Satnav zuverlässig seine Arbeit tat. Wenn ich aber dazu kam, die alte Kunst mit Sextant und HO-249-Tafeln zu praktizieren, konnte ich zu meiner Beruhigung feststellen, daß der Satnav und ich uns darüber einig waren, in welchem Teil des Ozeans wir uns gerade befanden; also wuchs mein Vertrauen in die Neuerwerbung. Weil der Wind in Stärke und Richtung so oft wechselte, konnte ich das Instrument nicht mit den benötigten Daten wie genauem Kurs und Geschwindigkeit füttern. Wären wir richtige Deckswachen und Ruder gegangen, statt das Steuern ganz der Windfahne zu überlassen, hätten wir genauere Informationen erhalten können, obwohl dann häufig Korrekturen hätten eingegeben werden müssen; wir begannen die Vorteile eines an den Magnavox angeschlossenen Speedometers und Kompasses zu begreifen. Diese Extras hatten wir wegen der zusätzlichen Kosten und Komplikation nicht angeschafft, außerdem hätten sie weitere Löcher in der Bordwand erfordert. Damals hatte ich sie auch nicht für sonderlich wichtig gehalten, denn ich war der Ansicht gewesen, daß uns der Satnav lediglich einmal am Tag – oder vor Gefahrenstellen öfter – mit einer Standortbestimmung zu versorgen hatte; mir war nicht klar, daß der nächste Satellitenfix ungenau sein mußte, falls die gegißte Position einen Fehleranteil von über 20 Meilen beinhaltete (obwohl sicherlich nicht häufig, kann das vorkommen, besonders während langer Flautenperioden), was noch in erhöhtem Maße für die folgenden Positionen galt, es sei denn, man beschleunigte die Aktualisierung der Position; aber wir konnten dem Handbuch nicht entnehmen, wie das zu bewerkstelligen war.

Bei unserer 12-Volt-Stromversorgung verbrauchte der Magnavox ein Ampère, und wenn wir ihn ständig eingeschaltet lassen wollten, mußten wir die Bordbatterien täglich eine Stunde lang aufladen. Deshalb ließen wir ihn - außer vor einem Landfall - pro Tag nur wenige Stunden laufen, um uns mit seinen Funktionen vertraut zu machen. Im Bestreben, Strom zu sparen, schalteten wir auch die Dreifarbenlampe im Masttopp nicht an, denn sie hätte eine weitere Ladestunde erfordert, sondern hängten unsere große Petroleum-Ankerlaterne mit Dioptringlas an eine Stange zwischen die Achterstagsparten, die ich zu diesem Zweck dort angebracht hatte. In dieser Position hatte das starke Rundumlicht einen freien Sektor und schien oberhalb des Spritzverdecks, aber noch unterhalb des Baums nach allen Seiten.

Mancher glaubt, daß ein Satnav ihm zu jeder gewünschten Zeit den Standort angibt, aber dem ist nicht so. Er hält die Koppelei auf dem laufenden, solange Kurs und Geschwindigkeit eingegeben werden, und korrigiert sie jedesmal, wenn er von einem durchgehenden Satelliten einen Fix erhält. Aber zwischen den Satellitendurchgängen liegen manchmal beträchtlich lange Intervalle, die zum Teil davon abhängen, wo sich das Schiff befindet. Zum Beispiel konnten wir auf 30° S und 160° W zwischen Mitternacht und 5.00 Uhr keinen Fix bekommen. Außerdem kann es passieren, daß das Gerät zwar einen Satelliten aufspürt, ihn aber aus einem oder mehreren von insgesamt neun Gründen ablehnt, die er einem dann kodiert mitteilt. Er ist überhaupt sehr mitteilsam, nennt einem zum Beispiel GMT und LMT auf die Sekunde genau, und wenn er hochnäsig sein »???????« aufsetzt, weil man irgendeinen dummen Fehler gemacht hat, dann wirkt er fast menschlich.

Über die bloße Tatsache hinaus, daß wir zwischen den Inseln ein wärmeres und trockeneres Plätzchen zum Überwintern suchten, hatten wir von unseren Plänen nichts verlauten lassen. Das

Bewußtsein, daß niemand unsere Absichten kannte und auf keinen Fall eine Suchaktion auf See oder in der Luft ausgelöst werden konnte, falls ein Lebenszeichen von uns ausblieb, dieses Bewußtsein gab uns das angenehme Gefühl totaler Unabhängigkeit, das vielleicht durch die völlige Leere des Ozeans, über den wir unseres einsamen Weges zogen, noch intensiviert wurde. Außer in der letzten Nacht, als wir uns schon dem Land näherten, sahen wir in den 31 Tagen unserer 2634 Meilen langen Reise kein anderes Schiff. Manchmal hörten wir britische und neuseeländische Kurzwellensender mit Nachrichten, mußten aber wegen atmosphärischer Störungen, die von Gewittern verursacht wurden, oft darauf verzichten.

Wir sahen kaum tierisches Leben, hatten aber wenige Tage nach den Kermadecs und südlich davon eine rührende Begegnung mit einigen Schwalben. Vielleicht war ihr Navigationssystem zusammengebrochen oder ihr Proviant allmählich knapp, jedenfalls ließen sich drei dieser mutigen Langstreckenflieger an Bord nieder. Eine hockte auf der Leine der Windfahnensteuerung gefährlich nahe am Umlenkblock, und wir mußten sie da wegholen, bevor ihre Zehen eingeklemmt wurden. Eine andere flog in die Kajüte und ließ sich auf dem Buch nieder, das Susan gerade las. Sie begegneten uns ohne Furcht oder Mißtrauen. Besuche von Landvögeln sind in der Regel eine traurige Sache, besonders bei Schwalben, denn man kann sie nicht mit den Insekten füttern, die sie brauchen, bringt sie auch nicht einmal dazu, irgendetwas zu trinken. Deshalb werden sie mit jeder Stunde schwächer, und morgens muß man meist einen kleinen toten Körper ins Meer werfen. Wenigstens konnte Susan dem einen Vogel die letzten Stunden etwas bequemer machen, als sie sonst gewesen wären, denn sie bettete ihn auf einen weichen Lappen in eine Ecke des Kartentisches.

Wir hatten erfahren, daß Bora-Bora, rund 150 Meilen westnordwestlich von Tahiti in den Gesellschaftsinseln, neuerdings Einklarierungshafen war, deshalb wollten wir lieber dorthin als in das schmutzige, laute, unhöfliche Papeete, die von uns nicht sonderlich geliebte Hauptstadt Französisch-Polynesiens. Sobald wir den

Zeitpunkt für gekommen hielten (etwa auf 158° West), begannen wir, in nordnordöstlicher Richtung auf diese Insel zuzuhalten, und einige Abende danach stieg der auf dem Kopf stehende Große Bär über den nördlichen Horizont. Am Vormittag unseres 28. Seetages segelten wir dicht an Rimatara in der Austral-Gruppe vorbei, hielten uns dort aber nicht auf, da die Insel weder Hafen noch Lagune oder sonstigen vernünftigen Ankerplatz besitzt; Susan feierte das Ereignis mit einem Brotbacktag, und wir aßen den noch warmen Laib zu Mittag. Erst danach bekamen wir besseres und stabileres Wetter mit klarem Himmel und stetigem Wind, der uns zum besten Etmal der Reise verhalf - 146 Meilen.

Unser Vertrauen in den Magnavox war nun so gewachsen, daß wir nicht zögerten, Bora-Bora bei Nacht anzusteuern, was wir auf der Grundlage zweier zweifelhafter Sonnenbeobachtungen am Vortag sonst kaum gewagt hätten. Im ersten Morgenlicht standen denn auch, drei Tage nach Rimatara, vor uns die unvergeßlichen Zwillingsgipfel und beherrschten die von Motus umgebene Lagune, in der die Insel liegt. Von weiter ab an Steuerbord grüßten die Berge Raiateas herüber. Donnernd brach sich die Brandung am Riff, als wir auf den breiten und leicht zu befahrenden Paß zuhielten, und als es Zeit fürs Frühstück wurde, ankerten wir zwischen einer Flotte anderer Yachten vor dem Oa-Oa-Hotel und genossen die Ruhe an Bord.

Der Besitzer des Hotels hat etwas übrig für fahrende Leute und an seinem ausgezeichneten Dingi-Landeplatz ein Schild aufgestellt, das sie willkommen heißt. Wasser und Duschen stehen zur Verfügung, ebenso gratis wie die Benutzung der Muringbojen, die er hat legen lassen. Zweifellos aus diesen Gründen entschieden sich die meisten Gastyachten für seinen Liegeplatz, obwohl das Wasser hier tief ist (14 bis 16 Faden) und bei steifem Passat ziemlich unruhig sein kann.

Während der meisten Zeit unseres Aufenthalts lagen wir wie schon früher in Lee der unbewohnten Insel Toopua, wo das Wasser glatt und nur fünf Faden tief ist und man über eine meilenweite, ständig bewegte, flach überflutete Riff-Fläche Aussicht auf die Brandung hat, die sich an der Seeseite bricht, und dem Sonnenuntergang zusehen kann. Kurz bevor wir von Neuseeland aufbrachen, hatte uns der Hersteller unseres defekten Echolots freundlicherweise ein verbessertes Modell geschickt, das wir gleich einbauten. Aber wir hatten den Geber nicht ausgewechselt, weil wir nicht einen Schwall Wasser in unserer trockenen Bilge haben wollten, wo so viele Vorräte verstaut waren. Nun aber lagen wir auf glattem warmem Wasser und nutzten die Chance, dies in Ruhe nachzuholen. Susan tauchte bis zum Geber, deckte ihn mit der Hand ab und gab mir Klopfzeichen. Sofort schraubte ich innen die Manschette ab, zog den alten Geber heraus (kein einziger Tropfen Wasser drang herein), und bevor ich den neuen einsetzte, steckte ich den Finger ins Loch, um mich zu vergewissern, daß es sauber war. Dabei stieß ich auf etwas Weiches, Runzliges. Einen Augenblick dachte ich, eine Qualle hätte es sich darin bequem gemacht, aber natürlich war es nur Susans Handfläche. Schnell schob ich den neuen Geber hinein und klopfte an den Rumpf, um Susan wissen zu lassen, daß ich fertig war. Ziemlich außer Atem tauchte sie wieder auf. Von nun an arbeitete unser Echolot sehr viel besser, nur streikte es bei Wassertiefen über 22 Faden, obwohl es doch eigentlich bis 60 Faden reichen sollte.

Bei Toopua hatten wir ein ziemlich erschreckendes Erlebnis. Der Passat hatte sich gelegt, mehrere Tage lang kam der Wind böig und aus allen Richtungen, so daß WANDERER V wild schwojte und immer wieder ihren Anker überlief. In der Befürchtung, daß die Kette ihn losgerissen haben könnte, beschlossen wir, unseren 60 Pfund schweren CQR mal anzusehen. Wir hatten 30 Faden Kette gesteckt und davon etwa die Hälfte eingeholt, als der Anker schon auftauchte, die restlichen 15 Faden in einer Bucht von ihm herabhängend. Mit Teufelsklaue und Tüftelei klarierten wir die Wuling und ankerten neu. Eine Stunde danach erhob sich ein steifer, auflandiger Wind und frischte, begleitet von einem Wolkenbruch, der die Sichtweite auf unsere Decksfläche einengte, bis 35 Knoten auf. Dankbar, daß wir den Anker vor dem Unwetter klariert hatten, standen wir pitschnaß im Cockpit – und entdeckten plötzlich milchiges Wasser sehr dicht achteraus. Das mußte das Saumriff der Insel sein, weil unser Anker schlierte, waren unsere ersten Gedanken. Sofort starteten wir die Maschine und holten den Anker auf, der aber sehr gut gefaßt hatte, und motorten nach Luv. Aber das »Riff« achteraus blieb so nahe wie zuvor, bis wir schließlich zu unserer großen Erleichterung erkannten, daß das verfärbte Wasser nicht ein Riff anzeigte, sondern Schlamm von der Insel war, den der gewaltige Wolkenbruch in die Lagune geschwemmt hatte.

Unsere Überfahrt nach Moorea wurde eine 130 Meilen lange Kreuz gegen den Passat und kurzen, steilen, konfusen Seegang. Im Morgengrauen des zweiten Tages lag die Insel vor uns, und wir motorten bei Flaute nach Papetoai hinein, dem uns nächsten der zwei Einschnitte an der Nordküste. Wir ankerten fast an seinem Ende vor dem östlichen Ufer, das jetzt, am frühen Morgen, noch im Schatten der Berge lag. Ein Duft nach frischem Gras driftete von dem Anwesen Mr. Kellums (dem wahrscheinlich ältesten Siedler auf der Insel) zu uns herüber, weil dort gerade der Rasen gemäht wurde. Nur zwei andere Yachten waren in Sicht, und sie fuhren wie wir selbst die rote Nationale Englands - was in diesen von Amerikanern dominierten Gewässern gewiß selten genug vorkam.

Wir blieben zwei Nächte und verholten uns dann zur Nachbarbucht, wo wir KAPDUVA mit Steve Dickinson an Bord vorfanden. Er hatte für die 3740 Meilen von San Diego herüber 36 Tage gebraucht und war gerade erst in Moorea angekommen. Natürlich war er überrascht, als er uns sah, aber ich glaube, er freute sich genauso wie wir über dieses Treffen zweier Schiffe aus so weit auseinander liegenden Häfen, ein Rendezvous, das wir Monate zuvor in Briefen nur angedeutet hatten.

Viele Reisen wurden schon in kleinen Booten gemacht, mit kleiner Besatzung oder allein, halb oder ganz um die Welt, rund um den Nordatlantik, nonstop oder mit vielen Aufenthalten - und so verschieden, wie die Segler sind, so unterschiedlich haben sie auch ihre Reise erlebt und aufgezeichnet. Dieses sind solche Berichte:

Gaby Scheurer
Wir schenken uns ein Stückchen Zeit
Mit Kindern und Klabautermann in die Karibik
Eine junge Frau gönnt sich eine einjährige Reise von Großenbrode bis in die Karibik und hat dabei viele schöne, aber auch ein paar unerfreuliche Erlebnisse.
280 Seiten mit 50 Farbfotos, 2 Kartenskizzen und 1 Routenkarte, geb. DM 32,-

Bobby Schenk
80 000 Meilen und Kap Hoorn
Ein Seglerleben
Von seinen großen Reisen um die Welt und rund Kap Hoorn erzählt der bekannte Autor und gewährt zugleich Einblick in die bunte Szene der Yachties und die Freuden und Sorgen des Langstreckensegelns.
400 Seiten mit 50 Farbfotos und 2 Routenkarten, geb. DM 36,-

Wolfgang Hausner
Taboo - eines Mannes Freiheit
Die Erlebnisse eines jungen Mannes, der auf Sicherheit und Beruf verzichtet und stattdessen in die Welt hinaussegelt, um Abenteuer und Freiheit zu genießen.
232 Seiten mit 49 Farbfotos, 35 Zeichnungen und 1 Routenkarte, Ln. DM 32,-

Wolfgang Hausner
Taboo III
Leben auf sieben Meeren
In lockerer Form berichtet Hausner, wie es nach seinem Schiffbruch weiterging und was er seitdem erlebte.
232 Seiten mit 42 Farbfotos, 6 Kartenskizzen und 1 Routenkarte, geb. DM 39,80

Tristan Jones
Gefangen in Eis
Die packende Schilderung einer gewagten Alleinreise in Richtung Nordpol.
224 Seiten mit 2 Zeichnungen und 1 Routenkarte, geb. DM 28,-